甘肃蓝皮书

BLUE BOOK OF
GANSU

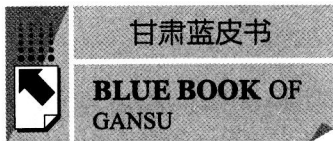

甘肃文化发展分析与预测
（2019）

ANALYSIS AND FORECAST ON CULTURAL DEVELOPMENT
OF GAN3U (2019)

主　编／马廷旭　戚晓萍

社会科学文献出版社
SOCIAL SCIENCES ACADEMIC PRESS (CHINA)

图书在版编目（CIP）数据

甘肃文化发展分析与预测.2019／马廷旭，戚晓萍
主编.－－北京：社会科学文献出版社，2019.1
（甘肃蓝皮书）
ISBN 978－7－5097－2350－0

Ⅰ.①甘…　Ⅱ.①马…②戚…　Ⅲ.①文化发展－研
究报告－甘肃－2019　Ⅳ.①G127.42

中国版本图书馆 CIP 数据核字（2018）第 282079 号

甘肃蓝皮书
甘肃文化发展分析与预测（2019）

主　　编／马廷旭　戚晓萍

出 版 人／谢寿光
项目统筹／邓泳红　吴　敏
责任编辑／吴　敏　侯婧怡　高欢欢　李惠惠

出　　版／社会科学文献出版社·皮书出版分社（010）59367127
　　　　　　地址：北京市北三环中路甲 29 号院华龙大厦　邮编：100029
　　　　　　网址：www.ssap.com.cn
发　　行／市场营销中心（010）59367081　59367083
印　　装／三河市东方印刷有限公司

规　　格／开　本：787mm×1092mm　1/16
　　　　　　印　张：16.75　字　数：253 千字
版　　次／2019 年 1 月第 1 版　2019 年 1 月第 1 次印刷
书　　号／ISBN 978－7－5097－2350－0
定　　价／128.00 元

本书如有印装质量问题，请与读者服务中心（010－59367028）联系

主要编撰者简介

马廷旭　甘肃省社会科学院党委委员、副院长，研究员，甘肃省"555"创新人才工程第二层次。完成专著多部，发表国家级、省级学术论文 50 多篇，主持省部级及以上级别科研项目多项，相应科研成果获得省级以上奖励共十多项。其中，主编《二十一世纪西北地区信息产业》，该成果获甘肃省第八届社科优秀成果一等奖；主编《甘肃省志·社会科学志（古代至一九九〇年卷）》《甘肃省志·社会科学志（1991~2000 年卷）》，分别获甘肃省地方史志编纂委员会优秀志书一等奖、甘肃省第十一届社科优秀成果二等奖；发表论文《企业与竞争情报》，该成果获中国科学技术情报学会1997 年年会优秀论文二等奖；发表论文《理论工作者对经济形势、社会形势、民主政治建设的看法》，该成果获甘肃省第十一届社科优秀成果一等奖（集体）；发表论文《甘肃网络舆情分析》，该成果获省第十一届社科优秀成果一等奖（集体）；等等。

戚晓萍　文学博士，甘肃省社会科学院文化研究所副研究员。主要从事西北民族民间文学、甘肃地方文化研究。多年来以甘肃特色文化资源——"花儿"为学术焦点，进行多角度追踪研究，取得一系列研究成果。比如主持"花儿"研究国家社科基金西部项目一项，国家社科基金特别委托项目"中国节日影像志"子课题一项，文化部文化艺术智库项目"甘肃地方特色传统文化传承发展研究"子课题一项；出版有"花儿"研究专著一部；在《西北民族研究》《民俗研究》《民族文学研究》《北方民族大学学报》等期刊发表"花儿"研究学术论文多篇。

总　序

　　"甘肃蓝皮书"从 2006 年诞生之初的《甘肃经济社会发展分析与预测》《甘肃舆情分析与预测》，发展到如今已有 13 种，成为全面反映甘肃经济社会文化建设的系列蓝皮书，走过了 13 年历程，其社会影响力日益扩大，已由最初的省社会科学院科研平台发展成为如今服务党委政府决策和全省经济社会发展的甘肃省内智库的重要品牌、甘肃社会科学界的学术品牌、甘肃文化领域的标志品牌，以及甘肃部分重要行业及市州工作的展示品牌。

　　"甘肃蓝皮书"的诞生与发展，既生动记录了甘肃省经济社会的巨大变迁和人民群众关注点的细微变化，又充分展现了传统社会科学研究机构向现代特色智库、高端智库、数字智库转型的发展历程。2006 年，我院编研的《甘肃经济社会发展分析与预测》《甘肃舆情分析与预测》面世，标志着"甘肃蓝皮书"的正式诞生。至"十一五"末，《甘肃经济发展分析与预测》《甘肃社会发展分析与预测》《甘肃县域发展分析与预测》《甘肃文化发展报告》陆续面世，"甘肃蓝皮书"由原来的 2 种增加到 5 种，覆盖了经济、政治、社会、县域、文化等研究领域。此后，我院首倡甘肃、陕西、宁夏、青海、新疆西北五省区社会科学院联合编研出版"西北蓝皮书"，2011 年首部《中国西北发展报告》面世。"西北蓝皮书"的编研和出版发行，使我院系列蓝皮书的研究拓展到了"丝绸之路经济带"的国内主要相关区域。

　　从 2014 年起，我院持续发挥"甘肃蓝皮书"品牌效应，加强与省上重要部门和市州的合作。先后与省住房和城乡建设厅、省民族事务委员会、酒泉市政府、省商务厅、省统计局等积极合作，共同编研出版住建、民族、商务、酒泉等蓝皮书。2018 年又与省精神文明办、平凉市合作，新增了《甘肃精神文明发展报告》《平凉经济社会发展报告》。2018 年 7 月，省委常委、省委宣传部部长陈青来我院调研，要求我院编研出版《甘肃文化建设成果报告》，并在第三届丝绸之路（敦煌）国际文化博览会上发布，在圆满完成任务的同时，我院"甘肃蓝皮书"的编研规模也由此扩大到"5＋7＋1"共计13种。

"甘肃蓝皮书"在十三年的编研过程中形成了稳定规模、稳定机制，提升质量、提升影响的编研理念。今年是改革开放40周年，"甘肃蓝皮书"在选题和框架设计上紧密结合我省40年来发展成就，做到了紧跟时代、反映当下。这也体现了"甘肃蓝皮书"始终坚持的基本编研理念和运行机制：一是始终坚持原创，注重学术观点和科研方法的创新。坚持研究在先，编写在后，在继承中创新，注重连续性；从源头上抓质量，注重可靠性；在深入研究上下功夫，注重科学性；在服务上抓效果，注重影响力。二是始终坚持追踪前沿，注重选题创新。追踪前沿就是让专家学者更多地参与社会实践，发现问题、研究问题、解决问题，最终通过蓝皮书为人们提供正确的指导，显示社科专家服务社会的能力和实力，提高蓝皮书的知名度和美誉度。三是始终坚持打造品牌，创新编研体制机制。十三年来，我们始终把蓝皮书的质量看作蓝皮书的生命线，组织有研究能力的专家开展深入研究，向社会提供事实根据充分、分析深入准确、结论科学可靠、对策具体可行的研究成果。

展望未来，作为地方社会科学研究机构，我们将按照党的十九大关于"加强中国特色新型智库建设"的要求，进一步围绕甘肃经济社会发展的实际，开展应用对策研究，发挥好决策咨询、资政建言、服务地方的作用。"甘肃蓝皮书"作为我院打造陇原特色新型智库的核心载体，也将开启服务省委、省政府决策，为甘肃改革发展提供智力支撑的新航程。相信在各方共同努力下，"甘肃蓝皮书"将继续提升品牌影响力，成为服务党委、政府决策的更有作用的参考书，成为对社会各方面更有参考价值的应用成果。

此为序。

王福生

2018 年 12 月 6 日

摘　要

甘肃是华夏文明的文化资源宝库，也是丝绸之路的黄金路段。这里历史悠久、文化厚重。随着"一带一路"倡议的实施，甘肃由改革开放的内陆腹地，逐步转变为中国向西开放的前沿。近年来，甘肃坚定文化自信，充分运用华夏文明传承创新区和敦煌国际文化博览会这两个国家级文化发展平台，促进甘肃优秀传统文化的传承发展，大力推进文化事业、文化产业建设，繁荣发展新时代文艺创作，培育践行社会主义核心价值观。

2017～2018年，甘肃文化强省步伐进一步加快。从甘肃文化发展的总体趋势来看：一方面，甘肃通过深入实施文化惠民工程、加强文物保护利用和非物质文化遗产传承等举措，加强了公共文化服务的有效供给，现代公共文化服务体系建设进一步完善；另一方面，甘肃通过培育新型文化业态、推动文化消费试点城市建设、加强文化大数据建设、振兴传统工艺等举措，加快了全省文化产业发展进程。另外，甘肃通过文化"走出去"战略的实施，在对外文化交流中与"他者"增进了解、加深友谊，积极与丝绸之路沿线国家共建"一带一路"精神家园。从甘肃文化发展的年度亮点来看，2017～2018年随着国家大力释放文化改革红利的政策推动，甘肃的文化发展沐浴着改革开放的春风，全力奋进。通过不懈努力，甘肃提供给民众的文化产品更加丰富，文化市场供给能力显著增强，文化服务效能明显提升，文化体系建设取得了显著成效。首先，改革创新推动甘肃文化持续发展。比如在现代公共文化服务体系建设方面，社会参与为甘肃基层文化设施改善探求了出路。其次，文化与旅游的深度融合趋向良性发展。长期以来，甘肃虽然是文化资源大省，却不是文化产业强省，而通过文化与旅游的深度融合，可以将甘肃的文化资源优势转化为旅游经济优势。甘肃因其文化资源的丰富，而拥有了诸多文化符号。这些文化符号的文化消费精品衍生开发，在当前的文化旅游产业发展中拥有广阔的市场空间。如何将特色鲜明的文化符号转化为具有旅游市场竞争力的文化消费精品，已经引起甘肃文化消费建设者的关注。甘肃是戏剧大省，具有良好的演艺产业发展基础。在文化与旅游深度融合的发展进程中，甘肃正以演艺市场为新的突破口，努力做大做强文化旅游演艺产业。最后，精准扶贫为甘肃文化建设提供了新途径。甘肃省委、省政府以文化精准扶贫为重要抓手，推动公共文化服务工作落实。智库机构在甘肃精神扶贫攻坚中的作用日益突出。

当然，除了这些已经取得的成绩，甘肃的文化发展还存在许多问题。在接下来的工作中，甘肃省各级政府需要继续加大保障力度，推动文化发展改革创新，深化文旅融合，从而向甘肃人民提供更均衡、更充分的文化服务，让甘肃人民更均衡、更充分地享受社会发展所带来的文化成果。

Abstract

Gansu having a long history and profound culture is a treasure house of Chinese civilization and a golden section of the Silk Road as well. With the implementation of the Belt and Road initiative, Gansu is being transformed from the inland hinterland of reform and opening-up to the frontier of China's opening to the west. In recent years, Gansu has been bolstering confidence in culture, making full use of two national-level cultural platforms—Chinese Civilization Inheritance and Innovation Zone and Dunhuang International Cultural Exposition, promoting the inheritance and development of Gansu's excellent traditional culture, vigorously strengthening the building of cultural undertakings and cultural industries, flourishing literary and artistic creation in the new era, and fostering socialist core values.

In 2017 – 2018, Gansu further quickens her pace towards strong cultural province. According to the general trend of Gansu's cultural development, on the one hand, Gansu has improved the effective supply of public cultural services and the construction of modern public cultural service system has been further improved through in-depth implementation of cultural projects for the benefit of the people, and by way of strengthening the protection and utilization of cultural relics and inheriting intangible cultural heritage. On the other hand, Gansu has accelerated the development of the provincial cultural industry through the revitalization of traditional crafts, strengthening the construction of cultural big data, cultivating new cultural forms of business, and promoting the construction of pilot projects of cultural consumption. In addition, by "going out" culturally, Gansu has enhanced understanding and friendship with "others" in cultural exchange with foreign countries, and actively built a "Belt and Road" spiritual home with countries along the silk road. Judging from the annual highlights, Gansu's culture development, which is showered with the spring breeze of reform and opening up, has been advancing at full speed, as the national policy of vigorously releasing the dividend of cultural reform is promoted in 2017 – 2018. Through unremitting efforts, Gansu has provided more cultural products to the public this year, the capacity of cultural market supply has been significantly enhanced, the efficiency of cultural services has been significantly improved, and the construction of cultural system has achieved remarkable results. First, reform and innovation drive the sustainable development of Gansu's culture. For example, in the construction of modern public cultural service system, social participation has found new outlets for the improvement of grassroots cultural facilities in Gansu. Secondly, the deep integration of culture and tourism tends to positive development. For a long time, although Gansu is a province with great cultural resources, she is not a province with strong cultural industries. Through the deep integration of culture and tourism, advantages of cultural resources can be turned into tourist economic advantages. Gansu has many cultural symbols because of her rich cultural resources. These cultural consumption goods from the cultural symbols are being constantly developed and have occupied a broad market space in current cultural tourism industry. How to transform the distinctive cultural symbols into competitive cultural consumption goods in tourism market has attracted the attention of cultural consumption builders. Gansu was once a big drama province with a good foundation for show business. In the process of the deep integration of culture and tourism, Gansu is taking the performing market as a new breakthrough and making great efforts to strengthen the performing industry of cultural tourism. Finally, targeted poverty alleviation has created a new context for the cultural construction in Gansu. Gansu provincial party committee and provincial government take targeted cultural poverty alleviation as an important focus to promote the implementation of public cultural services. Think tanks have played an increasingly prominent role in Gansu's efforts to combat spiritual poverty.

Of course, in addition to these achievements, there are many problems in

Gansu's cultural development. In the following work, the governments at all levels of Gansu province need to continue to strengthen the protection, promote reform and innovation, and deepen the integration of culture and tourism. In this way, more balanced and adequate cultural services can be provided to the people of Gansu, so that they can obtain more balanced and full cultural benefits brought by social development.

目 录

Ⅳ　个案篇

Ⅴ　附录

皮书数据库阅读 **使用指南**

CONTENTS

I General Report

II Reports on Development

Ⅲ   Reports on Specials

Ⅳ   Reports on Individual Cases

Ⅴ   Appendix

总 报 告

General Report

B.1

B.1

2018~2019年甘肃文化
发展分析与预测

戚晓萍*

摘　要： 2018年是甘肃文化传承创新发展的关键一年，甘肃文化强省步伐进一步加快。一方面，2018年是实施"十三五"规划承上启下的一年，甘肃的文化工作在诸多方面得到进一步推进；另一方面，2018年是全面贯彻党的十九大精神的开局之年，甘肃的文化发展在诸多领域实施了新举措，开创了新局面。本报告首先从文化建设顶层设计、公共文化服务供给、文化产业发展等方面，对甘肃省文化发展的年度态势进行总体性阐述。其次以改革创新、文旅融合、精准扶贫为关注焦点，对当下甘肃文化发展中的热点问题进行年度性追踪分析。最

---

* 戚晓萍，甘肃省社会科学院副研究员，主要研究方向为西北民族民间文学、甘肃地方文化。

后探讨当前甘肃文化发展所面临的困难,并以此为靶向,对下一步的文化建设提出对策建议,如建立公共文化服务设施建设和管理并重机制,加强新型文化业态培养,等等。

关键词: 文化发展 甘肃 传承创新

一 甘肃文化发展的总体趋势

2017～2018 年,甘肃文化发展进入文化传承创新强省的关键期。甘肃省积极弘扬中华优秀传统文化,继承革命文化,发展社会主义先进文化,培育和践行社会主义核心价值观。甘肃通过深入实施文化惠民工程、繁荣新时代文艺创作、加强文物保护利用和文化遗产保护传承等举措,加强公共文化服务的有效供给;通过培育新型文化业态、推动文化消费试点建设等举措,加快全省文化产业发展;通过加强文化大数据建设、推进文化"走出去"、培育国际品牌等举措,深化了甘肃文化的对外交流,增强了甘肃文化的影响力。

(一)顶层设计引领甘肃文化建设方向

2017～2018 年,甘肃深入学习贯彻习近平总书记系列重要讲话和视察甘肃时提出的"八个着力"重要指示,按照党中央统筹推进"五位一体"总体布局和协调推进"四个全面"战略布局,践行社会主义核心价值观,以实际行动全面落实党中央、国务院关于文化发展的决策部署。各级党委、政府及相关部门把文化建设作为推动改革创新、促进转型发展的重要举措,做好顶层设计、抓好谋篇布局。一方面,甘肃省通过地方立法,提供保障文化发展的长效机制。另一方面,甘肃省通过印发工作方案,对地方文化建设进行持续跟进,确保甘肃文化工作中各项任务的具体落实。

在文化事业建设方面,甘肃深入推动公共文化管理体制改革,为甘肃民众的公共文化服务有效供给提供有力保障。甘肃省政府及有关部门先后出台了《甘肃省实施中华优秀传统文化传承发展工程方案》（甘办发〔2017〕61号）、《甘肃省"十三五"推进基本公共服务均等化规划》（甘政办发〔2017〕137号）、《甘肃省文物安全管理办法》（甘政办发〔2018〕10号）、《甘肃省推进县级文化馆图书馆总分馆制建设方案》（甘文厅联发〔2017〕24号）、《关于戏曲进乡村的实施意见》（甘文厅〔2017〕216号）等一系列改革政策。另外，《甘肃省公共文化服务保障条例》已经被列入甘肃省人大2018年立法计划，各市州、县（市区）政府也相应出台了贯彻落实的配套措施，制定了地方基本公共文化服务实施标准。

在文化产业及文化市场建设方面，甘肃积极推动文化与旅游融合发展，以旅游为切入点从事乡村振兴。省政府及有关部门先后出台了《甘肃旅游智库成立工作方案》（甘政办发〔2018〕5号）、《关于加快全省智慧旅游建设的意见》（甘政办发〔2018〕22号）、《关于加快乡村旅游发展的意见》（甘政办发〔2018〕23号）、《甘肃省文化旅游产业发展专项行动计划》（甘政办发〔2018〕91号），以及《关于进一步深化文化市场综合执法改革的实施意见》（甘办发〔2018〕4号）。甘肃还积极利用"一带一路"发展平台加快本地知识产权建设，印发了《关于成立丝绸之路国际知识产权港建设工作领导小组的通知》（甘政办函〔2018〕9号）。

（二）公共文化服务增加有效供给

1. 公共文化资源配置趋向均衡

甘肃积极争取国家财政支持、统筹项目资金，用于乡村公共文化资源配置。截至2018年8月，甘肃为全省3308个贫困村的综合性文化服务中心配送了文化、广播、体育器材；为16860个"农家书屋"累计更新出版物232.46万册，总配备书籍报刊超过2863万册，农村人口人均拥有图书达到2.53册。在基层文化设施数字服务方面，截至2018年8月，甘肃建成162个乡镇数字文化驿站、396个村级数字文化服务点，全省23.1%的村级综合文化服务中心实现了手机终端WiFi信号覆盖。

通过上述工作，甘肃的贫困乡村、边远山区、牧区的公共文化资源配置得以完善，不同区域之间、城乡之间的文化资源配置差距得以缩小，公共文化均衡发展得到了有效推动。

2. 公共文化服务网络基本健全

甘肃省省、市、县、乡、村五级公共文化设施建设扎实推进，公共文化服务网络基本健全。

截至2018年8月，甘肃省图书馆和14个市（州）图书馆，以及甘肃矿区图书馆、2个市级少儿图书馆，均建成数字图书馆。甘肃所有县级图书馆，以及1351个乡镇（街道、社区）和部分村文化活动室均建成文化信息共享服务点，电子阅览室覆盖1228个乡镇和55%的街道综合文化站、社区文化中心。

截至2018年8月，甘肃全省乡镇综合文化站平均室内面积达到393平方米，平均室外面积达到1800平方米，行政村综合性文化服务中心平均室内面积达到60平方米，平均室外面积达到2000平方米，居民常住人口人均占有文化场所0.26平方米。

3. 公共文化服务方式趋向灵活

为了向民众提供优质、低价、便利的文化产品服务，甘肃采用了政府采购、流动服务、公益服务等方式方法，成效喜人。

就政府采购而言，甘肃各级政府购买公共文化服务，使《丝路花雨》《大梦敦煌》等一大批经典文艺精品进入普通群众的视野。就"流动文化"服务而言，其主要包括流动演出、流动培训、流动借阅。甘肃全省专业院团的流动演出达到年均2100多场，年均服务群众达到188万人次；各级文化馆举办的文化艺术展演流动培训达到年均200余场次，年均服务群众达到16万人次；各级图书馆的图书流动借阅达到年均58万册次，年均服务基层群众38万人次。就公益服务而言，甘肃"一村一月一场"公益电影放映年均放映量达到19万场次；博物馆、纪念馆、美术馆、公共图书馆、文化馆站免费开放，年均服务群众达到872万人次。

4. 公共文化服务水平不断提高

丰富群众文化艺术生活、满足群众精神文化需求，是现代公共文化服务体系建设的根本任务。近年来，甘肃实施"十个一"文化品牌建设，挖掘本土文化资源，创作了一大批甘肃民众喜闻乐见的优秀文艺作品，这些优秀文艺作品受众广泛。这些受到甘肃民众普遍认可的公共文化服务产品涉及多个剧种的舞台精品，比如有舞剧《丝路花雨》（2016版）、大型交响合唱《敦煌》、歌剧《貂蝉》、陇剧《西狭长歌》、话剧《天下第一桥》等。

（三）文化产业发展取得实质性进步

1. 文化市场主体不断壮大

甘肃各地积极培育发展文化企业，通过多种途径培育壮大本地的文化市场主体。以张掖市和庆阳市为例，截至2018年8月，张掖市文化企业机构达到1371家，市级文化产业园区有8家，落实配套扶持资金24万元。张掖市还筛选近200家文化企业，成立了文化消费联盟企业协会。庆阳市则将项目建设作为文化骨干企业的孵化平台。通过这种发展方式，庆阳市涌现了庆城春晖文化公司、马嵬骅庆州古城民俗文化观光公司、宁县莲花池芙蓉生态旅游观光园、庆阳荣强生态娱乐公司等一批资产过亿元的文化企业。截至2018年6月，庆阳市注册的文化产业法人单位达到1083户。

另外，甘肃华源文化有限公司在纽约建立了华源·纽约东方创客，从而成为甘肃省首家在海外设立分支机构的文化企业。华源·纽约东方创客是美国东部第一家由华人设立的创业孵化平台，该项目于2018年1月增补为2017～2018年度国家文化出口重点项目。

2. 新型文化业态逐步培育

新型文化业态，是一个处于发展中的具有相对意义的文化产业概念。当前甘肃新型文化业态正处于培育发展期，其企业分布主要集中于动漫产业、网络游戏以及优秀文化资源的数字化等领域。

就动漫产业而言，截至2018年8月，甘肃有7家国家动漫认定企业，有两部动漫作品上市，分别是南特数码科技有限公司的《敦煌传奇》和敦煌研究院的《降魔成道》。就网络游戏而言，有甘肃嘉元数字科技有限公司开发的大型网络游戏《紫塞秋风》。该款游戏将丝路文化、敦煌文化、边塞文化等文化符号植入游戏，体现了甘肃特色。就优秀文化资源的数字化而言，敦煌研究院、甘肃省博物馆、甘肃省图书馆作为数字化的试点单位，不断推进自身的数字化服务体系建设，从而提高其数字化社会服务水平。

3. 文化产业项目持续发展

甘肃各地以项目为抓手，以节会为媒介，推进地方文化产业发展。比如，2018 年，兰州市确定重点文化旅游产业项目 50 个，其中续建项目 31 个、新建项目 15 个、拟建项目 4 个，计划总投资 973.6173 亿元。截至 2018 年 5 月，这些项目已完成投资 12.2757 亿元。金昌市 2018 年上半年共签约文化产业项目 35 个，签约金额为 11.69 亿元。再比如借助深圳文博会这个平台，甘肃各地纷纷签约文化产业项目。在 2018 年第十四届深圳文博会上，白银市签约了白银黄河石林国际露营地项目和会宁县文化创意产业示范街区两个重点文化产业项目，签约金额为 2.72 亿元。平凉市在本届深圳文博会成功签约文化产业项目 2 个，总金额为 61.5 亿元，其中崆峒山大景区开发项目签约金额为 60 亿元。

除了促进项目签约，甘肃还利用文化和旅游部文化产业重点项目网上平台，积极进行文化产业项目申报。比如，兰州"秀宝网"、崇信农耕文化生态苑镇、临洮马家窑彩陶文化小镇等 14 个文化项目入选《2018 中国文化产业重点项目手册》。

二 甘肃文化发展亮点追踪

随着国家大力释放文化改革红利的政策推动，甘肃文化发展也沐浴着改革开放的春风，全力奋进。2018 年，甘肃省各级政府推动改革创新，深化文旅融合，推进文化扶贫。通过不懈努力，甘肃提供给民众的文化产品更加丰富，文化市场供给能力显著增强，服务水平明显提升，文化体系建设取得了显著成效。

（一）改革创新推动甘肃文化持续发展

1. 社会参与为甘肃基层文化设施改善寻求出路

基层文化设施建设落后，是甘肃长期以来面对的一大问题。其原因是多方面的，而财政困难无疑是其中的一个重要原因。为攻克这一难关，甘肃在工作方法上进行了改革创新，取得了阶段性成果。

甘肃各级政府鼓励和引导社会力量参与公共文化建设，以经济反哺文化，以文化滋养地方，形成乡土文化社会共建的良好态势。比如酒泉市吸引种植大户，投资38万元修建了玉门市柳河乡蘑菇滩村多功能文化广场和文化室，当地企业赞助220万元为肃州区银达镇黑水沟村新建了面积为769平方米的剧场。敦煌市莫高面业有限责任公司等企业，每年定额投入资金，支持农村群众文化活动。金昌市推动公共文化机构与民营企业合作，委托社会力量管理运营，在基层社区建起了多个"城市书吧"，为群众提供免费图书阅读服务。张掖市出台《大博物馆体系建设意见》等文件，吸引社会资本投入建成9个民办专题博物馆。临夏、陇南、定西、庆阳、平凉等市州动员社会各界，投入资金建设基层文化设施、捐助文化设备、赞助文化活动，改善了基层公共文化服务条件。

2. 文化消费试点建设促进甘肃文化产业发展

文化消费是拉动文化产业发展的内生动力，文化消费对文化产业及其上下游的产业链发展具有重要作用。为引导城镇居民文化消费，推动地方文化产业发展，国家出台了多项推动文化消费的发展举措，文化消费试点城市建设便是其中之一。

2016年6月，文化部确定了第一批国家文化消费试点城市名单，共有26个城市入围，甘肃省兰州市榜上有名。2017年2月，文化部针对第一批国家文化消费试点城市名单进行增补，此次全国又有19个城市入围，甘肃省张掖市位列其中。可以说在文化消费试点城市建设这项工作中，甘肃在起步阶段抢占了先机，获得了良好的发展平台。

在进行文化消费试点城市建设的过程中，兰州和张掖分别形成各有特色的建设模式。其中，兰州模式主要有以下四点。其一，加大惠民型文化服务力度，提高群众文化素养，扩大群众文化需求；其二，打造多样化文化消费产品品牌，丰富文化消费市场供给；其三，实施文化集市基地建设工程，搭建文化消费平台；其四，加大财政资金及政策倾斜力度，刺激文化市场开发。张掖模式主要有以下三点。其一，打造"文化＋旅游＋体育＋医养＋科教"五位一体模式；其二，全方位提升文化供给能力和水平；其三，构建综合性立体化文化消费试点城市建设平台。

3. 大数据建设为甘肃的文化发展提供契机

随着时代的发展，新科技新方法在文化发展中起到了越来越重要的作用。就大数据技术而言，它不但是推动文化发展的新技术，也将成为文化竞争的战略资源。当前，甘肃省文化大数据建设基本条件已日趋完善。在文化大数据建设这个新兴领域里，甘肃已经做出一些有益尝试，构建了文化大数据的多个甘肃发展类型。比如，有以中国（甘肃）文化资源云平台为代表的数据库构建类型，有以丝绸之路（敦煌）国际文化博览会为代表的专业服务类型，还有以读者向新媒体转型为代表的行业转型类型，等等。

4. "走出去"战略加强甘肃文化的对外开放

甘肃是华夏文明的文化资源宝库，是丝绸之路的黄金路段。随着"一带一路"倡议的实施，甘肃由改革开放的内陆腹地，逐步转变为中国向西开放的前沿。近年来，甘肃与丝绸之路沿线国家的人文交流持续加强，先后与80多个国家和地区展开了文化交流活动，受众达到数十万人次。"走出去"成为甘肃与丝绸之路沿线国家和地区共建人类美好精神家园的新路径。

甘肃文化"走出去"的几种典型模式包括文化交流、文化展会、赛事、数字文化、文化教育、文化出版等。以文化交流为例，在文化产品交流方面，《丝路花雨》和《大梦敦煌》是甘肃文化产品以市场方式"走出去"的典型代表。在文化项目交流方面，"甘肃非遗展"、"敦煌艺术大展"、"甘肃数字文物展"、《敦煌韵》等一系列文化项目是甘肃文化"走出去"项目的优秀代表。

（二）文化与旅游的深度融合趋向良性发展

1. 文化资源优势向旅游经济优势转化

甘肃是中华民族的文化资源宝库，这里历史文化资源底蕴深厚，民族宗教文化资源特色浓郁，民俗文化资源绚烂多彩，自然文化资源形式多样，红色文化资源星罗棋布，现代文化资源潜力巨大。

将文化资源转化为文化生产力和文化资本是甘肃实现产业结构调整、加快转变经济发展方式的重要战略手段。将文化资源转化为旅游经济生产力，甘肃优势明显，主要体现在三点：文化资源的富集、特色和品牌。这些文化资源优势意味着传统文化产业发展前景广阔，文化遗产的保护利用，新闻出版、工艺美术、演艺娱乐等文化事业的发展，新兴文化产业如创意设计服务、数字内容、文博业、节庆会展等的培育都有广阔的发展空间。

文化资源向旅游资源的转化是一个动态的系统工程，包括规划策划、开发建设、经营管理、游客消费四个环节。甘肃以文化资源为抓手，深入挖掘其旅游资源因素，培育其旅游产业生长因子，为旅游产业注入文化功能，切实推动文化资源优势向旅游经济优势转化。

2. 甘肃文化符号的衍生开发将极大促进文旅产业发展

近年来，甘肃居民的生活消费结构与以往相比有了很大转变。其中教育投入不断加大，同时越来越多的居民追求更加丰富的精神文化生活，二者叠加使甘肃居民的教育文化娱乐支出快速增长。从当前甘肃居民的文化消费趋势来看，传统文化业态和新兴文化业态融合衍生的文化消费产品为越来越多的消费者所关注，文化文物单位的文化创意产品受到热捧，数字文化产业创新产品及具有鲜明区域特点和民族特色的文化产品市场竞争力更强。

如何将特色鲜明的文化符号转化为具有旅游市场竞争力的文化消费精品，已经引起甘肃相关文化消费建设者的关注。当前，甘肃文化符号的衍生转化具备三大优势：政策优势、资源优势和产业优势。其产业转化主要涉及以下几个领域：文化旅游领域，歌舞、影视艺术领域，数字动漫领域，以及文创产品开发领域。这些领域对甘肃的文化旅游深度融合而言，都具有重要意义。

3. 演艺市场成为甘肃文化旅游深度融合新的突破口

演艺市场是甘肃文化旅游产业发展的有机构成部分，具有提升旅游文化内涵、拉动文化旅游消费的重要作用。近年来，甘肃全面实施"旅游+"发展战略，文化旅游演艺市场在多重因素的作用下借势上扬，实现了新突破，取得了良好的社会效益和经济效益。

以2018年河西地区文化旅游演艺产业发展为例，张掖市重点推进丹霞轨道交通、胡杨林乡村休闲度假区等重大项目建设，在此过程中紧紧围绕旅游项目建设进行文化演艺剧目及其周边文化产品开发，张掖市文化旅游演艺产业发展渐入佳境。酒泉市把文化旅游演艺产业品牌化发展作为主要方向，为了提高旅游演艺产品的生命力和吸引力，体现旅游演艺价值和需求，酒泉市不断创新开发旅游文化商品，将文化资源优势向旅游演艺消费热点转化，打响"敦煌""丝路"等品牌，大力推进具有地域特色的演艺剧目、实景演出进景区、饭店、剧场和农家园，以此提升旅游的文化内涵和产品附加值，使旅游演出成为推动文化产业和旅游产业融合发展的重要动力。

（三）精准扶贫为甘肃文化建设提供了新途径

甘肃省委、省政府将公共文化服务体系建设作为落实公共文化领域中央重点改革任务的具体举措，以文化精准扶贫为重要抓手，采取多种措施推动工作落实，如将文化基础设施建设与精准扶贫工作结合在一起。甘肃省委、省政府把贫困乡村文化场所建设作为扶贫重要内容，纳入"1+17"精准扶贫总体方案，建档立卡，挂图作业，落实责任，组织推进，大力推动基层文化设施建设。

精神扶贫是甘肃精准扶贫工作中的一个关键环节，关系脱贫攻坚的总体效果和长远发展。当前，智库机构在精神扶贫攻坚中的作用日益突出。以甘肃省社会科学院的精神扶贫工作为例，其在扶贫工作中发挥智库的多元优势，帮助扶贫对象走出精神困境，提升扶贫对象脱贫致富的内在动力，从而在全面建成小康社会的工作中发挥"陇原智库"的社会价值，彰显"陇原智库"的文化作为。

三 甘肃文化发展所面临的困难

（一）现代公共文化服务体系建设尚不完善

1. 基层文化设施建设存在供需矛盾

一方面是文化设施建设财政供给不足。当前，甘肃各地对基层公共文化设施投入的财政资金严重不足，难以达到当前公共文化服务体系的建设要求。比如关于"三馆"和乡镇综合文化站的免费开放经费投入，目前只有国家和省级层面实现了免费开放经费配套，大部分地区由于财政资金困难，市、县层面的免费开放经费和购书经费都难以进行配套。另一方面是文化设施供给相对过剩。在甘肃的很多行政村，村中的文化室、农家书屋、乡村舞台设施完善，但由于文化供给总量少，村里的文化室基本没有开展活动，到农家书屋看书的群众屈指可数，乡村舞台长期闲置。基层公共文化设施使用率低，挪作他用的现象较为普遍。

2. 公共文化服务供给缺乏有效对接

甘肃多数地方的公共文化服务还没有健全的反馈制度，缺乏与群众的沟通，文化服务项目不能满足群众需求。主要有以下几个方面的表现。其一是供给结构不能满足需求结构变化。有些地方在文化场所、文化设施建设等方面，不重视征求当地群众的意见，建成的文化设施、文化场所不便于群众参与文化活动，造成设施闲置浪费，供需缺乏有效对接。其二是公共文化服务供给覆盖不均。现有公共文化资源相对集中、流动不畅，面向偏远山区、边远牧区群众提供服务的文化艺术产品不足，从而造成公共文化服务的城乡差距较大。其三是政府主导的供给模式造成公共文化供给质量和效率不高。挖掘创新本土特色文化资源和传统优秀文化资源的力度不够、方法不多，群众喜闻乐见的文化产品和服务项目不足。其四是群众参与积极性不高，基层又化阵地作用没有充分发挥。文化活动类型不多，满足不同群众文化需求的服务项目不足，单一的文化社团、文化活动难以吸引群众参与。

（二）文化产业转型升级缓慢

1. 新型文化业态培育尚需时日

甘肃是文化资源大省，正在努力向文化发展强省转变。这个转变过程面临诸多困难，比如能深刻影响这种转变的新型文化业态，其发展仅处在起步阶段。具体表现为政策、观念等影响新型文化业态发展的培育环境尚不理想，甘肃经济社会的整体发展还相对落后，支撑新型文化业态发展的科学技术基础还很薄弱，新型文化业态所需人才严重匮乏，等等。

2. 文化消费建设起步困难

甘肃的文化消费建设已经启动，其起步速度尚处于全国前列，但具体业务的开展还面临诸多困难。比如在文化符号的消费品衍生开发中至少存在三大困难：一是缺乏充足的资金支持，没有树立起地方文化符号的品牌形象；二是生产模式单一，知识产权保护意识不强；三是专业人才缺乏，产品创意创新不足。再比如在文化消费试点城市建设中，存在以下四个困难：一是潜在的文化需求还未被完全激活，二是文化消费结构陈旧，三是文化消费支出较低，四是尚未形成标准完善的统计体系。

（三）优秀传统文化的传承创新困难

1. 传统工艺振兴面临诸多困难

甘肃的传统工艺主要包括传统美术、传统技艺和传统医药炮制技艺类等非物质文化遗产代表性项目。在进行传统工艺振兴的工作中，甘肃面临一些现实问题。一是涵养传统工艺传承发展的文化生态渐趋消失；二是支撑传统工艺发展的政策体系尚不完善；三是产品制作缺乏规范的行业标准，市场较为混乱；四是专业人才后续不足，相关领域协同创新较少；五是传统工艺与现代生活的融合不够充分。

2. 乡土文化建设出现衰落迹象

酒泉市银达镇银达村是甘肃乡土文艺繁荣的一个典型个案。这里乡土文化底蕴深厚，乡民文化活动繁荣兴盛，对当地民众的文化自信起到了良好的提升作用。当地农民自编自演的小陇剧《摔罐》《洞房花烛夜》等文艺作品，曾分别获得全国群星奖银奖和甘肃省曲艺大奖赛优秀奖。与此相反的是，由于多种原因，当前甘肃一些地方的乡土文化建设出现了衰落迹象，主要反映在以下四个方面。一是乡村文化载体渐失，文化建设主体弱化；二是乡村教育水平落后，民众文化自信受到冲击；三是管理层责任意识缺乏，乡土文化建设体制机制不健全；四是乡土文艺人才缺失，乡村文艺活动难以开展。

四　甘肃文化发展的对策建议

（一）公共文化服务有效供给对策建议

1. 基层文化设施建设对策建议

其一，建立公共文化服务设施建设和管理并重机制，对已建成的基层公共文化设施加强使用监管，切实提高公共文化设施尤其是基层文化设施的有效利用率。其二，建立基层文化设施建设的绩效评估和奖励机制，各市、县根据辖区内已建成的文化设施的实际利用率，对优秀单位进行财政奖励。其三，吸引社会资金投入基层公共文化服务设施建设，为社会资金投入公共文化设施建设创造良好的政策坏境和管理运营环境。其四，鼓励、支持"三馆"和其他乡村公共文化设施开展文化创收，以创收收入反哺其自身的基础设施建设。

2. 公共文化服务对接对策建议

其一，建立以群众需求为导向的公共文化服务供给机制，积极开展"从下而上"的菜单式服务和"我需你供"的互动式服务。其二，建立畅通的双向对接渠道，通过网络通道、柜台业务以及意见箱等多种途径，及时掌握民众真正的公共文化服务需求。其三，对于边远地区的公共文化服务，可以通过灵活多样的文化供给形式，缩小其与其他地区的公共文化服务供给差异，如"文化大篷车"式的流动服务、专网服务、跨区域协同服务等。

（二）文化产业转型升级对策建议

1. 新型文化业态培育对策建议

加强新型文化业态培育，需要做好以下几方面工作。一是为新型文化业态培育良好的发展环境，包括创新文化生产经营体制机制，以适应新型文化业态的培育与发展需要；构建培育新型文化业态的政策保障与监管体系；培育充满活力的文化消费市场。二是提升新型文化业态的自我发展水平，包括制定切实可行的新型文化业态发展规划；培育创新型文化企业；为新技术创新增加软硬件投入；加大融资力度，提升融资能力；培育投身新型文化业态发展的创新型人才。

2. 文化消费建设对策建议

加强甘肃文化符号的消费品衍生开发，需要做好以下几方面工作。一是加强政府引导，营造整个社会的文化消费氛围；二是通过出台支持政策，为行业融资开拓渠道；三是扩大品牌宣传，提升具有文化符号特质的文化消费品的商业价值；四是深挖附加价值，提升文化符号消费品的市场竞争力。推动文化消费试点城市建设，需要做好以下几方面工作。一是扩大文化供给侧对消费的引领作用；二是努力推动文化投资主体的多元化；三是全面提升城乡居民收入水平；四是提升民众的文化修养，从而扩大其文化消费需求。

（三）优秀传统文化传承创新对策建议

1. 传统工艺振兴对策建议

"加强文化遗产保护，振兴传统工艺"是党和国家对传承中华优秀传统文化工作提出的具体要求，是构建中华优秀传统文化传承体系的一个组成部分。加强甘肃传统工艺振兴，需要做好以下几方面的工作。一是加强非物质文化遗产保护，为传统工艺传承创造良好的社会环境。二是加强人才培育，建立传统工艺人才队伍，为传统工艺振兴提供优秀的技艺传承人才、管理运营人才、商贸流通人才等。三是加强知识产权保护，树立甘肃传统工艺文化品牌。四是提高行业竞争力，发展"传统工艺＋"模式，形成产业链，富民兴陇。

2.乡土文化建设对策建议

甘肃历史悠久、民族众多，乡土文化丰富多彩。加强甘肃乡土文化建设，需要做好以下几方面工作。一是培育良好的乡土文化生态，增强民众的乡土文化认同，提升其传承发展乡土文化的自觉性。二是增强民众的乡土文化自信，培育文明家风、乡风。三是建立公共服务长效机制，加大对乡村文艺繁荣的扶持保障力度。四是积极发挥乡村文化能人的带动作用，建立乡村公共文化服务人才队伍，依托乡村文化阵地，开展民众喜闻乐见的地方特色文化艺术服务。五是以地方特色乡土文化为依托，推动乡村文艺发展的产业化进程，以文化产业成果反哺文化根脉传承。

发 展 篇

Reports on Development

B.2
甘肃公共文化服务的有效供给研究

魏学宏*

摘　要：　甘肃省为保障人民群众基本文化权益，按照文化服务均等
　　　　　化、标准化要求，深化文化体制改革，创新公共文化服务
　　　　　模式，不断加强基础设施建设，完善服务网络，公共文化
　　　　　服务供给取得了不错的成绩。但在公共文化服务供给过程
　　　　　中，也存在供给总量不足与相对过剩、供给经费处于较低
　　　　　水平等问题。建议加强公共文化服务供给侧改革，扩大有
　　　　　效供给；完善公共文化有效供给保障措施，优化供给资金
　　　　　结构；掌握群众公共文化服务需求结构变化，增强供给结
　　　　　构灵活性；重视和加强基层公共文化服务人才队伍建设和
　　　　　专业人才培养；完善公共文化供给绩效评估，促进文化事

* 魏学宏，甘肃省社会科学院决策咨询研究所副研究员，主要研究方向为美学、信息与文化。

业可持续发展；大力提高公共文化服务能力和水平，切实保障公共文化服务供给有效，不断满足人民群众日益增长的精神文化需求。

关键词： 甘肃　公共文化服务　有效供给　供给侧改革

公共文化服务是政府公共服务的一部分，主要是由政府等公共部门向公众提供公共文化产品和服务，保障人民群众的基本文化权益。随着人民物质生活水平的不断提高，群众的精神文化需求也日益增长。为了更好地保障人民群众的基本文化权益，促进人的全面发展，政府应宣传国家文化政策，积极落实文化惠民政策，建设好基层公共文化服务设施，增强公共文化服务能力，以免费或优惠的方式向人民群众提供文化产品和服务，维护好、发展好、落实好公共文化服务的有效供给，有效满足人民群众的文化需求。

一　甘肃公共文化服务供给取得一定成绩

近年来，甘肃省为保障人民群众基本文化权益，按照文化服务均等化、标准化要求，深化文化体制改革，创新公共文化服务模式，不断加强基础设施建设，完善、延伸服务网络，公共文化服务供给取得了不错的成绩。

（一）公共文化服务相关制度政策逐步完善

2015 年 1 月 14 日，中共中央办公厅、国务院办公厅印发的《关于加快构建现代公共文化服务体系的意见》在中国政府网公布。8 月 17 日，甘肃省委办公厅、省政府办公厅印发了《关于加快构建现代公共文化服务体系的实施意见》（以下简称《实施意见》），《实施意见》在全面贯彻中央部署重点任务的基础上，明确了甘肃各级政府在公共文化服务体系建设中的主体责任、投入保障制度和改革的措施办法。同时紧密结合省情实际，制定《甘肃省基本公共文化服务实施标准》《甘肃省加快构建现代公共文化服务体系百项重点任务推进计划》。近年来，《全省"乡村舞台"建设方案》《关于做好政府向社会力量购买公共文化服务工作的实施意见》《甘肃省推进基层综合性文化服务中心建设实施方案》《甘肃省"十三五"公共文化服务体系建设规划》等十多个配套性文件先后出台，明确了公共文化服务建设中承担责任的部门、单位，以及各项任务完成的时限，形成公共文化服务供给总分结合的方案落实体系，确立了甘肃构建现代公共文化服务体系的时间表、路线图，保证了公共文化服务的有效落实。

（二）公共文化服务范围不断扩展，内容不断增加

一是场馆的免费开放惠及更多民众。2009年底，甘肃70个博物馆（不包括文物建筑及遗址类博物馆）、纪念馆及全国爱国主义教育基地会宁红军长征胜利纪念馆、和政古动物化石博物馆等全部免费开放。2011年全省所有美术馆、公共图书馆、文化馆站免费开放。2016年底张掖市科技馆、金昌市科技馆免费开放，2017年底甘肃科技馆免费开放。2018年4月，省内15所本科高校的博物馆、校史馆、认知馆等场馆面向公众免费开放。二是群众性文化活动不断繁荣。送文化下乡活动、农村电影公益放映等经常性、公益性文化活动常年活跃在农村文艺舞台上，极大地丰富了农村群众文化生活。庄户剧团、农家戏班、文艺队伍成为农民休闲娱乐活动的主要载体。《梦回敦煌》《山里的情·塬上的歌》《金城印象》等一大批舞台艺术开展了一系列展演。兰州、天水、陇南、武威、张掖等地区充分利用地方文化资源，举办了多次文艺展演活动。三是公共文化服务的内容不断丰富多样。公共文化服务涵盖了文化生活的各个方面，如休闲体育、阅读、棋牌、舞蹈、社区托管等，呈现了文化服务供给的多样性特征。

（三）公共文化服务供给资金投入力度不断加大，社会力量参与积极性不断增强

"十一五"期间，全省文化体育与传媒支出为104.9亿元，年均增长16.2%。[1]"十二五"期间，全省在公共文化场馆建设方面累计投入资金23亿元，形成省、市、县、乡、村五级公共文化服务设施网络体系。[2] 2016年全省文化、体育和娱乐业项目投资额为291.72亿元，比上年增加了43.10%。2017年的文化体育与传媒支出为64.1亿元。[3] 稳定增长的公共财政投入，为甘肃省文化事业大发展大繁荣提供了可靠的财力保障。甘肃省在社会力量参与公共文化服务供给方面也做了一些工作，尤其是河西地区的酒泉、金昌、张掖在这方面表现突出。比如酒泉市吸引种植大户，在玉门市柳河乡蘑菇滩村投资38万元修建了多功能文化广场和文化室；酒泉市肃州区银达镇黑水沟村由当地企业赞助220万元，新建了769平方米的剧场；敦煌市莫高面业有限责任公司等企业，每年定额投入资金，支持农村群众文化活动。金昌市推动公共文化机构与民营企业合作，在基层社区建立多个"城市书吧"，委托社会力量管理运营，为群众提供免费图书阅读服务。张掖市吸引社会资本投入大博物馆体系建设，已建成9个民办专题博物馆。

（四）公共文化服务设施和服务网络初具规模

高度重视公共文化设施建设，基本实现全省范围内"县有图书馆、文化馆，乡有综合文化站"的建设目标，公共文化设施条件大为改善。"十二五"期间共建成11559个行政村综合性文化服务中心、16860个"农家书屋"。按照《甘肃省"十三五"公共文化服务体系建设规划》，2017年底，扩建省图书馆工程基本结束，全省共有文化馆103个，美术馆51个，公共

[1] 卢吉平：《甘肃省五年投入百亿元推动文化事业大发展大繁荣》，央视网，2011年11月20日。
[2] 李满福：《"十二五"甘肃省文化事业发展成就扫描》，搜狐网，2016年4月4日。
[3] 参见2016年、2017年《甘肃省国民经济和社会发展统计公报》。

图书馆 103 个，博物馆 204 个，艺术表演场馆 23 个。全年有线电视用户 192.06 万户，有线数字电视用户 153.68 万户。2017 年末广播综合人口覆盖率为98.38%，电视综合人口覆盖率为98.68%。① 全面完成15972 个"乡村舞台"建设任务，实现了"乡村舞台"全覆盖，并着力提高"乡村舞台"的使用频率。建成 8 个特色数字文化资源库、162 个乡镇级和 396 个村级数字文化服务点，有效夯实了现代公共文化服务网络基础。下拨 1.5 亿元免费开放资金，有效保障了全省 113 个国有博物馆、103 个文化馆、103 个公共图书馆、47 个美术馆、1228 个乡镇综合文化站和 127 个街道文化服务中心免费开放；争取中央经费 6000 多万元，为 3138 个贫困村配备了公共文化服务设备器材，为农村群众脱贫致富提供智力支持。天水、金昌、白银、平凉等市配齐了乡镇综合文化站站长，落实了站长副科级待遇，设立了财政补贴的村级公共文化服务岗位，基层公共文化服务队伍建设得到加强。②

（五）公共文化服务方法和模式有不同程度的改进

文化馆、美术馆、公共图书馆、博物馆以及艺术表演场馆近两年积极创造良好的服务环境，对服务时间、讲解内容和服务程序实施三公开，增强吸引力。有条件的积极实施流动服务模式，以市（县、区）图书馆、文化馆为总馆，乡镇（街道）综合文化站（馆）为分馆推进总分馆制建设，村（社区）综合文化服务中心（活动室）为基层服务点开展运行，形成城乡公共文化服务联动机制，推动公共文化服务向社区和农村延伸。文化部门推动实行百姓"点单"，实现公共文化服务与群众文化需求有效对接，积极有序推进向社会力量购买公共文化服务工作，充分利用城市社区综合服务中心、农家书屋、文化信息资源共享工程，利用文化志愿者、文化社团，积极开展、组织文艺演出、文化培训讲座、展览展示。同时支持和发展社会团体、个人创办公益性程度较高的文化机构，鼓励社会组织及个人创办和发

---

① 参见《2018 甘肃发展年鉴》。
② 临夏市文广局：《2017 年甘肃省文化工作成果》，http：//longju. jinciwei. cn/378426. html，2018 年 1 月 30 日。

展博物馆、图书馆等，积极鼓励和引导社会力量参与，实现公共文化服务的有效供给。

（六）基层公共文化服务队伍不断壮大

甘肃省不断适应公共文化服务的新形势、新任务、新要求，狠抓公共文化服务人才队伍建设。通过集中培训、岗位培训、以会代训的方式，不断增强公共文化服务人员技能，公共文化服务系统干部队伍的整体素质得到了提高。积极组织实施文化系统"人才工程"建设，制定出台了加强公共文化服务人才队伍建设的措施，完善了全省艺术、图书、文博、农实一系列专业技术职称评审制度，在全省开展了书画摄影、戏曲小品、文化信息资源共享工程业务等文化艺术人才培训研修、考察调研和实践锻炼活动，推出"道德课堂"等公益培训服务项目，为公共文化人才成长和发展营造了良好的环境，使高精尖的公共文化人才脱颖而出。加大了"三区"文化工作者选派和培养力度，拓宽了人才培养渠道和路径，鼓励引导文化人才向边远贫困地区、边疆民族地区、革命老区和基层一线流动，基层公共文化服务队伍得到不断壮大。

二 甘肃公共文化服务供给存在的问题及原因

（一）公共文化服务供给中存在的问题

1. 供给总量不足与相对过剩

甘肃有的地方现有公共文化设施比较落后，全省公共图书馆、文化馆、乡镇综合文化站达标率在60%以下。村、社区文化服务设施严重不足，文化服务管理人员缺乏，有的县乡镇文化站就是一间办公室挂了一块牌子，有名无实，公共文化产品、公共文化服务供给能力以及文化投入总量还不能满足群众的多样化文化需求。公共文化服务中内容与形式创新不多，服务方式和手段单一，普遍缺乏群众喜闻乐见、丰富多彩的文化产品和服务。从调研实际看，群众参加较多的活动是文化娱乐活动，如跳广场舞，观看免费电影、戏剧、音乐会等的比例几乎是零。公共文化服务供给除了供给总量不足，还存在相对过剩的问题。现在很多行政村村文化室、农家书屋、乡村舞台建设得很完善，但由于文化供给总量少，很多村文化室基本没有开展活动，到农家书屋看书的群众也是屈指可数，乡村舞台一年到头也用不了几次。地方公共文化设施使用率低或者挪作他用的现象很普遍。文化阵地利用率低下导致人民基本文化权益不能很好实现，群众的精神文化需求不能得到满足。

2. 公共文化服务供给经费处于较低水平

文化经费投入不足，运转困难。公共文化设施建设初期，很多建设项目必须由地方财政提供配套资金，但由于地方财政困难，配套资金从一开始就不能很好的落实，先天不足严重影响了文化项目的建设。如甘肃省 2016 年人均文化事业费为 54.86 元。2017 年，全国文化事业费为 855.80 亿元，全国人均文化事业费为 61.57 元。2017 年甘肃教育事业支出为 565.7 亿元，医疗卫生和计划生育支出为 289.3 亿元，而文化体育与传媒支出为 64.1 亿元。2017 年教育项目投入为 151.7 亿元，文化、体育和娱乐业项目投入为 130.4 亿元。① 这表明，与全国相比较，与同属于公共服务的其他社会事业横向相比较，甘肃公共文化服务财政保障和投入的水平并不高，公共文化服务建设经费保障和投入处于一个较低的水平，造成文化重点工程仍在建设，大型文化活动仍在组织，但是原有场馆没有钱维护，应有的作用没有发挥。

3. 供给结构不能满足需求结构变化

随着社会经济的发展和人民生活水平的提高，广大群众的欣赏水平也在不断提高。但公共文化服务供给服务方式与手段主要还是送演出、播放电影、送图书等，形式没有根本性的改变。特别是不同形式的文化下乡活动的广度和频率与广大农民群众的要求之间，还是存在一定的差距。再加上政府

---

① 《2017 年甘肃省国民经济和社会发展统计公报》。

所提供的公共文化产品缺乏喜闻乐见性、丰富多彩性，文化产品较强的思想教育功能使许多农民宁肯空闲时在家看电视，聚在一起拉家常，也不愿参加文化活动。有效供给的本质是供给与需求相匹配，目前甘肃不少城市社区（街道）的图书馆、文化馆书籍种类单一、图书陈旧，导致群众基本不去图书馆、阅览室读书看报。农村由于青壮年外出打工，留守的基本为老人和小孩，乡镇文化室、农家书屋处于空壳化状态。无论农村还是城市，居民的文化欣赏习惯、文化需求都在不断发生变化，但文化活动还是千篇一律，缺少创新，真正有文化内涵、高品质的、群众喜闻乐见的文化活动、文化作品还是比较缺乏。由此出现有文化需求却无公共文化供给，或有公共文化供给却无文化需求的现象。

4. 公共文化服务供给覆盖不均

从供给结构上来看，甘肃的公共文化服务供给存在覆盖不均的问题。一是地域之间有较大的差距。财政资金给予文化事业发展资金地域分布不均衡。如2017年白银市人均文化事业费达到156元，嘉峪关人均文化事业费是93元。可见地区之间还是有很大差距。二是城乡之间存在差距。我国在公共文化服务建设中，二元经济结构或多或少地影响财政支出几乎一直倾向于城市，广大农村地区，特别是甘肃很多贫困地区在公共文化建设和活动方面获得的经费远远少于城区，供给严重不足，再加上地方财政困难，配套资金和公共文化基础设施跟不上，广大农村地区在文化资源分享上受地域偏远影响处于绝对劣势地位。如农村的乡村舞台与县城的人民剧院相比还是有很大差距的。同时受文化水平、传统观念的影响，以及群众需求表达渠道的缺乏，更多时候是政府提供什么样的公共文化服务，居住在农村的群众就接受什么样的公共文化服务，导致公共文化服务质量不高、效果差。三是不同群体之间存在巨大差距。我们的公共文化服务对一些弱势群体考虑的不是很多，或者有更多的形式上的表现，实质性的服务却跟不上。如针对残疾人士、鳏寡老人、农民工以及留守儿童等的公共文化服务普遍较少。

5. 政府主导供给模式影响公共文化供给质量和效率

目前，我国的公共文化供给主体是各级政府。政府主导模式下财政投入与文化产品的生产给政府及相关部门带来的压力是巨大的。甘肃2017年全省一般公共预算收入完成815.6亿元，一般公共服务支出308.6亿元，其中文化体育与传媒支出64.1亿元。甘肃受财政总量的限制，单纯依靠政府的财政资金来完成公共文化供给任务显然是不够的。而且随着物质文明的进步，人们的精神文化需求日益增加，但政府的财政收入增长不会大幅度超越人们的精神需求增长。所以，政府在资金投入、文化产品生产等方面必然会力不从心、寅吃卯粮，这都影响了公共文化服务供给的质量和效果。同时公共文化服务产品的供给在政府主导下往往通过政府采购的形式完成，一定程度上难以保证公共文化产品的质量和社会效益。

6. 群众参与不足，基层文化阵地作用没有充分发挥

政府及相关文化部门每年都要组织开展一些公共文化服务活动。但由于到基层的公共文化服务活动内容花样少、活动形式程式化，再加上群众参与时间与劳动工作时间冲突或群众缺乏兴趣，以及在家可以看影视和多元休闲娱乐文化的冲击，许多群众被动参与多，积极主动参与少。诸如农家书屋、村文化站、乡村舞台等文化设施使用率普遍不高，基层文化阵地作用没有充分发挥。群众作为公共文化服务的享受主体由于供给的缺位错位、低质低效，缺少参与公共文化活动的主体性、积极性、能动性，公共文化活动最后就演变成群众自发参加的广场舞、健美操、演唱、棋牌娱乐活动等。但整体来看，基层的文化设施设备没有得到很好利用，对接群众的需求精准性不够高，农民群众日益增长的精神文化需求没有得到很好的满足。

7. 公共文化服务队伍不够强大，农村公共文化服务人才数量不足

从基层文化单位的人员结构看，从事公共文化服务的人员的组成与文化事业的发展极不协调，具体表现在以下几方面。一是工作人员年龄普遍偏大。县区图书馆、文化馆和乡镇从事公共文化服务的工作人员工龄普遍偏长，缺少开展文化服务活动的活力，基层文化队伍存在青黄不接的现象。二是工作人员业务不专。目前大部分乡镇综合文化站的业务干部为兼职，平时干乡镇的工作，几乎不主动开展文化活动。尤其是落后地区和偏远地区这个

问题更加突出。三是工作人员文化层次偏低。村一级从事文化服务的工作人员多为村委会干部，学历普遍较低，多数人还达不到高中文化水平，缺少掌握各种现代信息技术的能力。农村公共文化服务人才数量的严重不足，严重制约和影响农村公共文化服务的成效。

（二）甘肃公共文化服务供给存在问题的原因

对于公共文化服务供给，甘肃一直在加大支持力度，但长期以来，财政收入不宽裕、政府介入不及时、人员配备不到位等问题制约着甘肃公共文化服务的供给。

1. 政府没有很好发挥影响公共文化服务有效供给的职能作用

部分领导干部思想认识还存在一定偏差，认为搞文化建设不如赶快发展经济，不如做好民生保障工作，由此在公共文化服务供给中，各级政府的服务意识还不强，职能没有转变成向公共文化产品的需求者和供给者提供服务。在公共文化服务供给过程中，各级政府还不完全了解掌握基层公共文化服务资源，就是乡镇一级也不了解广大群众需要什么样的服务，对群众的需求调查做得不够认真细致，由此造成还存在有效需求与有效供给错位现象。在公共文化服务供给过程中，目前各级政府基本就是按上级要求推行传统服务项目，按固有方式开展工作多，针对性供给安排少。对于县（区）及乡镇、村级文化设施，各级政府按中央部署，配套资金一次性投入，后期投入少或者没有，这样导致公共文化服务缺少年度运行经费、工作经费，公共文化服务办公经费、设施设备维护维修经费、开展活动的经费都难以保证。可以说，政府没有更好地履行公共文化服务连续供给职责，致使基层公共文化服务工作步履维艰。

2. 财政供给的单一化和有限性，影响公共文化资源的优化配置

目前，政府的财政拨款仍是公共文化服务所需资金的主要来源，但财政拨款主要用来支付公共文化服务单位的人员工资、业务费用、维护经费，缺少后期发展经费或者所给费用不足难以满足发展所需。有限的财政资金，造成各级政府公共文化服务供给总量不足，造成城乡公共文化服务供给分配不

均，地区之间存在一定程度的差距。目前，公共文化服务供给政府埋单的做法，使企业、个人、社会组织等社会资本在公共文化供给领域介入得并不多，造成公共文化服务供给资金来源渠道单一、投入不足、使用效率不高等问题。公共文化服务供给在资金方面的单一性，使公共文化产品供给形成政府垄断，由此造成一方面文化企业、社会组织等社会力量无法及时进入公共文化供给圈，一时半会不能形成公共文化共建共享局面，另一方面政府投入"撒胡椒面"，各地所建公共文化服务设施比较薄弱，无法满足不同群众、群体的需求。同时财政收入比较好的兰州、庆阳、天水、酒泉等地区，公共文化服务事业就发展得较好；而其他一些地区，由于财政的限制，基本的公共服务供给存在一定程度的欠缺。

3. 公共文化服务供给群众参与意识弱、表达渠道不畅造成供需错配

从调研实际看，由政府提供的相当一部分公共文化服务活动群众并不喜欢，特别是"下乡"到农村的部分公共文化服务活动不是农民真正盼望的。群众所需求、喜欢的公共文化活动，他们的想法并没有传到政府的决策层。一部分农民与世无争的心态使他们表达意识弱，也就是说公共文化服务供给"给什么，给多少，怎么给"他们都觉得无所谓，即使有点不满意，也不想表达，很多人还停留在打牌、看电视等自娱自乐的状态中。还有很多群众并不知道怎么表达，通过什么途径表达自己的需求，由此造成群众对公共文化活动服务供给决策几乎没有参与。诸如文艺表演类、文体竞赛类、游戏娱乐类等是群众喜欢的公共文化服务类型。但他们最后见到的就是上级政府部门安排指导实施开展的活动，活动更多地体现了政府的意愿偏好，一些优秀的文化产品基层民众看不到、听不到。逢年过节或有重大农事活动时就是耍社火、唱秦腔这些次数有限的活动，再加上活动少有新的内容，很难吸引群众，特别是很难吸引年轻人参加。城市社区的公共文化设施和活动比农村强很多，但活动内容的固定化、活动次数的有限，使城市社区一部分居民也不太重视文化生活，认为社区公共文化设施和活动可有可无。可以说，表达渠道不畅造成供需错配，群众参与公共文化服务的广度和深度都没有达到我们所期望的理想状态。

4. 公共文化服务人员需求与事业单位编制之间的矛盾影响人才队伍建设

县级及以上一级的各种公共文化服务机构，诸如图书馆、文化馆、博物馆，其人员数量基本能满足运营，但存在人员专业对口不高、必要业务技能弱，公共文化服务机构在提供的产品的内容方面缺乏灵活性、在服务形式上缺乏创新性、对新鲜事物使用能力优势不足等问题。乡镇、街道的文化干部基本不是专职从事公共文化建设，都是身兼数职，精力有限，工作人员本身的专业也不对口，基层事务的繁杂，造成工作人员力不从心。公共文化服务人才的缺少与事业单位编制之间的矛盾造成了公共文化服务队伍不够强大。可以说，公共文化设施建起来了，但人的问题没有解决好，由此导致公共文化设施没有管好、没有用好，基层公共文化机构服务效能不高。

三 甘肃公共文化服务有效供给的对策建议

有效供给公共文化服务，是为了让人民群众更好地享受到文化改革发展成果，这也是社会主义公共文化服务供给的目标和方向。因此，只有从转变服务供给观念、理清发展思路、加大资金保障和投入、优化文化资源配置、加强管理体制、完善绩效评估机制等方面入手，夯实公共文化服务建设基础，大力提高公共文化服务能力和水平，才能切实保障公共文化服务供给的有效性，不断满足人民群众日益增长的精神文化需求。

（一）加强供给侧改革，扩大有效供给

1 创新供给制度，促使基层文化设施切实发挥功能作用

一是建立以群众需求为导向的公共文化服务供给机制。积极开展"从下而上"的菜单式服务和"我需你供"的互动式服务。甘肃地形狭长，东中西不同地区以及不同民族人们的精神文化需求不完全一样，呈现不同特点。因此，通过菜单式服务和互动式服务，实现文化服务供给与群众文化需求有效对接，多为群众提供贴近实际、用得上的文化产品，多开展群众需要、体现特色、群众喜闻乐见的文化活动，确保文化活动满足群众需求。特

别是创新供给制度，使老年人、少年儿童、农民工和残疾人等享受到各类公共文化服务。二是建立公共文化服务设施建设和管理并重机制。对于群众参与度高、乐于接受的文化项目、文体设施，财政投入要重点保障，并配套相应的年度运行维护费用。同时要结合基层实际加大公共文化载体创新力度，并通过活动、项目创新，培育多姿多彩的文化活动形态，把基层文化设施的功能作用切实发挥出来。

2. 创新服务机制，促进政府为群众提供高质量的公共文化服务

一是建立公共文化服务群众参与机制。没有群众的参与，公共文化服务就是一个空壳。只有群众积极参与、喜欢参与，成为公共文化的服务主体和建设主体，才能实现文化服务有效供给。对公共文化服务供给、利用与管理的政策制定、财政投入，应有民意调查，或者组织专家进行咨询，从而增强基层公共文化服务的有效供给。二是推进政府向社会力量购买公共文化服务机制。根据国务院办公厅转发的《关于做好政府向社会力量购买公共文化服务工作的意见》文件精神，政府要根据实际需要，公开具体的公共文化服务供给项目和内容，统筹安排资金，通过竞争择优方式购买服务，为群众提供优质、高效的公共文化服务。

3. 创新服务技术，吸引更多群众参与公共文化活动

一是探索数字化公共文化服务。互联网和大数据时代，基层图书馆、博物馆、美术馆、文化馆等公共文化服务机构应着眼于打通公共文化服务的"最后一公里"，充分利用"互联网＋"，创设数字体验馆，让更多群众享受到现代化的公共文化服务。二是推广流动性公共文化服务供给方式。流动文化大篷车、流动图书车、流动舞台等公共文化服务方式早已不是新鲜方式，我们要借鉴这些方式，让文化馆、博物馆、少年宫也流动起来，为居民特别是农村居民提供更加舒心方便的公共文化服务。三是打造特色化公共文化服务供给。需要经常性地组织乡镇、村开展区域性群众文化活动，提高公共文化服务的影响力和号召力。逐渐形成具有地域特色的靓丽的公共文化服务品牌，吸引更多群众参与公共文化活动。

（二）完善公共文化有效供给保障措施，优化供给资金结构和主体

1. 优化地方财政支出结构，保证基本公共文化服务有效供给

一是各级政府加大地方投入，保证实现甘肃省《关于加快构建现代公共文化服务体系的实施意见》提出的"到2020年，全省人均公共文化服务财政支出不低于200元"的标准。同时适当增加公共文化服务供给专项资金。在保障公共文化服务供给正常经费的基础上，各级政府财政每年可以单列一定资金，作为发展公共文化服务的专项资金，重点支持公共文化服务供给侧改革发展、文化精品创作等方面。二是积极向上级争取经费，弥补公共文化服务供给的资金短板。甘肃经济在发展过程中虽然积累了一定的物质基础，但财政总体收入少、财力弱。这就需要政府利用好中央政府文化建设政策，积极向上级争取更多的公共文化服务建设资金，加大中央和省级人民政府对少数民族聚居地区、贫困地区的财政转移支付力度以及文化人才培养支持力度，强化文化基础设施标准化建设，提高地方公共文化服务供给能力。这样依靠国家财政转移支付既有效地支持甘肃公共文化服务建设，又在一定程度上缓解地方财政的压力。三是财政投入做好基本和非基本公共文化服务供给需求区分。做好公共文化服务项目及基础设施建设。加强社区、农村活动室等公共文化服务阵地的图书、音响、乐器等基本的文化设备的有效供给。进一步做好信息化建设，实现公共文化产品数字化的有效供给。积极扶持文化产业发展，加强对重要的文化遗产和具有地方特色的民间艺术的保护工作。四是加大财政投入，保障公共文化服务机构人员的工资。给予在乡镇、街道等基层的公共文化服务机构工作人员津贴，管理农家书屋、村级文化活动室的人员，可以参照村级其他聘用人员情况，领取相应管理报酬。

2. 进一步鼓励社会力量参与公共文化服务供给，形成共建共享的向好态势

关于社会力量参与公共文化服务供给，甘肃省已经做了不少工作。在这个基础上需要切实制定和落实激励政策，进一步放宽制约社会力量参与公共文化服务的条件，充分调动社会力量参与的积极主动性，使社会力量为公共文化服务供给积极投入。为此，一是通过增值税、所得税、营业税、城建税

等的税收优惠政策，激励和引导不同所有制企业参与公共文化服务供给，以冠名公共文化基础设施、捐款捐物、建立文化基金等形式，吸引企业参与博物馆、图书馆、文化馆等文化基础设施的建设和运营。这样既能为群众公共文化服务供给做贡献，又能在一定程度上扩大企业的知名度和影响力。二是通过财政补贴扶持文化类行业协会、职业团体、各类学会、实体服务机构参与公共文化服务供给。同时制定出台具体政策引导民间成立各种形式的业余文艺团队，政府创造和提供发展平台，将一些群众喜欢的优秀民间业余剧团的节目纳入"下乡"文化活动中。三是加大政府向社会组织购买服务力度，通过政府采购、委托、服务外包等多样化的方式，支持非营利性文化组织参与公共文化服务供给，最终形成供给主体多元化的格局。

（三）掌握群众公共文化服务需求结构变化，增强供给结构灵活性

1.建立公共文化服务供给群众需求征集和反馈机制

乡镇、街道、社区、行政村可以建立多种形式的公共文化服务需求征集机制，避免供需信息不对称带来的供给效率低下的弊端。一是走访了解。城市和农村都可以上门走访居民，深入了解当地群众对公共文化服务的供给需求。二是召开座谈会。社区、村委会每年组织召开座谈会，征求和了解本地群众的公共文化服务供给需求和服务评价。三是发放调查问卷。乡镇、街道可以定期、不定期地向本区域群众发放公共文化服务供给需求调查问卷，做好数据分析，并及时上报。四是充分利用电话、网站、微信平台、官方微博等形式开辟公共文化服务供给网络互动平台，广泛听取和分类处理群众对公共文化服务供给的意见和建议。五是设置意见箱。在社区和村委会门口，或者在公共文化服务场所显眼的地方摆放意见征集箱，定时收集整理。以上形式均须做到专人负责、做好记录、及时定时梳理，这样才能使公共文化服务供给更有针对性和有效性。

2.增强供给结构灵活性，优化公共文化服务及产品的资源配置

供给基层的公共文化服务，一味追求形式上的丰富并不一定合乎群众"口味"，内容上应注重贴近基层的群众生活。公共文化服务的供给可以与

当地的文化资源相结合，引导公共文化服务与本区域的乡村旅游、全民健身、美丽乡村建设有机结合和融合，激发群众享受公共文化服务的积极性。整合重组文化馆、图书馆、博物馆、美术馆、青少年活动中心、非遗中心、各级艺术院团和各类社会文化组织的优秀公共文化资源，打造群众喜欢的文化大院、博物馆社会教育等公共文化服务活动品牌，形成地方特色鲜明、内容丰富、风格独特、具有不同层次的公共文化服务，丰富和活跃城乡群众的文化生活。同时积极培育公共文化服务志愿者、业余文艺团队，激活他们的活力，培育出一大批老百姓自我服务的公共文化产品和服务活动，从而使公共文化服务供给效能提高，公共文化服务内容不断丰富，使群众个性化文化需求得到满足。

（四）重视和加强基层公共文化服务人才队伍建设和专业人才培养

1. 制定用人计划，按需配备公共文化服务人员

省、市、县根据公共文化服务机构的实际情况，根据公共文化服务人口情况适当调整和扩大编制，每年通过事业单位录用考试的形式录取一定数量的从事公共文化服务的人员，实现在乡镇、街道的综合文化岗位至少有 1 名专职干部，负责组织乡镇、街道的公共文化工作。城市社区、农村各行政村负责组织协调公共文化方面工作的相应人员的职责要明确。同时积极引进高层次文化人才，适当放宽引进条件，在生活待遇、职称等方面给予一定优惠，广泛吸引高水平的文化艺术人才为甘肃文化事业工作。

2. 积极壮大基层公共文化服务人员队伍规模

积极发展一些离退休干部、文化活动积极分子做社区和行政村的公共文化服务的辅导员，积极支持大学生在暑期进行关于公共文化服务的实践活动，支持文化志愿者开展工作。生活在农村、扎根在基层的文化能人，民间艺术文化传承人需要被发现重视并积极培养，对于已定级的传承人的财政补贴根据社会经济发展情况逐年提高。对于未定级的非物质文化遗产项目代表性传承人要特别保护和培养，要积极给予群众中涌现的各类文化人才和文化活动积极分子精神上的鼓励，想办法给予物质上的扶持，从而扩大公共文化

服务的人数总量。

3. 加强培训，提高公共文化服务人员能力和水平

加强对公共文化服务单位和文化行政机构人员队伍的培训，不断提高管理人员的整体素质，努力提高机关的服务能力和工作水平，为基层公共文化服务供给注入活力。做好社区、行政村公共文化工作人员的培训，提高他们的综合素质和服务能力，加强文艺骨干的培训，实现知识的更新，使他们的演出技能和活动水平得到一定程度的提高。

（五）完善公共文化供给绩效评估，促进公共文化服务可持续发展

对公共文化服务供给进行监管和评估，是各级政府实现服务供给有效的重要方式。所以，在财力有限的情况下，最大限度地实现公共文化服务供给有效性，需要健全监管和评估机制。

1. 科学合理地监管和评估财政支出绩效

以简单易操作性、客观科学性为原则建立量化准确的公共文化服务评价机制，从投入、产出、效果、影响等层面确定公共文化服务绩效评估指标和准则。例如图书馆、文化馆、博物馆、农家书屋、青少年活动中心等在完成的任务或者工作目标中，将开放时间、借阅率、入馆人数、活动次数、电子资源使用率作为监管和评估内容。同时把入馆满意度、社会效益等数据作为监管和评估参考因素，纳入评估、评价、考核过程中。财政支出绩效评估并不是纯粹意义上的追求省钱，而是为了实现政府对公共文化服务管理的有效供给，坚持财政资金在公共文化服务使用效率效益最大化，目的是提高政府的社会公信度与社会公众的满意度。

2. 引进第三方机构对公共文化供给成效进行评估

公共部门对公共文化供给成效进行评估，因为与自己工作相关，难免出现不客观公正的评价，而第三方机构评估时比较客观公正。所以，一方面我们可以通过具有专业评估知识和技术的诸如甘肃省社会科学院等智库单位对政府投入的重大公共文化服务项目或者活动进行客观公正的绩效评估。另一方面我们也可以让非政府组织，或者专家、群众、志愿者组成的评估小组等

社会力量参与评估，及时公布公共文化服务设施以及活动的群众满意度，这样可以提高供给绩效评估的公正性和准确性。相应的监管和评估可以对政府或者相关的文化部门形成压力，可以使他们积极想办法利用公共文化的场馆和设施，组织开展多样化的文化活动，促使政府积极为群众提供效果好、质量高的公共文化服务。同时加强宣传力度，使居民知道哪儿有文化设施、什么时候有活动，积极参与，从而提高居民参与度，也避免文化资源的浪费和活动的形式化。

B.3
甘肃文化大数据建设研究

张淳晟*

摘　要：　本文以文化大数据建设的概念界定入手，展开对文化大数据
　　　　　建设这个前沿课题的研究，以归纳总结的方式从文化大数据
　　　　　建设顶层设计基本完成、文化大数据基本条件日趋完善、文
　　　　　化大数据工作在甘肃的建设现状三个方面，系统阐述了文化
　　　　　大数据建设工作的基本情况。以现状为基础，研究分析得出
　　　　　文化大数据建设面临的共享基础体系建设相对滞后、标准化
　　　　　亟待加强、产业链各环节存在不同程度的发展瓶颈、监督管
　　　　　理需要加强、建设人才缺乏等几个主要问题，并提出在新时
　　　　　代完善、解决这些问题的基本思路，如加强文化大数据的共
　　　　　享基础体系建设及标准化体制建设等，最后展望未来，描述
　　　　　文化大数据建设的美好发展前景。

关键词：　甘肃　文化　大数据　标准化

　　2017 年 10 月 18 日习近平总书记在党的十九大报告开篇中提到"登高
望远、居安思危，勇于变革、勇于创新，永不僵化、永不停滞"①。创新作
为党的十九大报告中一个贯穿全文的关键词，是党对新时代中国特色社会主

　　* 张淳晟，甘肃省社会科学院数据中心助理研究员，主要研究方向为文化及相关产业分类标
　　　准、大数据。
　　① 习近平在中国共产党第十九次全国代表大会上的报告，2017 年 10 月 18 日。

义建设提出的强有力的号召，是不断推动社会主义文化繁荣兴盛的强劲动力，是坚持社会主义核心价值体系、坚定文化自信的重要手段。

十九大报告还提到，中国特色社会主义进入新时代，我国社会主要矛盾已经转化为人民日益增长的美好生活需要和不平衡不充分的发展之间的矛盾。作为解决社会主要矛盾的重要抓手之一，中国文化产业发展不能忽视创新。随着互联网的不断渗透、信息化社会的不断深入，大数据已经成为各行各业内容、模式创新的重要推动力量，甚至成为国家新型战略资源，在国家安全方面发挥举足轻重的作用。文化大数据作为新型战略资源中至关重要的一员，它关系社会主义核心价值体系的建设，关系民族文化自信的建立，也关系"一带一路"提出的"共商，共建，共享"原则和包含"构建人类命运共同体、共同建设美好世界"等美好愿望的全球价值体系认同，因此文化大数据是时代发展的必然趋势，不可忽视。

一　文化大数据建设的概念界定

要做好文化大数据建设，首先要明确文化大数据的概念。文化有几千年的发展史，仅《辞海》中就有广义、狭义、专指、泛指等多种角度、不同范畴的定义，同时文化还具有阶级性、民族性、地域性、时空性等多重属性，而大数据技术是指对海量数据集合进行常规时间、常规软件无法实施的在采集、存储、加工、分析的过程中所使用的工具及方法。

从狭义的角度来说，文化大数据就是通过大数据技术对文化领域在时间长河中，不断产生和积累的具有丰富内涵和外延的海量数据的处理。文化产业从内容创新的供给侧到消费体验的需求侧，每一个环节都不断产生种类丰富、结构多样的海量数据，其蕴含的巨大的应用价值有待挖掘，具有典型的大数据应用潜质。

从广义的角度来说，文化大数据不仅包含文化原生数据，还包含大数据和文化二者在不断交互的过程中产生的文化衍生数据及大数据技术给文化带来的内容创新方式、传播渠道迁移、需求细化等一系列影响和改变而产生的数据积累。大数据技术，不但可以为文化产业提供管理支持服务，还可以在需求侧和供给侧给文化产业提供新的思维方式、新的消费需求和不同的消费体验。文化大数据是围绕文化资源数据化而产生的价值体系重构，是大数据和文化产业深度融合的产物，是未来文化产业发展的必然趋势。

对文化大数据的研究有技术创新、受众体验、管理服务、内容创新等多种角度，但尚未形成系统性的统一认识。本文从实际运作的角度出发研究文化大数据建设，即文化大数据在发展推进的过程中涉及的基础设施建设、数据平台搭建、内容供给创新、人才队伍建设、运行监督管理等一系列全方位、动态化过程，以实践为目标，期待为甘肃文化大数据建设建言献策。

二 甘肃文化大数据建设发展现状

（一）文化大数据建设顶层设计基本完成

1. 国家层面的顶层设计

2017年2月23日，文化部正式发布了《文化部"十三五"时期文化发展改革规划》，提出了信用信息数据库的覆盖率达90%以上、应用率达95%以上的明确要求，并将这一指标作为"十三五"期间文化发展的重要指标。

2017年4月11日，文化部发布了首个针对"数字文化产业"概念的政策文件《文化部关于推动数字文化产业创新发展的指导意见》，向社会发出国家鼓励数字文化产业发展的明确信号，并提出各级文化部门要充分认识发展数字文化产业的战略意义，争取地方政府重视，把推进数字文化产业创新发展作为推进文化产业和战略性新兴产业发展的重要工作内容。[①]

2017年5月7日，中共中央办公厅、国务院办公厅印发了《国家"十

---

① 《文化部关于推动数字文化产业创新发展的指导意见》，2017年4月11日。

三五"时期文化发展改革规划纲要》，提出"十三五"时期是全面建成小康社会决胜阶段，也是促进文化繁荣发展关键时期，高新技术发展日新月异，社会信息化持续推进，互联网影响广泛而深刻，迫切需要拓展文化发展新领域，发展壮大网上主流舆论阵地，更好运用先进技术发展和传播先进文化。①

2. 甘肃层面的顶层设计

2018 年 1 月 24 日，甘肃省文化厅印发了《2018 年全省文化工作要点》，明确提出开展全省非物质文化遗产普查、建设全省非物质文化遗产数据库、增强文化统计数据的权威性和科学性、为文化决策提供重要依据等重要具体工作要求。这标志着甘肃省文化大数据建设已经进入要求明确、需求细化、逐步实施的阶段，未来可期。

2018 年 6 月 11 日，甘肃省政府办公厅印发的《甘肃省数据信息产业发展专项行动计划》指出甘肃省将立足服务"一带一路"建设，实施丝绸之路信息港建设工程，该项目建设将实现"基础设施、信息共享、信息科技、产业转型、人文交流、商贸物流、社会治理、生态文明、国家安全"等多个重要目标。其中，人文交流、社会治理、生态文明、国家安全更是与文化的传播、交流密切相关，是树立文化自信、传播社会主义核心价值观的重要方式。数据的流通伴随着文化的交流，信息的传播以文化的传播为依托，在丝绸之路信息港的大数据建设中，文化大数据的建设必然贯穿始终，地位举足轻重。

预计到 2019 年，初步形成丝绸之路信息港基本框架，中新南向通道信息支撑体系基本建成。到 2020 年，丝绸之路信息港初步建成。到 2025 年，在甘肃形成"一带一路"数字经济高地，丝绸之路信息港成为服务和支撑中西亚和中东欧及蒙古国的通信枢纽，成为区域信息会聚中心和大数据服务输出的重要载体，把甘肃建成网络强省、数字经济大省。②

---

① 中共中央办公厅、国务院办公厅：《国家"十三五"时期文化发展改革规划纲要》，2017 年 5 月 7 日。

② 甘肃省政府办公厅：《甘肃省数据信息产业发展专项行动计划》，2018 年 6 月 11 日。

（二）文化大数据建设基本条件日趋完善

1.文化产业日益繁荣，文化数据存量巨大

近年来我国文化产业得到快速发展，2004年文化产业实现经济增加值3440亿元，占GDP的比重为2.15%；2017年文化产业实现经济增加值35000亿元，占GDP的比重为4.29%。文化产业经济增加值年均增速为20%，可谓蓬勃发展。预计到2020年，数字文化产业将成为产值规模达80000亿元的新兴支柱产业之一。

据国家统计局对全国规模以上文化及相关产业5.9万家企业调查，2018上半年，上述企业实现营业收入42227亿元，比上年同期增长9.9%，继续保持较快增长（见表1）。文化及相关产业9个行业的营业收入均实现增长。其中，实现增长率两位数的行业有4个，它们的具体情况是：新闻信息服务营业收入3744亿元，增长29.4%；创意设计服务5143亿元，增长15.1%；内容创作生产8820亿元，增长11.9%；文化传播渠道4501亿元，增长10.0%。在传统出版行业渐入寒冬，从内容生产到传播渠道再到消费终端全面向互联网转型的情况下，数字化创新与细分行业的快速增长产生了深度融合，成为新的发展动力，体现了文化大数据的强大推动力。

表1　2018上半年全国规模以上文化及相关产业企业营业收入情况

单位：亿元，%

项　目	绝对额	比上年同期增长
新闻信息服务	3744	29.4
内容创作生产	8820	11.9
创意设计服务	5143	15.1
文化传播渠道	4501	10.0
文化投资运营	349	3.5
文化娱乐休闲服务	663	0.2
文化辅助生产和中介服务	7783	8.2
文化装备生产	3313	0.7
文化消费终端生产	7911	4.2
总　计	42227	9.9

注：①表中速度均为未扣除价格因素的名义增速。②表中部分数据因四舍五入的原因，存在总计与分项合计不等的情况。

资料来源：国家统计局官网，https：//www.stats.gov.cn。

2. 互联网普及率不断提高，文化大数据增量来源稳定

图 1 显示，截至 2018 年 6 月，我国网民规模为 8.02 亿人，2018 年上半年新增网民 2968 万人，较 2017 年末增加了 3.8%，互联网普及率达 57.7%。

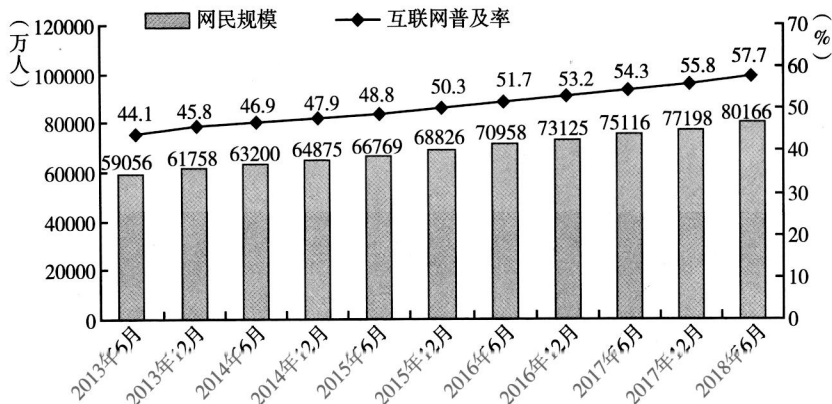

图 1 中国网民规模和互联网普及率

图 2 显示，截至 2018 年 6 月，我国手机网民规模达 7.88 亿人，2018 上半年新增手机网民 3509 万人，较 2017 年末增加了 4.7%。网民中使用手机上网人群的占比由 2017 年的 97.5% 增至 98.3%，网民手机上网比例继续攀升。

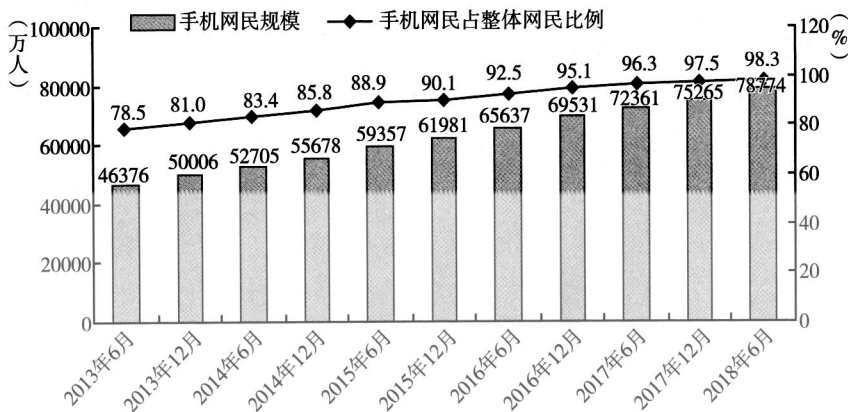

图 2 中国手机网民规模及其占网民比例

以上数据充分说明，伴随着信息基础设施的不断完善，尤其是手机等移动终端的广泛普及，大数据战略得到系统阐释。在网络世界中，文化大数据打破了时间和空间的限制，文化大数据资源呈现几何级数增长，以大数据为基础的万物互联型社会正向我们走来，文化大数据增量来源稳定。

3. 甘肃省大数据基础设施建设不断完善

由甘肃省电力投资集团公司控股建设的甘肃金昌紫金云大数据中心项目（以下简称紫金云项目）一期工程 2017 年 8 月正式开工建设。这成为甘肃省发展大数据、云计算等新一代技术产业，建设"丝绸之路大数据走廊"的重要节点。

紫金云项目是甘肃省"十三五"信息化发展规划中的重点工程和 2017 年全省重大建设项目，是 2017 年工信部互联网和制造业融合发展的示范试点项目。该项目规划分三期工程建设，总投资约为 50 亿元，最终形成占地面积 51 万平方米、拥有 50000 个机柜服务能力的规模。该项目一期工程占地面积 200 亩，规划建设两栋数据机房、两栋动力中心、一栋智慧（研发）中心、一栋办公生活配套楼，总建筑面积 5.52 万平方米；安装机柜 5808 个。该项目将建成高标准的绿色数据中心，满足客户建设定制化、合作多元化等需求，全面满足甘肃政务数据中心集中管理需求及省内外重要企业"互联网＋"转型数据中心需求，将于 2018 年底建成投运。

根据甘肃省大数据产业总体发展战略规划，紫金云项目定位为全省大数据中心和国家级数据灾备中心。依托甘肃省独特的区域优势和资源优势，拟将项目打造为"丝绸之路经济带"互联网的重要通道，面向中西亚、中东欧及蒙古国的通信枢纽和区域信息汇集中心、全国重要的云计算产业聚集区和国家数据灾备的重要承载节点、国家大数据布局西部地区的重要节点，打造为立足甘肃、面向全国，国内技术一流、管理先进的超大型大数据中心。①

紫金云项目建成投运后，将有效助推"一带一路"向西开放建设；助

---

① 《甘肃金昌紫金云大数据中心开建》，搜狐网，2017 年 9 月 4 日。

推甘肃省"丝绸之路大数据走廊"战略的实施；将有助于甘肃省经济结构调整、传统产业转型，打造新的区域经济引擎。

4. 从头条政务反观甘肃文化大数据建设的基本条件

截至 2018 年 6 月，共有 31 个省、自治区、直辖市（不包括港澳台）开通了政务头条号。其中，开通政务头条号数量超过 2000 个的省份有 16 个，河南省共开通 7501 个政务头条号，居全国首位；甘肃位列第四，成效喜人（见图 3）。

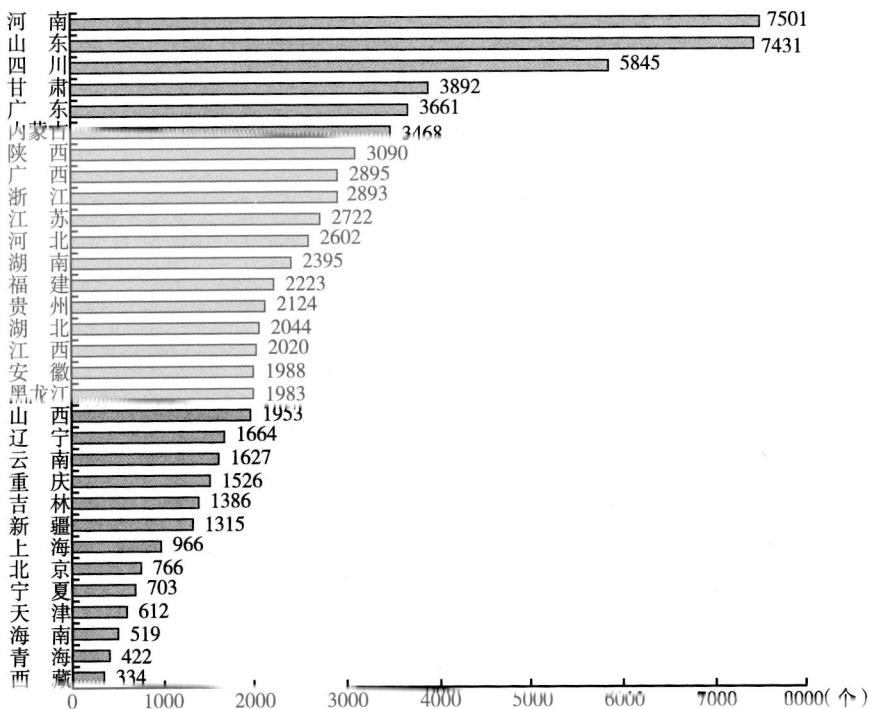

图3　各省份（不包括港澳台）政务头条号数量分布

资料来源：今日头条。

从总阅读量来看，山东省以 11.9 亿人次的阅读量排在全国首位，甘肃位列第 8；从总发文量看，四川省以 24.8 万篇的总发文量排在全国首位，甘肃位列第 4（见表 2）。

表2　2017年12月至2018年6月政务头条号阅读量排名前十的省、自治区和
直辖市（不包括港、澳、台）情况

序号	省份	政务头条号数量(个)	总发文量(篇)	总阅读量(人次)
1	山东	7431	240867	1192177857
2	广东	3661	159755	816676934
3	四川	5845	247798	563046411
4	河北	2602	139676	495572735
5	江苏	2722	130205	472278756
6	江西	2020	69430	432915757
7	陕西	3090	204542	398905555
8	甘肃	3892	185446	387317026
9	安徽	1988	123375	346864796
10	广西	2895	94477	297468012

资料来源：今日头条。

政务头条号的开通数量充分展示了甘肃信息化普及率不断提高，而阅读量则充分说明公众对政务信息的关注度不断提高，质量、数量齐头并进。政务信息的公开、共享为甘肃省文化大数据建设做出了示范，创造了良好的政策氛围，提供了方式方法的重要借鉴。文化大数据将借鉴政务信息公开共享的宝贵经验，以满足人民日益增长的美好生活需要为宗旨，逐步完善。

（三）文化大数据工作在甘肃的几种建设类型

1. 以"中国（甘肃）文化资源云平台"为代表的数据库构建类型

2017年10月10日，"中国（甘肃）文化资源云平台"正式上线。截至2018年底，"中国（甘肃）文化资源云平台"已上线了20个大类，收集了40多万条文化资源分类数据，成为省内最大的综合性文化资源数据库，曾荣获2017年甘肃省宣传思想文化工作"原创奖"。

甘肃省社会科学院顺应大数据时代的发展趋势，针对文化资源数据的半结构化及非结构化大数据特征，建立了面向用户的服务模式，横向整合视频、音频、图片、链接、资讯等多种内容格式，纵向打造会员管理、权限管理、运营管理等多种应用功能，有效地将大数据思维运用到数据的采集、存

储、发布等多个环节，展示了甘肃省社会科学院从大数据思维出发对文化资源新的理解、发现、补充和诠释，通过分析、比较和研判文化资源的内在价值和开发前景，在指数统计的基础上进行大数据分析，在直观展示的基础上进行内容深度解析。

"中国（甘肃）文化资源云平台"的大数据建设主要有供给侧的内容建设和需求侧的平台建设。内容建设基于甘肃省文化资源普查，实现文化资源数据的完善和补充，以文化内容供给为核心思路，以文化内容创新为目标，做文章想办法。海量的文化资源数据建设对加快文化产品的产业化运作、提升文化品牌、进一步促进文化事业的繁荣与发展起到重要推动作用。平台建设偏重于文化资源服务，支持文化资源数据的加工、展示，以分类分级的方式结合会员制进行权限管理，打造一个面向用户的动态、开放、严谨的文化资源大数据记录、反馈、统计、分析平台。"中国（甘肃）文化资源云平台"通过大数据技术极大地增强了平台的用户黏性、增强了平台的适应性、增强了平台的凝聚力。

未来"中国（甘肃）文化资源云平台"将建成符合国际标准、全国率先上线运行的文化类数字运营大数据平台。立足于向全国和全世界传播丰富的文化资源和宣传悠久的文化历史，以深度挖掘文化资源数据和展示文化产品魅力为基本方向，汇集国内外有关文化研究的前沿学术成果，面向高等院校、科研机构以及其他智库和科研人员，提供文化方面相关资料和相关理论等学术文献。通过产业化运作，为全社会知识资源高效共享提供最丰富的文化类知识信息资源和最有效的文化类知识传播与数字化平台。

2. 以丝绸之路（敦煌）国际文化博览会为代表的专业服务类型

2018 年 9 月 27 日，第三届丝绸之路（敦煌）国际文化博览会（以下简称敦煌文博会）在甘肃省敦煌市正式开幕，展会共策划引进 32 个展览项目，吸引了国内外 58 家单位及企业参展，展品 7000 余件，涵盖文物、艺术、设计、文创产品、数字成果等 17 个种类，主要分"艺术博览馆"和"文化创意馆"，展出面积达 2.8 万平方米。

大数据技术在本次展会中贯穿始终，除了为敦煌文博会提供大数据管理支持服务，还在内容创新方面带来新的体验。通过与敦煌文博会深度融合，文化大数据展示出的独特魅力和强大的创新推动力，成为展会焦点。

在展会流程管理方面，敦煌文博会采用大数据技术，整合了指挥、展务、会务、接待等活动全流程，首次精准实现了"高效协同、科学指挥、精准服务、数据共享、'文化＋科技'、品牌推广、保障提升、安全可控"八大目标，大数据技术覆盖了会议组织全流程以及嘉宾注册、会务提醒、峰会动态、会场导航、同声传译、一键呼叫、旅游服务等落地接待核心服务以及展品推荐、车辆预约、展览注册、展商管理、VR观展、观展引导、网上展厅等智慧展务服务内容，确保会期服务在线、数据可控。同时，利用丝绸之路（敦煌）国际文化博览会官网、官方App、微信、微博等渠道，形成线上文博推广平台，提升敦煌文博会会务服务、展务服务、综合指挥调度智慧化水平。

在内容成果方面，敦煌文博会呈现了一大批以大数据等新兴技术为核心支撑的西北地区特色应用成果。

腾讯与敦煌研究院携手推出"解码敦煌——数字丝路文化展"，集中展示了"数字供养人"计划的落地成果，涵盖敦煌研究院与腾讯旗下游戏、音乐、地图、智慧导览等产品深度合作的众多项目，呈现了敦煌文化供养的多元方式和全新可能。大数据带来的数字文创浪潮，为传统文化焕发新的生命力提供了新的可能。腾讯基于新文创战略，整合不同产品及服务能力，制定出一套数字文保解决方案。敦煌研究院将围绕其科研成果，结合腾讯的数字文保方案，与腾讯一起开展数字文保的合作及创新探索，进一步扩大敦煌石窟文化在世界范围的影响。在尊重文物自身气质的前提下，通过对文化信息进行挖掘、演绎和再创作，更加积极主动地保护优秀文化遗产，从而传递出更多的精神和文化价值。

"一带一路"大数据创新成果展，重点展示了丝绸之路信息港有限公司以甘肃金昌紫金云大数据中心为基础设施平台、以大数据为技术支撑、融合高性能计算及全内存分布式数据库等先进技术的多个项目成果，包含甘肃省宏观经济数据分析监测平台、智慧医疗平台、兴农扶贫和乡村振兴平台、智慧文博综合平台、基于城市大脑的智慧城市建设方案、智慧物流大数据平台，让参会者深切感受到大数据时代带来的深刻变革。

3. 以《读者》向新媒体转型为代表的行业转型类型

《读者》创刊于 1981 年，被誉为"中国人的心灵读本""中国期刊第一品牌"，得到一代又一代读者的认可，顶峰时发行量月均近 900 万册，2017 年仍保持月均 500 多万册。①

近年来传统出版行业渐入寒冬，读者传媒主动出击，引进先进的理念和技术，拓展新传媒业务、运营公众号、开发读者课堂等，最终实现付费阅读，近两年卓有成效。2018 上半年，数字版《读者》月均发行 145 万册，比去年同期增长 9.0%；5 种期刊数字版月均发行 36 万册，比去年同期增长 24%（见图 4）。"微读者"公众号用户达到 410 万人，同比增长 41.37%；"读者原创版"公众号用户增长至 32 万人，品牌推广和线上销售效果明显（见图 5）。

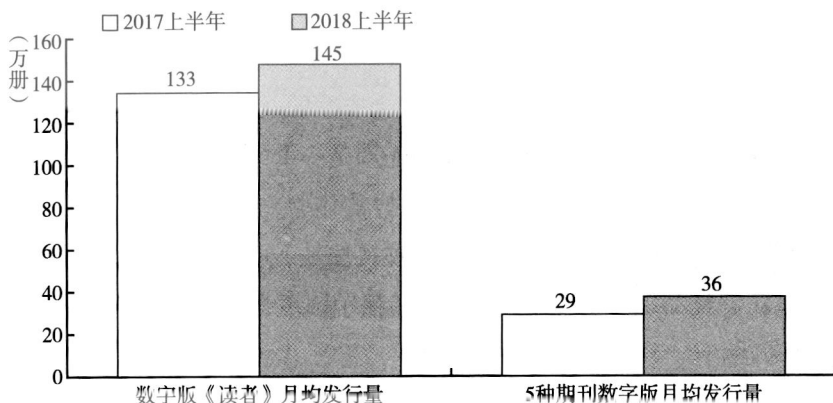

图 4　2017 上半年、2018 上半年读者传媒新媒体业绩情况

资料来源：前瞻产业研究院整理。

---

① 前瞻产业研究院：《一文读懂"中国期刊第一股"读者传媒 2018 年半年报看点》，https://www.qianzhan.com/analyst/detail/220/180829-81c3e3d3.html，2017 年 9 月 4 日。

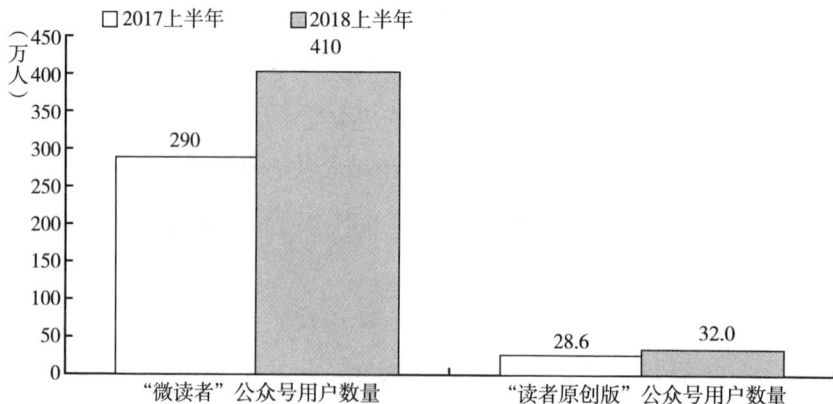

图5　2017上半年、2018上半年读者传媒公众号用户数量

资料来源：前瞻产业研究院整理。

《读者》融合转型是传统出版行业寻求突破的典型案例，本研究认为在大数据时代依靠敏锐的市场意识和机遇把握能力，将30多年来积累的大批忠诚用户进行渠道转化、价值挖掘，大数据思维功不可没。读者传媒转型的整体思路是从内容提供商向综合阅读服务商转型。以读者读书会、读者课堂和读者微信公众号组成新媒体矩阵，配合成熟的《读者》纸刊，构成以阅读服务为核心的全媒体生态圈。这个生态圈是一个大数据共享的平台，通过多维立体的客户画像，为读者带来不一样的体验，实现传统媒体的成功转型。大数据带来的精准定位和衍生出的便捷性是不可替代的。大数据时代背景下，《读者》将继续讲好中国故事、传播中国声音，体现更多责任担当和历史使命感。

四　甘肃文化大数据建设面临的主要问题

（一）文化大数据共享基础体系建设相对滞后，数据标准化亟待加强

1. 基础体系建设相对滞后

2016年9月5日，国务院印发了《政务信息资源共享管理暂行办法》

用于规范政务部门间政务信息资源共享工作，包括因履行职责需要使用其他政务部门政务信息资源和为其他政务部门提供政务信息资源的行为。该办法为分散在各个政务单位、部门的文化资源大数据共享指明了方向，提供了政策依据。在政务信息数据共享逐步推进的同时，文化大数据借鉴政务信息资源共享的宝贵经验，积极行动，做出努力。但是，由于文化大数据内容、结构的多样性、特殊性，推进相对滞后，文化领域相关各部门、单位仍然缺乏数据共享的先进意识，缺乏数据共享的法律意识、技术安全保障意识，缺乏数据共享的统一技术接口，缺乏数据共享的统一管理制度，这些都制约了文化大数据的流通和相应产业的发展。

2. 数据标准化亟待加强

《2009 年联合国教科文组织的文化统计框架》将文化资源分成六个基本领域、两个相关领域和四个横向领域，而我国的分类依据是国家统计局2018 年 4 月发布的《文化及相关产业分类（2018）》，该版本借鉴了《2009年联合国教科文组织的文化统计框架》，在定义和覆盖范围上与《2009 年联合国教科文组织的文化统计框架》进行衔接，更加突出国际化，有利于文化大数据的推广和应用。然而文化资源有自己独特的气质和属性，数据依附于产生的主体及主体所在的环境。这就必然造成同类文化数据有不同的内涵及外延，如何做到在标准化基础上特色鲜明，是个富有挑战性的难题。

文化大数据标准化的工作不可能一蹴而就，中国的文化有自己深厚的底蕴及历史沿革，文化的独特性与大数据的标准化在这里有比较突出的矛盾，如何处理好这个问题将成为文化大数据发展的关键。

（二）文化大数据产业链各环节存在不同程度的发展瓶颈

发展文化大数据是树立文化自信、弘扬民族精神的重要途径。现阶段文化大数据产业链各环节存在不同程度的发展瓶颈。在渠道环节传统媒体直接把线下内容与渠道内容简单结合，直接将文化传媒内容搬上互联网，大数据技术运用并不得当。在内容消费环节，消费者的鉴赏能力和保护意识有待培养，文化消费很大程度上考验受众的鉴赏能力、审美水平以及文化保护意识，而消费者的文化需求仍较为模糊，有待进一步引导，相对过剩的文化内容供给会带来人力和资源的浪费，同时产生需求侧的结构化不足。

（三）文化大数据传播过程中的监督管理需要加强

在大数据时代，共享是文化传播的必要属性，在促进文化传播交流的过程中，有时会出现对内容权利人的利益侵害问题，这在知识产权方面尤其突出。文化大数据知识产权保护具有与传统知识产权保护不同的特点，主要有侵权成本低、影响范围广、传播速度快、侵权主体确认难、维权程序复杂等。知识产权是文化大数据的产权基础，对文化大数据知识产权的监督管理亟待加强，必须协调好多方利益，找到适合可行的方案，通过法律法规、政策引导构建文化大数据的知识产权溯源机制，创造更有利于文化成果落地、文化创新发展的更加安全可靠的环境氛围，这一点具有十分重要的现实意义。否则，文化大数据共享在为权利人带来便利的同时，也将会带来利益侵害，反过来制约文化大数据的共享与传播。

（四）文化大数据建设人才缺乏

文化大数据建设目前而言还是一个全新的领域，大部分项目建设处于比较宽泛的文化领域，故而缺乏对文化大数据有专业深入研究的综合性人才。相比其他信息化技术，大数据专业不是一门单独的学科，需要研究者对研究对象有更加精准的认识。相比其他交叉学科，大数据与文化领域跨度更大，视角也有很大不同，大数据重视理性量化，文化相对重视感性理解。不少文化大数据项目要么内容缺乏深度，要么技术优化不够，导致内容展示不透彻，没有穿透力。文化大数据的建设中，大数据作为一种项目工具，工程师需要了解利用大数据进行研究的文化内容的基本运行机制，甚至内涵及外延范围，在工作中融入大数据思维和大数据意识。因此，掌握大数据技能并具备文化研究背景的人才将获得市场高度认可。

五 甘肃文化大数据建设可持续发展对策建议及趋势预测

（一）甘肃文化大数据建设可持续发展对策建议

1. 充分认识文化大数据的国情和特色

中国已是世界上产生和积累数据体量最大、类型最丰富的国家之一。从数据土壤的角度来看，中国与西方有完全不同的数据国情及特色，在文化大数据的建设过程中，需要始终把实现好、发展好、维护好最广大人民的根本利益作为一切工作的出发点和落脚点。参与者更多，情况也更复杂。因此，要加强正确的舆论引导，体现中国特色，发出中国声音，讲好中国故事。

2. 加强文化大数据的共享基础体系建设及标准化体制建设

共享基础体系建设及标准化体制建设是文化大数据建设的基石，目前的数据共享多以文件共享为切入点，在应用中不能完全发挥大数据的强大分析能力。本研究认为，必须在政府部门的支持引导下，从顶层设计入手，依托社会科学院等科研机构长久积累的科研实力，拿出切实可行的数据共享、标准化方案，只有包容性强、可扩展、标准化、可实施的方案才能从源头上建设好文化大数据，最终利用好数据资源，挖掘内在价值，产生高质量的成果。

在具体的执行过程中，需要加大基础性研究的投入。具体来说文化大数据的标准化建设还要从对文化资源标签语义库的研究入手，大数据的特征在于数据价值的低密度和高质量共存，对文化资源标签语义库的研究是发现低密度下高质量信息的关键，这个研究将一直在路上。作为基础性研究难点课题，需要制定适合可行的相关政策制度，加强引导，加大投入。

在方案的设计过程中，需要各方数据权利人的共同合作。通过成立专业委员会、定期举行学术沙龙、邮件交流等方式形成可执行、常态化机制，加强大数据来源单位的交流沟通，是文化大数据共享基础体系建设及标准化体制建设的方式之一，为破冰解难提供可行思路。甘肃省社会科学院正在建设的文化资源大数据共享平台就是从文化资源大数据共享及标准化的角度出发，试图推进文化大数据的进一步发展。

3. 合理运用大数据技术突破文化大数据产业链发展瓶颈

文化大数据不是简单的内容照搬、渠道转换。合理运用大数据技术、在不同阶段促进文化产业的发展是突破文化大数据发展瓶颈的根本办法。具体来说就是内容数字化、管理数据化、消费互动化。

内容数字化是指在内容生产环节利用大数据尽可能全方位、多角度展示文化内容，发扬大数据技术海量信息的优势让内容活起来，这种内容制作技术使信息甚至比传统方式信息更加丰富，避免内容的数字化传播方式带来信息不完整，VR/AR 就是这种极具风格的内容制作技术。

管理数据化是指在渠道传播环节，充分利用大数据的统计分析功能，实现精细化、个性化管理，让对的文化遇到对的人，文化产品全方位"人化"。

消费互动化是指通过大数据技术引导消费者，通过互动数据的积累，培育消费需求，提高消费者的鉴赏能力、审美水平以及文化保护意识，让消费者的体验从被动到主动，从体验到投入。

4. 加强文化大数据传播过程中的监督管理

针对文化大数据知识产权保护的特点，加强监督管理需要从以下几个方面入手。

首先，加强内容供给侧管理，提高原创作者的自我保护意识，在创作过程中，从源头引入区块链等安全技术，保障原创作者的权益。

其次，在渠道端通过大数据分析技术对传播渠道进行严密监控，不断完善监控手段、提高监控效率，对侵权行为实施快速打击，将利益侵害遏制在萌芽中，减少损失。

再次，完善现有知识产权保护制度，尤其是网络文化知识产权保护。近年来，网络知识产权制度不断完善，但在手机移动端，如何界定利益侵害的主体、利益侵害的程度、估算利益侵害的损失等问题仍存在需要完善的地方。

最后，要解决好文化大数据知识产权保护的问题，必须依靠政府引导、政策支持、司法部门的重视，同时提高内容原创作者和消费鉴赏者的法律意识，在全社会的共同努力下建立网络知识产权诚信体系，遵循"先授权、后使用"的基本原则，完善授权机制，保护原创者的利益，创造良好的市场秩序和氛围。

5. 人才队伍建设是核心

文化大数据的人才建设需要将大数据思维和大数据意识融入人才工作的基础建设，一是引进多学科综合人才，形成跨领域、跨专业、立体化人才体系；二是大胆使用人才，开展文化大数据建设项目应成立项目推进小组，吸收文化领域专家及大数据专业人员共同全程参与。通过不断的交流沟通、系统整体的学习，培养出跨专业、跨领域的高质量文化大数据人才。

（二）甘肃省文化大数据建设发展趋势预测

1. 文化大数据逐步走向成熟，市场参与度不断提高

2018 年 6 月 12 日财政部下发《财政部关于下达 2018 年文化产业发展专项资金（重大项目方面）预算的通知》，此次共下发资金 19854 万元。对比近三年来的数据，2016 年、2017 年文化产业发展专项资金（重大项目部分）分别为 223413 万元和 186588 万元；2015 年文化产业发展专项资金达到最高峰 50 亿元，共支持项目 850 个。

文化产业发展专项资金逐年下降，2018 年的资金量只有前两年的 1/10，不到最高峰时的 2%。其中，2018 年文化产业发展专项资金超过 1000 万元的只有 7 个省份，超过 2000 万元的仅有北京市，为 4537 万元，但就是北京高居榜首的这个资金量，也不及 2017 年和 2016 年的零头，2016 年北京获得了 223413 万元，2017 年获得了 186588 万元。

在文化产业日益繁荣的情况下，之所以会出现这种现象，与文化产业专项投入财政资金发展阶段进入引导培育期有关，这也意味着市场走向成熟，开始相对独立运作。本文认为，面对市场走向成熟的历史机遇，市场投资将带来文化市场的繁荣和内容的不断创新，无论是内容主体的原生数据还是相关衍生数据，数据量将提速增加，复杂度也将增强，市场资源配置必然要求

文化大数据建设紧跟产业政策的脚步，利用大数据需求端的强大优势，结合市场规律同步走向成熟，否则将引发短板效应。

随着省、市、地方文化产业基金的逐步成立，发挥财政资金引导和杠杆作用，撬动社会资本支持文化产业发展，大数据将会面对更加细化的需求，迎来更大的挑战，取得更大的成功。

2. 文化大数据知识产权保护进一步加强

随着数字文化产业相关政策的不断出台，大数据技术在文化产业发展中的推动作用愈加明显，国家在知识产权保护方面的政策将进一步细化完善，尤其是针对与互联网文化产业相关的知识产权保护将会带来整个行业的变革。同时，法律政策的监管加强将进一步带来准入门槛的提高和资本技术的大幅集中，也为文化大数据原创作者带来内容红利。

3. 知识经济的规模爆发，内容供给侧迎来发展期

目前文化大数据建设的关键逐渐从用户规模竞争向内容竞争转变，内容变现的能力逐渐增强。大数据对文化创新内容的多角度、全方位描述同人民群众日益提高的欣赏水平产生精准对接，强劲需求间接促进内容供给侧的全面发展，同时起到引导舆论、发扬社会主义核心价值观、坚定文化自信的作用。

参考文献

《怎样看待 2018 年文化产业专项资金大幅缩水？》，搜狐网，2018 年 7 月 3 日。

第 42 次《中国互联网络发展状况统计报告》，中国互联网络信息中心，2018 年 7 月。

B.4
甘肃传统工艺振兴及其产业发展研究

郭建平*

摘　要： 当前甘肃传统工艺振兴及其产业化发展面临政策支撑体系不完善，优良的文化生态渐趋消失，行业人才老化、后续不足，传统工艺产品市场混乱，技术领域缺乏协同创新，传统工艺难以融入现代生活等困境。为了使传统工艺得以振兴，应继续发挥省非物质文化遗产保护工作联席会议制度的作用，全力推进传统工艺振兴发展；持续加大财政投入，突出政府主导地位；倡导工匠精神，普及社会教育，进一步保护传统工艺的文化空间；同时在产业发展方面，政府要在制作理念和产业化发展上大力引导扶持，注重企业、工作室和个人的主体作用，提升产品创新能力，增强知识产权、品牌保护意识，拓宽传统工艺产品销售渠道，发挥行业协会引领作用，借助高校资源优势，加快人才培养。

关键词： 甘肃　传统工艺　产业化

　　甘肃省传统手工技艺种类繁多，分布极广，几乎涉及陇原大地民居生活的方方面面。庆阳香包、剪纸，洮砚，保安族腰刀，临夏砖雕，天水雕漆，藏族唐卡等传统工艺品，早已成为甘肃对外交流的传统物品，成为维系地区社会经济发展乃至深层次民族情感、精神信仰和华夏历史文化的纽带。

---

* 郭建平，甘肃省社会科学院文化所副研究员，主要从事文化产业与信息学研究。

习近平总书记指出："不忘本来才能开辟未来，善于继承才能更好创新。"振兴传统工艺，是党的十八届五中全会提出的要求，是国家"十三五"规划明确的具体任务。2017 年 3 月《中国传统工艺振兴计划》的发布，为中国传统工艺的传承与振兴提供了契机。

甘肃传统工艺的振兴及产业发展是传统工艺的社会再生产，是陇原儿女深厚文化情怀的展露。这既是对丰厚瑰丽的甘肃文化资源的转换与开发，也是对甘肃文化生态的重构。因此有必要寻求与甘肃传统工艺振兴和发展相适应的再生产方式。

一　甘肃传统工艺的传承发展现状

（一）甘肃非物质文化遗产中的传统工艺项目概况

2017 年 12 月 27 日印发的《甘肃省文化厅贯彻落实〈中国传统工艺振兴计划〉有关工作实施方案》指出："甘肃传统工艺主要包括传统美术、传统技艺和传统医药炮制技艺类等非物质文化遗产代表性项目。"

传统工艺是甘肃非物质文化遗产的重要组成部分。就甘肃省非物质文化遗产项目的总体情况而言，截至 2018 年 10 月，甘肃有国家级非遗项目 68 项，省级非遗项目 493 项，市级非遗项目 1851 项，县级非遗项目 4342 项。其中，甘肃省级非遗项目中的传统工艺项目如表 1 所示。

表 1　甘肃省级非遗名录中传统美术、技艺、医药类项目分布情况

单位：项，%

市（州）	非遗项目总量	传统美术类	传统技艺类	传统医药类	合计	占比
兰　州	57	9	16	4	29	50.88
嘉峪关	8	1	2	0	3	37.50
金　昌	15	0	3	0	3	20.00
白　银	22	3	4	1	8	36.36
天　水	51	12	14	1	27	52.94

续表

市（州）	非遗项目总量	传统美术类	传统技艺类	传统医药类	合计	占比
武 威	33	3	4	2	9	27.27
酒 泉	41	8	5	2	15	36.59
张 掖	30	4	4	1	9	30.00
庆 阳	39	7	7	1	15	38.46
平 凉	31	1	5	2	8	25.81
定 西	54	9	20	0	29	53.70
陇 南	42	6	14	0	20	47.62
临 夏	23	4	8	1	13	56.52
甘 南	47	4	9	1	14	29.79
合 计	493	71	115	16	202	40.97

注：由于市县项目宏大，列表数字只计省级非遗名录中相关数据。

资料来源：《第一、二、三、四批甘肃省非物质文化遗产代表性项目名录》，甘肃省政府网站。

2018年1月，甘肃省启动省级传统工艺振兴目录编制工作。根据表1的数据统计可知，甘肃省的省级非遗项目，涵盖了传统工艺项目202项，其中传统美术类71项，传统技艺类115项，传统医药类16项。除去与国家传统工艺项目重叠的13项，剩余189项。数据显示，全省各地州市又以兰州、定西、天水、陇南、庆阳、酒泉、甘南、临夏等地的传统工艺项目较为集中，这些地方成为未来实施全省传统工艺振兴的重要区域。

2018年5月，国家第一批传统工艺振兴目录发布，甘肃有15个项目入选，包括传统美术类非遗项目7项、传统技艺类非遗项目6项、民俗类非遗项目2项（见表2）。

表2　入选国家第一批传统工艺振兴目录项目地区分布

单位：项

市（州）	传统美术类	传统技艺类	传统医药类	民俗类	合计
白银	1	0	0	0	1
天水	0	2	0	0	2
酒泉	1	0	0	1	2
张掖	0	0	0	1	1

续表

市(州)	传统美术类	传统技艺类	传统医药类	民俗类	合计
庆阳	2	0	0	0	2
定西	1	1	0	0	2
临夏	1	2	0	0	3
甘南	1	1	0	0	2
合计	7	6	0	2	15

资料来源:《第一、二、三、四批甘肃省非物质文化遗产代表性项目名录》,甘肃省政府网站。

甘肃入选国家传统工艺振兴目录的 15 项技艺中,民族地区的技艺有 7 项,占比为 46.67%,体现了甘肃传统工艺类型的民族性和多样性。

值得注意的是,甘肃国家传统工艺振兴项目"蒙古族服饰制作技艺""裕固族服饰制作技艺",分别来源于第二批国家级非物质文化遗产名录的民俗类"蒙古族服饰"(X-108)和"裕固族服饰"(X-114)两个项目。这说明甘肃的传统工艺项目,除了可由传统美术类、传统技艺类和传统医药类非遗项目转化而来,还有可能来源于民俗类非遗项目,在项目来源上具有一定的内生性和外衍性。这需要我们在确认甘肃传统工艺项目名录工作中,加以科学辨认。

(二)甘肃传统工艺的保护发展工作进展

历年来甘肃在传统工艺发展方面做了大量工作,在非物质文化遗产保护取得大量成果时,传统工艺亦受益匪浅,取得相应的社会和经济效益。

2004 年起,传统工艺先后从《关于加强我国非物质文化遗产保护工作的意见》《甘肃省非物质文化遗产保护专项资金管理办法》《甘肃省非物质文化遗产条例》《关于推动文化文物单位文化创意产品开发的实施意见》《甘肃省文化厅贯彻落实〈中国传统工艺振兴计划〉有关工作实施方案》中获得了政策性保护和发展。

从 2015 年起,西北民族大学、兰州交通大学开展关于临夏砖雕、甘南唐卡绘制、洮砚三个项目的培训,三年来有 320 人次受益。

在全省展示非遗传承发展成果时，传统工艺得到很多现场演示的机会。甘肃省为传统工艺的保护发展营造了良好氛围。尤其是规模盛大的历届敦煌文博会都曾展示传统工艺技艺及产品，赢得参展各方瞩目。传统工艺技艺及产品展示、展销也是历年甘肃对外文化交流舞台上的重头戏。如2018年初，陇绣等非遗项目赴卢旺达、坦桑尼亚、毛里求斯展演；2018年4月，木雕、刻葫芦、刺绣、裕固族服饰、掐丝珐琅画、泥塑、剪纸等22个门类近300件精品赴俄交流；多次参加国内大型会展，如成都国际非遗节、济南全国非遗博览会等；在2018年"文化和自然遗产日"，有63个国家级、省级传统工艺技能和展品在敦煌市展演，同时在甘肃省博物馆展出传统工艺研培学员作品300余件（套）。各地州市近些年也在不断创新宣传方式，组织形式多样、各有特色的非遗保护展示活动，为传统工艺发展赢得广泛民众基础。

传统工艺项目中发展较好、表现突出的是庆阳香包绣制、剪纸技艺和临夏砖雕技艺。庆阳和临夏分别以"小香包、大产业"的发展理念和"小产品、大产业、大市场"的开发思路，形成风格独特的民俗文化产业链，香包、剪纸、砖雕成为当地经济增长的新亮点，创造了社会效益和经济效益。

部分传统工艺项目传承人获得国家级非遗传承人每年2万元、省级非遗传承人每年5000元的传承经费补助，并接受关于传承人传承工作开展情况、授徒情况、履行传承义务情况、下一年度传承计划的督促管理。

（三）甘肃传统工艺发展呈现的产业特征

依据国家批准的甘肃传统工艺振兴项目和目前甘肃非物质文化遗产名录中传统美术、传统技艺、传统医药类别中的189个项目，进一步调查各项目的历史渊源、发展规模、市场应用、经济效益、从业人数，分析得出甘肃部分传统工艺的产业特征。

其一，小作坊、工作室或个人家庭生产项目偏多。如临夏砖雕、天水丝毯制作、天水竹雕、山核桃工艺品加工、王氏镰刀制作等。其二，产品使用地域性偏强。如临夏保安族腰刀、民勤毛毡制作技艺等。其三，取材特性强。如岷县洮砚制作、卓尼县洮砚制作、酒泉夜光杯雕、武山夜光杯雕等。

其四，宗教色彩浓烈。如藏族唐卡、甘谷脊兽、擦擦佛像印版制作等。其五，民族性强。如裕固族服饰制作、蒙古族服饰制作、肃北蒙古族蒙古包制作、马头琴制作等。其六，市场占有率低，产品制作周期长、效益低。如永靖白塔乡古建筑艺术、木雕、兰州青城水烟、黑陶制作、礼县井盐制作等。其七，从业队伍发展前景堪忧，部分代表性传承人年龄偏大，后继乏人。如东乡族钉匠工艺等。其八，行业性别特征明显。如荷包制作、刺绣、剪纸、香包制作、织锦带、服饰制作技艺等传统工艺项目，其从业者主要是女性群体。

二　甘肃传统工艺振兴的内在驱动力

（一）甘肃省传统工艺的传承和创造能力

临夏砖雕是与建筑物紧密结合发展起来的技艺，到近现代吸收绘画、木雕的艺术特色，艺术形式更加完美，在各种建筑装饰和民居生活中占据重要地位；保安族腰刀是中国少数民族三大名刀之一，从设计、打坯成型到加钢淬火，从錾花刻字、镶嵌磨光到砸铆，工艺流程自成一体，是保安族传统手工技艺。有"葡萄美酒夜光杯"美誉的夜光杯雕积极对工艺进行改进，现在已经能生产30多种造型、六大类产品，且各类品种造型独特、精美绝伦，既保持了传统的生产工艺，又增添了花色品种，使夜光杯更加熠熠生辉。天水的丝毯织造融会了西域文化、佛教文化、波斯文化，并以甘青地区的地方特色为起点从而在工艺和图案制作上形成自己的特色。2017年，嘉峪关大漠风雨雕石艺画《红楼梦系列》168幅，荣获大世界·基尼斯纪录，其巧妙的艺术手法展示了古老的传统工艺技巧，因而获得高度关注和良好声誉。

还有藏族唐卡、永靖古建筑修复技术、天水雕漆制作、舟曲织锦带、天水竹雕、黑陶制作、草编、木雕、兰州刻葫芦等技艺都蕴含着历史记忆和与现实生活融合的强大潜力。深入挖掘和激活这些传统技艺必能使它们发挥新的传承和创造力。

（二）传统工艺与现代设计

近年来，甘肃部分传统工艺在开拓创新方面也做了一些努力和尝试，将全新现代设计理念融入传统工艺，让传统工艺焕发新的生机。

甘谷麻鞋在遇上美国"伯乐"后，特意聘请三名国外设计师，在麻鞋款式、类型和色彩上设计出更符合现代人审美观念和需求的麻凉鞋、麻拖鞋、休闲鞋、帽、包、坐垫、装饰腰带等300多款，销往美国、日本、法国、韩国、意大利、西班牙、新加坡及中国香港、中国台湾等20多个国家和地区。

庆阳香包将浪漫时尚元素与传统文化元素结合，巧妙设计而成的西方圣诞节、情人节等新香包大大吸引更多年轻人的注意。

现代设计与传统工艺的巧妙结合，为甘肃更多的传统工艺走向生活、走向世界开创了新途径。如兰州刻葫芦技艺，得益于刻葫芦艺人的锐意创新，用兰州刻葫芦技艺创作的西洋画、刻制的英文莎士比亚诗歌、刻制的阿拉伯文《古兰经》以及刻制的《唐诗三百首》《金刚经》等精品葫芦，远销英、德、日、美等国，成为兰州市出口的传统工艺品之一。

（三）文化空间和特定自然、人文环境

甘肃既是西北边疆的大后方，也是中西文化交流、融会、传播的中心地带。这里曾是佛教、道教、摩尼教、景教、祆教、苯教交融传播的地方，这里曾是佛教石窟艺术大显身手的地方，也是中国西北民族创造文明的沃土。

甘肃地形狭长，复杂多样的山地、河谷、平川、高原、戈壁和沙漠交错分布，古代义为关戎之地、华夏边陲，所以甘肃不仅自然条件差而且自古就多战事。甘肃传统工艺是千年历史长河中流传下来的由以农耕文明和游牧文明为主的传统农村生产、生活方式以及生活观念糅合而成的，几乎分布全省各地区，体现了甘肃各族人民卓越的智慧。近现代以来社会经济发展滞后，相对保留了原生态环境下产生的文化基因，承载着丰富的人文历史信息。多民族聚集体这里的人情风物呈现多元化的特征，也为民间的手工艺人们提供了多元的、底蕴丰厚的艺术技艺的土壤。

（四）甘肃传统工艺与现代生活

在人们追求个性化和品质化生活的今天，融入现代元素设计的传统工艺品受到广泛的欢迎，具有极大的市场发展空间。近年来，甘肃部分传统工艺在开拓创新、融入现代生活方面，也做了一些努力和尝试。如舟曲县织锦带是农耕文化和游牧文化融合的产物，舟曲县参加兰洽会、香巴拉旅游节、深交会时将锦带作为礼品广泛赠送商家。个性的书包、手机套等实用物件，构图优美，刻画细腻，色彩艳丽，气韵生动，再经过专业化、系统化整合包装，具有浓郁的乡土气息。

普通百姓的家居饰品市场，是当前传统工艺潜在的市场。徽县将山核桃制作成精美工艺装饰品，制作出的马踏飞燕、熊猫等形态各异、活灵活现，让人叹为观止；岷县陶艺传人李力强探索创作出各种陶艺饰品，纯手工制作的青陶薰炉、花瓶、狮娃、麒麟、鱼、笔架等产品，让人爱不释手。

（五）从业者收入以及对城乡就业的促进作用

传统工艺项目产业化规模小，投入相对较少，就业面宽，对提高从业者收入、促进城乡就业和社会稳定起到一定的作用。如天水秦安县麦秆编历史悠久，成为农闲时节留守妇女创造财富、贴补家用的主要产业。临夏已经形成葫芦种植、雕刻及销售产业链，刻葫芦技艺缓解了城乡部分就业压力，促进了社会安定团结。

举办过15届的"庆阳端午香包民俗文化节"成为庆阳文化交流、展示、宣传、推介的重要平台，全市有一定规模的香包民俗文化产业公司达203家，以香包刺绣为主的民俗文化产品达20多类5000多个品种，年生产产品900多万件，远销全国56个大中城市及日本、欧盟、东南亚等地的20多个国家和地区，对庆阳经济社会发展、促进城乡就业、增加从业者收入影响重大。[①]

---

① 《在保护中传承 在传承中创新 庆阳市民俗文化产业发展综述》，甘肃政务服务网，2017年5月31日。

（六）传统工艺行业整体实力和市场竞争力

甘肃传统工艺行业整体实力不强，因而市场竞争力不足，行业处于缺乏监管的混乱状态。随着现代化进程的加速，民众的生活、生产方式发生巨大的改变，传统工艺行业遇到前所未有的传承危机和生存考验。一方面，机器大生产的冲击、生存空间的改变、盲目追求高新技术等因素，使传统手工艺被民众忽视，传统工艺品逐渐被大工业产品取代；另一方面，传统工艺对艺术家的素养和技术要求高，且产品制作周期长，经济效益低，使传统工艺从业人员数量锐减。当前，甘肃传统工艺人员老龄化严重，新生代人才不足，许多传统工艺处于濒危状态。

三　甘肃传统工艺振兴中存在的问题

（一）甘肃传统工艺振兴存在的普遍问题

1. 目前传统工艺发展政策等支撑体系不完善

确切地说，甘肃非遗保护政策本身就不完善，而新制定的传统工艺振兴及产业发展的指导政策更不能完全借鉴，甘肃传统工艺迫切需要细化的分类指导政策。传统工艺存在重申报、轻保护，重开发、轻管理的现象。保护性发展中存在的无序开发与过度产业化现象加剧了传统工艺核心技艺和工匠精神的丧失。部分市（州）、县（区）没有独立的非遗保护工作机构和人员编制，非遗保护工作机制还未形成。传统工艺的传承活力不足，创意开发受阻。社会对传统工艺的重要意义缺乏足够的认识。智力支撑和资金支持缺乏，创意、服务与市场未能有机融合形成新的文化业态。

2. 涵养传统工艺发展的良好文化生态渐趋消失

甘肃省传统工艺赖以生存的土壤在广大农村地区，而城镇化及工业化的发展，导致农田消失、原住民流失，造成甘肃传统村落的破落和消亡；农村生产、生活方式转变，一些传统习俗发生变化或渐趋淡化消失；大量青壮年农民进城务工，留守老人、妇女和儿童难以成为乡土文化传承主力，传统工艺因此缺乏继承人。城镇建设导致很多文化遗产被破坏和遗弃，严重损害原有村庄的历史风貌，从而使文化遗产缺乏文化特质和地域特色。另外，互联网等现代文化业态的发展极大地丰富了人们的精神生活。传统工艺发展的文化生态渐趋消失，使传统工艺赖以生存发展的空间越来越受到威胁和挤压，呈现日渐消失的状态。

3. 市场混乱，缺失产品标准

甘肃传统工艺一直处于自生自灭的原生市场状态，事实上由于甘肃省传统工艺行业多为个体、作坊式运作，缺乏系统科学的管理机制、标准约束和统一的市场规范；传统工艺容易存在商家多，而产品质量参差不齐的现象；市场价格无序，缺乏严格的质量标准；集市贸易和地摊式的经营方式，导致制作技艺高端的产品价格低廉，缺乏品牌企业支持的甘肃省传统工艺品在流通领域就会缺少应有的地位。

问题是大量的传统工艺品在走向市场的过程中，随意更换材料、弄虚作假；在工艺上，删繁就简，任意改造，甚至放弃传统技艺。脱离了传统文化元素、失去了传统技艺和传统文化内涵的传统手工，也就失去了振兴的价值和意义。

4. 人才后续不足，相关领域协同创新少

首先，甘肃省现有的传统工艺项目部分处于濒危状态，传承人高龄化现象严重。其次，缺乏开发发展、产品研发的创意人才和市场营销人才。再次，传统工艺品生产人员队伍不稳定，季节性表现突出。农忙季节人员减少，农闲季节人员增多，加之手工制作费时耗工、赚钱少，大大影响从业人员的积极性，也导致产品供给不稳定。最后，传统工艺相关领域很多，但还未能建立完整的产业链及跨学科的协同创新。传统工艺需要更多专业人才加入，从艺术造诣上加以振兴，与创意产业结合，才有望走向强大。

5. 传统工艺与现代生活相融的问题

甘肃传统工艺和项目领域广、品牌多、历史形象佳，整体影响力不错，但在全国著名的品牌和产品不多，"网红"更少。与无锡惠山泥人、扬州漆

器、苏州苏绣、南京云锦等在全世界闻名遐迩的传统工艺项目相比尚有差距。现代人的生活方式和审美观念发生了很大的改变，尤其是在"互联网+"时代，消费者的审美越来越国际化、个性化、生活化，消费者对那些造型老套、形象土气、材质普通、品相不佳的传统工艺产品提不起兴趣，传统工艺又怎么可能为大众所认知、欣赏、消费，而与现实生活相融。

6. 传统工艺中特殊行业的存续问题

甘肃省的传统工艺行业内留存有两个特殊行业问题。一是管制刀具流通问题。如保安族腰刀锻制，管制腰刀产品无法在市场大面积流通，更无法形成规模产业。二是原材料消耗殆尽问题。如酒泉夜光杯雕、武山夜光杯雕、嘉峪关石砚制作、武都栗玉砚制作、岷县洮砚制作、卓尼县洮砚制作、临潭县洮砚制作，这些技艺已经或在不久的将来面临原料消失而无以为继的情况，有些工艺项目无料加工的问题已经凸显，部分工艺项目也只是时间问题。

7. 传承态度保守

甘肃省的传统工艺传承人还比较"原生态"，有的工艺还限于"口口相传"，传统工艺传承人多数整体文化素质不高，经济收入较低，传承意识比较落后，处于纯民间原生态的状态，有的甚至不愿带传承人，更谈不上创新发展。少数的传统工艺还以家庭作坊为主，以技艺概不外传为主，或前店经营，后店生产，形不成产业，自然制约发展。

（二）甘肃传统工艺振兴存在难题的个案

临夏砖雕，源远流长，是中国传统文化、伊斯兰文化、佛教文化与民间艺术融合的载体，建筑装饰的点睛之笔。

临夏重点扶持龙头企业，培育带动砖雕产业发展，临夏砖雕声誉四起。目前临夏州有十几家砖雕生产企业和二十几家私人作坊，从业人员上万人，总产值4亿多元，产品销往全国各地和海外。但是在这样一种繁荣兴盛的发展现状之下，临夏砖雕工艺的振兴与产业发展依然面临诸多问题。

其一，临夏砖雕产业开发仍未引起足够重视，表现在砖雕仍处于小规模、小作坊式生产经营；行业协会管理乏力，市场混乱；宣传力度不足，品牌培育滞后。

其二，砖雕技艺后继乏人。砖雕行业缺少拥有绘画、书法、雕刻技艺等，具有很高的文化和艺术素养的人才；砖雕产品加工的相关人，各谋其位、各管一段，产品缺乏流畅的艺术气韵。工作环境恶劣、效益低，年轻一代传承人不愿从事祖传技艺，一些优秀的砖雕技艺濒临失传。

其三，砖雕产品设计理念陈旧，缺乏拓展市场的意识，难以继续满足市场需求。

其四，降低砖雕作品艺术价值的恶性竞争，是制约砖雕产业发展的重要因素。个别作坊为追求经济利益，以次充好、无序竞争，损害了临夏砖雕的品牌声誉。

以上实践说明，手工产业在形成气候前，需要国家和社会给予支持和扶助，尤其需要国家和社会在政策上倾斜并重视市场培育、行业管理和区域协调等。

四　甘肃传统工艺振兴发展建议

（一）充分发挥省非物质文化遗产保护工作联席会议制度的作用，全力推进传统工艺振兴发展

首先，建立省级传统工艺振兴目录。对省、市（州）、县（区）三级非物质文化遗产代表性项目进行科学评估，对有可能内生和外衍的项目进行评价，进一步确定其发展潜力，使其入目录名单。

其次，加大对纳入国家和省传统工艺振兴目录的代表性传承人的权威认定工作，适度减少省内各级各类大师的评选，以正视听，保证其权威性、代表性。适度允许甘肃传统工艺行业与"一带一路"沿线西亚国家和地区文化企业、社会组织、文化机构联系合作；鼓励传统工艺企业、工作室或个人，参加"一带一路"国际性文化产品交易会、项目展示会、投资洽谈会。西北五省区联合成立的丝绸之路文化遗产保护工匠联盟，就是一个良好的开局。

最后，建立振兴传统工艺领导协调机制，促进传统工艺在现代生活中广泛应用。一是出台具体分类指导政策，提高传统工艺振兴专业化水平。二是培育甘肃省传统工艺知名品牌，设立知识产权认定中心。三是建立传统工艺行业在多方领域联动融入机制，如开展传统工艺技艺之旅、开发传统工艺旅游品等，增加甘肃省特色文化消费领域。四是进一步加强传统工艺行业的宣传和推广销售。尤其是发挥新媒体的作用，加大品牌、价值和意义宣传，促进传统工艺融入现代生活。

（二）持续加大财政投入，突出政府主导地位

继续加大财政资金投入力度，建立振兴传统工艺经费保障机制。

第一，保障部分传统工艺代表性传承人的生活，不断完善传统技艺；第二，加大西北民族大学、兰州交通大学、甘肃民族师范学院、兰州职业技术学院等高校对传统工艺技能培训力度，增加培训项目，做好传承人工作室；第三，提升各级政府相关工作人员为传统工艺振兴的服务意识和能力；第四，保证符合现行小微企业和高新技术企业税收优惠政策条件的，按规定享受税收优惠政策；第五，鼓励金融机构开发适合传统工艺企业特点的金融产品和服务，加强对传统工艺企业的投融资支持与服务。

（三）倡导甘肃工匠精神

2016年"工匠精神"被写入《政府工作报告》，表明在市场经济条件下，国家、社会、民众更需要有匠人精神的产品，需要有真正文化内涵、情感和个性化设计的产品。首先，实施褒奖制。对甘肃传统工艺品产地、传统工艺技术传承人、提升者和后继者，以及在产业开拓等方面做出突出贡献的功劳者进行表彰，并进一步提升他们在当代社会中的地位，促进传统工艺振兴。其次，成立传统工艺保护研究中心，针对甘肃省部分典型性和代表性强的传统工艺进行内涵外延式挖掘研究，从其历史、现状、产品特征、技艺范畴、使用途径着手，扩大其内生和外衍的生产，保持其工艺发展的延续性。尤其是如保安族腰刀锻制技艺面临进一步拓展市场的问题、洮砚制作面临原

料供应的问题等，为其在制作理念和新的产业化发展方向上供进一步开发扶持，打造新时代的甘肃工匠精神。最后，注重企业、工作室和个人的主体作用，发挥行业协会引领作用，强化产品创新能力。

（四）促进社会普及教育

努力营造传统工艺传承的人文环境，扩大市场需求，使传承传统工艺成为民众自觉自愿参与的行为，工艺品成为民众生活的一部分，并明确民众是传统工艺精神无可替代的主体。

首先，高等教育特别是艺术类院校和职业技术学院在传统工艺发展中责无旁贷，需要担负起抢救、挖掘传统工艺，培养和造就新一代有创新意识人才的历史使命；自发寻求与传统工艺传承人或行业的合作，从理论上和在实践中指导传统工艺的研究与开发，为传统工艺振兴、产业发展提供智力支撑和人才支持。

其次，推行现代学徒制。鼓励传统工艺技能人在高校和职业技术学院举办传统工艺技艺弘扬与普及活动，参与职业教育教学活动；支持传统工艺传承人在职业院校建设工作室开展研究，重点培养传统工艺爱好者和接班人。

最后，通过基础教育增强青少年儿童对传统工艺的认识和理解，并培养和保护年轻一代的志向；将传统工艺技艺纳入国民教育体系，支持高等教育尤其是职业教育体系培育新生代的模式与传统师徒相授教学方式并举，引导年轻人创新，激发年轻人对传统工艺的兴趣。

鼓励技艺精湛、符合条件的中青年传承人或社会相关人员申报进入各级传统工艺项目传承人队伍，培养一支高水平的陇原工匠队伍。

（五）注重维护传统工艺生存空间及自然人文环境

2018 年《甘肃政府工作报告》提出，今后五年甘肃要加强实施乡村振兴战略，促进城乡区域协调发展。美丽乡村建设更应该注重传承乡村记忆，延续乡土文化，提升乡村社会管理及自治能力，引导乡村社会舆论及文明乡风的形成，引领乡村社会文明新风尚。加强对古建筑和古民居、民间艺术的宏观保护，有重点地建设一批村史馆、乡贤会，挖掘地方历史文化资源，树立新乡贤，教育身边人。因此有必要加快陇东南和敦煌文化生态保护区建设进度，润泽传统工艺振兴土壤，使陇东南和敦煌文化生态保护区在维护传统工艺文化空间及自然人文环境中起到示范带头作用。

（六）关注甘肃少数民族传统工艺

甘肃民族地区，自然条件恶劣，经济发展缓慢，现代化程度低。事实上，目前甘肃省传统工艺项目中民族地区项目占有将近50%的比重，如裕固族服饰制作技艺、保安族腰刀锻制技艺、东乡族钉匠技艺等不胜枚举。

因此，在制定振兴方案时要将少数民族传统工艺保护和少数民族地区的社会发展总体规划相结合。甘肃少数民族传统工艺是甘肃多彩文化的一部分，提升甘肃少数民族传统工艺的知识产权和品牌保护意识，增加其产品销售渠道，拓展少数民族传统工艺品省内外、国内外生存发展空间，不仅是甘肃少数民族传统工艺振兴发展之路，也是甘肃文化的繁荣之路。

五 结语

传统工艺是有生命的，它的存在与发展有些并非人力可为，而人力又确实可以帮助其发展，对其产生影响。着眼当前，甘肃传统工艺的振兴与发展，既需要政府政策层面的扶持、指导，也需要人们意识的自觉。但无论是何种措施途径，只有合理合道，相适相宜，才能成天地之大美，达天地人和之化境。

B.5
甘肃文化消费试点城市建设研究

马 颖*

摘 要： 2016~2017年，兰州、张掖先后被确定为全国文化消费试点城市。兰州市推出"134+N"举措，张掖市推出"文化+"等举措，全面提升城市文化消费水平，短短时间内均取得显著成效。但通过实际调研来看，依然存在潜在的文化需求还未被完全激活、文化消费结构仍显老套、文化消费支出较低、未形成标准完善的统计体系等问题。基于此，文章提出扩大文化供给侧对消费的引领作用、努力推动文化投资主体的多元化、全面提升城乡居民收入水平、培育文化理念四条政策建议。

关键词： 文化消费 兰州 张掖

　　长期以来，消费、投资和出口始终被喻为拉动我国经济增长的"三驾马车"。为了构建科学、合理、健康的消费体系，全面促进我国消费水平，近年来，国家大力提倡文化消费。文化消费作为社会再生产的重要环节，实际上是一个经济学概念，是指用文化产品或服务来满足人们精神需求的一种消费。文化消费的方式多样，既包括对文化产品（教育、文化娱乐、旅游、养生健身等）的直接消费，也包括为消费文化产品而消费各种物质消费品。2016年6月，文化部下发《文化部办公厅关于公布第一批国家文化消费试

---

* 马颖，北京大学硕士研究生，甘肃省社会科学院监察室副主任，主要研究方向为教育学。

点城市名单（第一次）的通知》，确定全国 26 个城市为第一批国家文化消费试点城市，甘肃省兰州市位列其中。2017 年 2 月，文化部再次发布《文化部办公厅关于公布第一批国家文化消费试点城市名单（第二次）的通知》，确定全国 19 个城市为第一批（第二次）国家文化消费试点城市，甘肃省张掖市位列其中。

一　甘肃省文化消费试点城市建设概况

（一）兰州市建设概况

兰州市创建工作以打造"134 + N"（"1"指举办一项活动，即文化消费惠民季活动；"3"指采取三项措施，即发行惠民卡、建立"文惠兰州"信息平台、出台补助办法；"4"指实施四项工程，即"1 + 百千万"文化惠民工程、文化集市建设工程、创建国家级文化产业示范园区工程、打造产品品牌工程；N 指文化与其他行业融合带动消费）模式为目标，实施一系列措施，截至 2018 年 2 月底，已拨付财政资金 8000 余万元，直接拉动文化消费 2.3 亿元。参与的文化企业商户达 760 家，公共文化机构参与试点数量达 170 家，全市举办各类大型文化旅游演出活动达 180 余场次，吸引观众达 180 余万人次，公共文化机构举办各类讲座、展览、培训等活动 200 余场次，参与观众达 60 万余人次。

（二）张掖市建设概况

张掖市创建工作以打造"全省旅游文化体育医养融合发展示范区"为载体，引导文化消费渗透旅游、体育、医养、科教等各个领域，确定了"产业深度融合、事业产业联动、政府惠民补贴、线上线下结合"的文化消费"张掖模式"。截至 2018 年 6 月，全市城乡居民参与人数达 115.6 万人次，直接拉动文化消费达 1.05 亿元，使用政府补贴拉动社会消费支出的比例达 1∶17.5。文化惠民消费季参与人数达 105.4 万人次，直接拉动文化消费 8280 万元，试点工作取得了一定的经济效益（见表 1）。

表 1　张掖市文化消费试点工作启动前后相关数据对比

单位：元/人，%

时间	居民人均文化消费支出			居民人均收入			居民人均文化消费支出占居民人均收入的比重		
	均量	城镇	农村	均量	城镇	农村	均量	城镇	农村
2016 年启动前	1834	2226	1441	14660	18923	10397	13	12	14
2017 年启动后	2038	2486	1589	15911	20541	11281	13	12	14

二　甘肃省文化消费试点城市建设路径

（一）兰州模式

1. 加大惠民型文化服务力度，培育群众文化素养及需求

（1）以文化惠民消费季为媒介，引领健康向上的文化消费方向。兰州市以"送文化"为手段，以"种文化"为目标，连续多次举办兰州文化惠民消费季活动，努力引导群众树立"享受文化美好生活"理念。通过举办新年音乐会、兰州春节文化庙会、"舞台精品奉献社会"公益演出、兰州黄河文化旅游节、中国（兰州）国际鼓文化艺术周、兰州黄河风情文化周、兰州合唱节、兰州读书节、社区艺术节、"大河魂"美术作品展、甘肃符号——陇原非物质文化遗产巡回展、金城大讲堂、送文化下基层、群众性文化活动等，不断提升当地群众文化素养，扩大文化需求。

（2）以公益为导向，加强公益性文化惠民工程建设。按照《兰州"1＋百千万"文化惠民工程实施意见》，兰州市提出精心打造"蓝色畅想"文化主题园区，计划每年兰州市组织举办一百场公益文化活动，各县区每年组织一千场文化活动，各街道（乡镇）举办超过一万场群众文化活动。硬件设施方面，兰州市完成 34 个街道、320 个社区综合性文化服务中心的建设。实施城市社区 15 分钟"文化娱乐圈"建设，建成兰州音乐厅，完成城关区文化馆、皋兰县艺术馆和非遗馆的提升改造工程。实施了三县一区广播电视节目无线数字化覆盖二期工程，建成 15 套地方广播电视节目覆盖网，受惠群众 160 万人。建成各类博物馆 43 个，"乡村舞台"150 个，贫困村综合文化服务中心示范点 43 个。目前全市乡镇文化站、农家书屋、共享工程、广播电视"户户通"、全市县级城市数字影院、贫困村文化活动室已实现全覆盖，全市公益性文化场馆全部实现免费开放，建成国家公共文化服务体系示范项目"群众自发文艺团队建设机制"。

2. 打造多样化文化消费产品品牌，丰富文化消费市场供给

（1）开发文化旅游产品。兰州市投入 2000 余万元，用于发掘利用国家级、省级非遗项目兰州太平鼓、黑陶、刻葫芦、剪纸、泥塑、古建筑模型、水车等，开发创作新产品 500 余个。打造出代表兰州文化消费品牌雕刻葫芦衍生品、汉朝象棋、情韵、《甘肃历史文化名人系列》剪纸图册国际版（第一期）、敦煌·印象、"金城尕娃"系列、马家窑文化黑陶娃纹抱球、四君子砚、太平鼓、泥塑等十余种。同时，积极借助中国－东盟博览会、中国（深圳）国际文化产业博览交易会、敦煌行·丝绸之路国际旅游节、中国兰州投资贸易洽谈会、海峡两岸（厦门）文化产业博览交易会、丝绸之路（敦煌）国际文化博览会、中国国际旅游交易会等节会平台，推介兰州市文化旅游产品，累计有 150 个品种的 1 万余件文化旅游产品参加展示展销活动，销售金额达 2000 余万元。

（2）丰富文化艺术品创作。兰州市拍摄了《手心》《雪葬》《手人》等一批优秀本土电影，打造了诸如小品《牛宝与狗蛋》、芭蕾舞剧《敦煌往事》《天鹅湖》以及大型秦腔历史剧《廉吏于成龙》、歌剧《图兰朵》、大型交响乐音诗画《丝路回响》和主题晚会《相约敦煌》等一大批文艺精品。

3. 实施文化集市基地建设工程，搭建文化消费平台

（1）以产品为核心，打造优质文化企业引导企业深度开发黄河石、玫瑰、百合、刺绣、铝雕等产品并采取"农户＋协会＋基地＋公司＋互联网"

的生产加工模式，引导进行家族式生产，已建成甘肃雅成汉毯居有限责任公司、兰州诺克牡丹园艺术有限公司、兰州永登旭霞绣品经营中心、甘肃神韵丁娃文化有限公司、兰州德源农业科技有限公司5个文化集市生产基地和陇香源工艺品、兰州刺绣、华晨艺术坊、兰州第一工人文化宫（隍庙）、万博金城古玩城、兰州太平鼓6个文化集市固定经营点，推动建立集民间手工艺产品研发、生产加工、商贸物流、市场营销、人才培养于一体的劳动密集型文化产业体系，实现文化集市销售额3.75亿元，从业人员为64.32万人。

（2）确定一批重点文化产业项目并对其予以扶持。仅2017年，确定全市重点文化旅游产业项目60个，计划总投资913.49亿元。签约文化旅游项目21个，签约金额达382.266亿元。建成省级文化产业示范基地4个，分别为敦煌研究院文物保护技术服务中心、甘肃省洮砚开发公司、读者出版集团有限公司和甘肃华源集团。建成省级文化产业示范区2个，分别为兰州创意文化产业园和兰州高新技术产业开发区。在建和拟建的文化产业园区共有12个。特别是兰州新区西部恐龙园和长城影视城为全市文化消费提供了有效平台，极大地带动了全市文化消费发展。

（3）创建两大国家级文化产业示范园区——兰州创意文化产业园和甘肃华源集团，加快催生产业集群和企业集团，形成重要的文化产业集聚区。入驻兰州创意文化产业园的企业达153家，从业人员2952人，实现文化产业增加值4.97亿元。

（4）建立"文惠兰州"文化消费信息平台，满足多样文化消费。兰州市与武汉大学国家文化发展研究院联合，建立"文惠兰州"文化消费信息平台。"文惠兰州"文化消费信息平台第一期纳入文化场馆和企业54个，涵盖影（剧）院、网吧、书（音像）店、娱乐场所、产业园区、公益性文化场馆等，为居民提供了更为丰富、优惠的文化消费产品及更加多元的场所。

4. 加强财政资金及政策倾斜力度，刺激文化市场开发

（1）资金扶助模式。对于涉及文化消费的重大文化旅游产业项目，文化旅游重大展会、节会、演艺、宣传推介活动，"文化旅游＋"项目，文化旅游产品和服务出口等，政府给予资金补助。《兰州市文化旅游产业发展补

助办法实施细则》规定，对包括影视拍摄，原创演艺节目编排，原创文学作品出版，原创影视动漫制作，游戏研发，特色类文化艺术、非物质文化遗产、文化创意类产品研发，互联网上网服务场所、文化娱乐场所、电影放映场所提升改造，旅游景区、景点、景观项目建设等18类事项进行事后补贴。兰州市政府出台了《关于进一步加强全市群众自发文艺团队建设机制的意见》，每年投入100万元，用于扶持全市300余支群众自发文艺团队，共拨付扶持资金175万元。市政府出台了《关于进一步推进全市非物质文化遗产保护工作的实施意见》，市财政每年列支重点和濒危非物质文化遗产培训保护专项经费500万元，主要用于非物质文化遗产生产性保护项目的投入扶持等方面。成立了兰州文化旅游发展基金，向涉及文化消费的领域（演艺娱乐、广播影视、文化旅游艺术品经营等）投资，信用担保达1600余万元。

（2）简政放权模式。兰州市简化互联网服务审批工作，调整涉及新闻出版广电类审批项目的准入条件，简化程序，承诺每个项目审批时间不超过5个工作日。所有审批事项都取消收费，审批信息公开透明，方便办事群众。

（二）张掖模式

1.打造"文化＋旅游＋体育＋医养＋科教"五位一体模式

（1）"文化＋旅游"模式。其一，开发设计六大旅游产品项目，即祁连冰雪体验游、丹霞奇观观光游、神秘峡谷探奇游、丝路文化品鉴游、湿地候鸟观赏游、红色经典励志游。其二，加速开发景区旅游文化精品演艺节目，马蹄寺、张掖大佛寺等景区已实现演艺节目常态化，张掖市河西印象文化旅游股份公司与杭州云鼎广告有限公司投资2亿元，联袂打造大型文旅剧《七彩张掖》，目前项目已完成基础设施建设。其三，依托世界银行2.6亿元人民币贷款，启动了张掖屋兰古镇民俗村文化旅游和张掖市文化遗产保护传承开发两个文旅综合项目。其四，采取市场运作的方式，精心策划举办九曲黄河灯阵非遗文化节、"中国枣乡·魅力临泽"文化旅游艺术节、山丹花旅游文化艺术节、2018中华民族赛马会等文化旅游节会活动。

（2）"文化＋体育"模式。以建设全省唯一全国体育产业联系点为契机，加快推进张掖国际户外运动名城建设。全市共举办各类文化体育赛事150多场次，参与群众达50万人次，进一步拓宽了消费领域，拉动了体育文化消费。

（3）"文化＋医养"模式。结合全省创建中医药产业发展综合试验区，加快推进"健康张掖"建设，启动了山丹、民乐、肃南高原生态养生文化消费区和甘州、临泽、高台湿地休闲医养文化消费区建设。2017年全市建成中医药养生保健馆、瑜伽文化养生协会等文化医养消费机构7家，累计达到28家，研发养生文化产品18个系列120种，年销售额达到9000万元。通过开发医药养生产品，延伸了医养文化产业链。

（4）"文化＋科教"模式。依托张掖全国小微企业创业创新基地示范城市建设，大力培育"文化消费＋科创"融合产业，市委、市政府出台支持小微企业发展的"黄金19条"扶持政策，对初创型小微文化企业实行"五免一补"，对成长型小微文化企业实行"五奖两补"。截至2018年，全市建成投入运营小微企业孵化园、科技孵化器、众创空间等各类创业创新基地48个，入驻文化企业200多户，吸纳就业8500多人，培训文化产业经营人才4万余人。实施"互联网＋文化消费"计划，举办了"首届金张掖网络玉博会"。鼓励九发文创和小哲文孵等社会资本创业创新基地和孵化器发展文化艺术教育培训产业，新建文化艺术培训学校（中心）22家，累计达到65家，年培训1.5万人。

2. 全方位提升文化供给能力和水平

（1）以文化惠民系列活动为依托，提升文化供给软实力。其一，举办文化消费季。张掖市抢抓元旦、春节、元宵、端午、中秋、国庆前后文化消费的"井喷期"，举办了两届张掖文化惠民消费季。其中，第二届文化惠民消费季加大了文化消费补贴力度，并发布了政府零积分优惠券，极大地激发了城乡居民文化消费热情。截至2018年，文化消费季参与人数达105.4万人次，直接拉动文化消费8280万元。其二，打造多样化群众文化活动，将文化"送"到基层。张掖市广泛开展以文化惠民演出、民间文艺展演、广场文化娱乐、送展览、送戏曲、送电影等为内容的群众文化活动。以"快乐老乡"群众性示范引领活动为龙头，实施了"千台大戏送农村""百姓文化广场演出""文化下乡惠民季"等文化惠民工程。举办了秦腔戏迷大赛、广场舞大赛、"书香张掖"全民阅读等一系列文化活动。自试点工作开展以来，共举办各类文化活动8000多场次，播放公益电影3万多场次。

（2）推进公共文化服务设施建设，提升文化供给硬实力。其一，张掖市、甘州区、肃南县建成数字图书馆，甘州区、临泽县实现乡镇图书借阅机全覆盖。高台县新建了"八馆"，肃南县新建了"一馆三中心"，临泽县新建了"六馆"，山丹县新建了"七馆"，民乐县新建了"五馆"。其二，积极实施城市社区10~15分钟"文化娱乐圈""体育健身圈"工程，建成农村综合性文化服务中心835个，覆盖率达100%，"五馆一站"全部实现免费开放。其三，打造河西民俗博览园、山丹高庙村非遗文化博览园等公共文化活动主题公园、街区、广场，截至2018年共打造105个。

（3）培育文化精品，激发消费潜能。张掖市进一步研磨了《裕固族姑娘就是我》《裕固族盛装舞》《民乐情》《甘州乐舞》《甘州小调》《仙姑传奇》《八之戒》等精品剧目，秦腔剧本《肝胆祁连》通过专家评审，国家级非遗"河西宝卷"舞台剧《宝卷印象》首演成功，大型文旅剧目《美美张掖》正在创排。拍摄了《陇原英雄传》《爱在零纬度》《天鹅琴之恋》《玻璃匣子》《阿爸的刀》等影视剧8部，电影《西域传奇》、纪录片《甘州古乐》正在拍摄。其中，大型秦腔现代戏《民乐情》作为甘肃省唯一入围全国基层院团戏曲会演的剧目，多次在全国地方戏演出中心公演，引起强烈反响，受到社会各界广泛赞誉。2018年春节期间，肃南县民族歌舞团赴非洲毛里塔尼亚、突尼斯两国参加"欢乐春节"文化交流演出；2018年3月庞俊、陈志、白平三位民间艺术家受邀参加"中国甘肃民间艺术家俄罗斯专题文流展"；2018年6月山丹烙画传承人张志光、裕固族民歌传承人安梅英赴蒙古国乌兰巴托市参加非遗展演交流活动。

3. 构建综合性立体化文化消费试点城市建设平台

（1）培育产品研发平台。张掖市成立了国家扩大文化消费试点联盟企业协会，共研发特色文化产品65类450多种，申请各类文化产品专利60余项。同时，扶持甘肃表是文化传播股份有限公司、九发文化传媒公司和华能彩印包装有限公司整合组建集团公司并培育上市，全市文化企业已达1400

家，参与试点工作企业达 173 家，占全市文化企业数量的 12.4%。

（2）搭建文化消费信息平台。依托"文化张掖"微信公众号，建立了张掖文化消费服务信息平台，该平台提供文艺演出、电影放映、图书展销、文创产品交易、文化旅游节会等文化消费信息，确立了"服务评价—消费积分—消费补贴"模式，引导城乡居民扩大文化消费。利用大数据、云计算，分析研判政策效果，及时反馈，动态调整。同时，与 100 多家联盟文化企业签订政企合作协议，共上线试点企业 146 家，涵盖图书、电影、演艺、报刊和文创产品五大类别。累计发放优惠积分 1043 万多分，市民通过平台累计兑换电子优惠券 23869 张，消费总额达 500 万元。

（3）构筑文化产品销售平台。在农村，以"文化集市"建设为抓手，采取"公司＋文化集市＋基地＋农户"的文化集市运营体系，以书画、刺绣、掐丝画等民族民间工艺品为主推产品。2017 年，新建 4 家固定经营点和 2 家生产基地，全市固定经营点和生产基地累计分别达到 10 家和 8 家，带动农村居民 1500 人，产生经济效益达 8700 万元。在城区，以公园、文化产业园区和历史文化街区为载体，打造国家湿地公园、大佛寺文化产业园、城区历史文化街区等 10 个文化消费一条街和文化消费聚集区，极大方便了城乡居民文化消费。

（4）搭建协会服务平台。与中国建设银行等金融机构合作，通过"助保贷"、"双创贷"、"助创贷"和相关收费权、经营权抵（质）押为文化企业提供资金支持 6.5 亿元。成立了"国家扩大文化消费试点联盟企业协会""张掖七彩丹霞文化旅游研究会""张掖市钓鱼协会""信鸽文化运动协会""瑜伽文化养生协会""张掖市电影家协会"等 27 个协会。通过协会优势，调节文化消费品价格，监督文化产品的质量。

三 文化消费试点城市文化消费水平的描述分析和统计推断

为对兰州市、张掖市文化消费现状进行合理评估，并针对城市特点提出意见建议，笔者在兰州市、张掖市城区范围内随机各抽取 200 名城市居民开展问卷调查。其中兰州市有效问卷 130 份，张掖市有效问卷 150 份。

（一）兰州城市居民文化消费水平的描述分析和统计推断

兰州市受访者男性占60%，女性占40%。其中以21~40岁居多，占样本总量的71.75%。受访者职业分布为企业人员占49.23%，事业单位人员占24.62%，自由职业者占13.85%，公务员占7.69%，学生占7.69%。受访者收入以3200~4200元和5100~7000元为主，分别占23.85%和23.08%（见图1）。

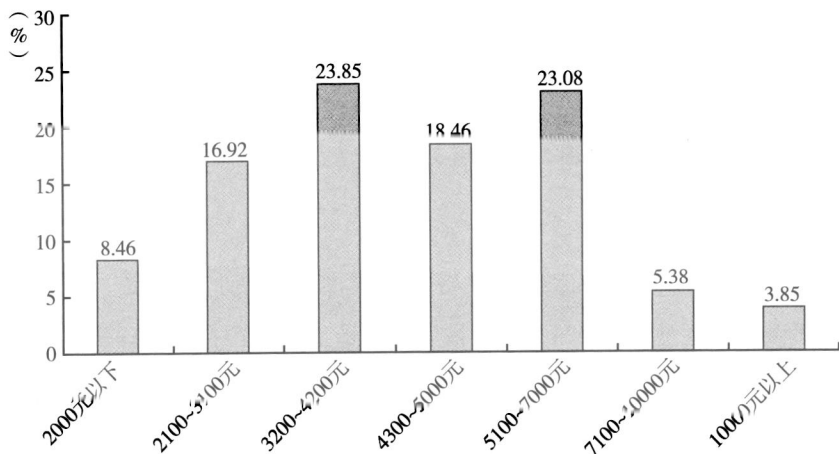

图1　受访者收入水平分布

对于兰州市正在创建全国文化消费试点城市一事，受访者知晓率为26.15%。当被问及是否对兰州每年举办的"玫瑰节""百合节""梨花会"等活动有兴趣并主动参加时，46.15%的受访者表示有兴趣，但没有参加过。当被问及是否经常到城市周边的农家乐放松休闲时，71.54%的受访者表示偶尔去，14.62%的受访者表示从不去，13.85%的受访者表示经常去。当被问及是否经常去城市内的书店阅读并消费时，43.08%的受访者表示偶尔去并消费（见图2）。

当被问及是否去过当地博物馆、美术馆时，选择"偶尔去"的受访者占比为62.3%。当被问及是否经常去逛兰州古玩城并消费时，选择"几乎不去"的受访者占比为80.77%。当被问及是否体验过兰州新区长城影视集

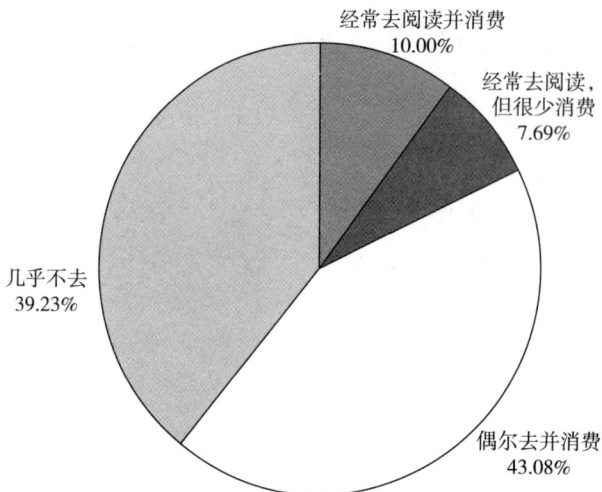

图2 受访者实体书店消费情况

经常去阅读并消费 10.00%

经常去阅读，但很少消费 7.69%

几乎不去 39.23%

偶尔去并消费 43.08%

团丝绸之路文化遗产博览城时，选择"没有体验过"的受访者占比为82.31%。当被问及是否体验过兰州新区西部恐龙园时，选择"没有体验过"的受访者占比为79.23%。当被问及当地文化场馆是否能够满足自身需求时，选择"不能满足"的受访者占比为55.38%。当被问及是否使用过"文化消费惠民卡（券）"来看电影、购买文化产业产品、参加讲座、观看演出时，96.15%的受访者占比表示"没有使用过"。

通过方差分析可以发现，受访者从事的工作与每年观影频率在0.05水平上呈显著相关（见表2）。通过雷达图可以更加直观地看到，自由职业者与企业人员相比公务员与事业单位人员，观影频率相对更高（见图3）。

表2 从事的工作类别与每年观影频率交叉分析

项目	工作类别（平均值±标准差）					F	p
	公务员（N=10）	事业单位人员（N=32）	企业人员（N=64）	学生（N=6）	自由职业者（N=18）		
观影频率	2.00±1.05	1.69±0.90	2.36±1.10	1.83±0.75	2.50±1.42	2.657	0.036*

注："*"表示 p<0.05。

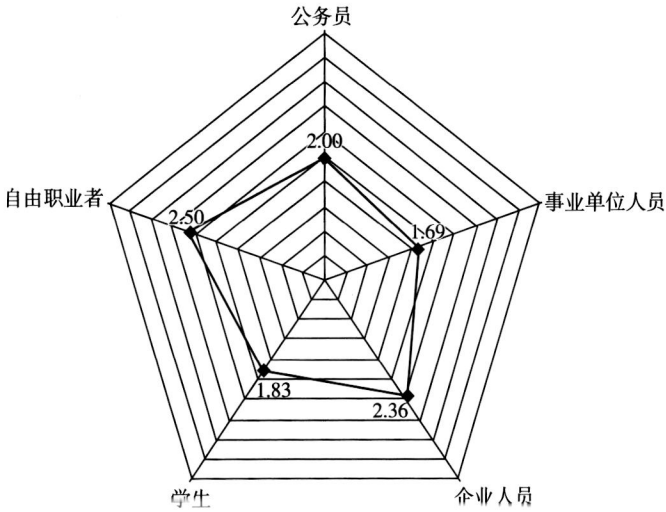

图 3   平均值对比情况

通过相关分析可以发现，兰州城市居民是否经常观看音乐剧、演唱会、话剧等与是否经常去书店阅读并消费存在一定的相关关系，相关系数为 0.212（见表 3）。

表 3   居民观看音乐剧、话剧、演唱会与去书店阅读并消费之间的相关性

项目	平均值	标准差	是否现场观看过一些音乐剧、演唱会、话剧等演出	是否经常去您所在城市内的书店阅读并消费
是否现场观看音乐剧、演唱会、话剧等演出	2.838	1.397	1	
是否经常去您所在城市内的书店阅读并消费	3.115	0.929	0.212 *	1

注："＊"表示 p<0.05。

（二）张掖城市居民文化消费水平的描述分析和统计推断

张掖市受访者男性、女性各占50%。其中以30~40岁、41~50岁居多，分别占样本总量的44.02%和30.98%。受访者职业分布为事业单位人员占32.61%，自由职业者占26.63%，企业人员占18.48%，公务员占17.93%，学生占4.35%。受访者收入水平以2100~3100元和3200~4200元为主，分别占31.52%和30.43%。由此可见，张掖城市居民收入水平明显低于兰州市城市居民收入水平。张掖城市居民对创建文化消费试点城市知晓率为71.2%，张掖市在文化消费试点创建宣传方面优于兰州市。从城市文化自信方面讲，张掖市居民远远高于兰州市居民（见图4和图5）。

当被问及是否体验过张掖市"智慧旅游"工程时，46.2%的受访者表示只是听说过，但没有体验过，仅有16.3%的受访者表示体验过，37.5%的受访者表示没有听说过。当被问及是否体验过张掖市户外运动

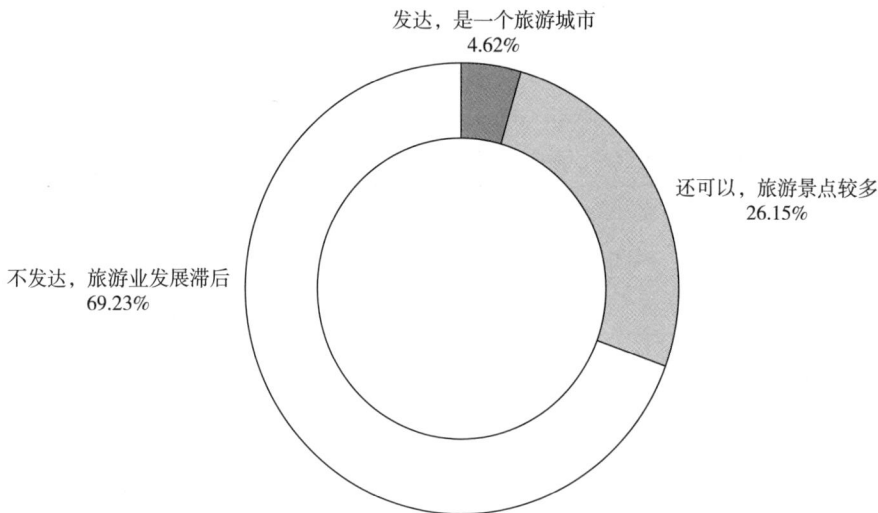

发达，是一个旅游城市 4.62%

还可以，旅游景点较多 26.15%

不发达，旅游业发展滞后 69.23%

图4 兰州市城市居民对兰州市旅游文化资源的看法

不发达，旅游业发展滞后
9.78%

发达，是一个旅游城市
22.83%

还可以，旅游景点较多
67.39%

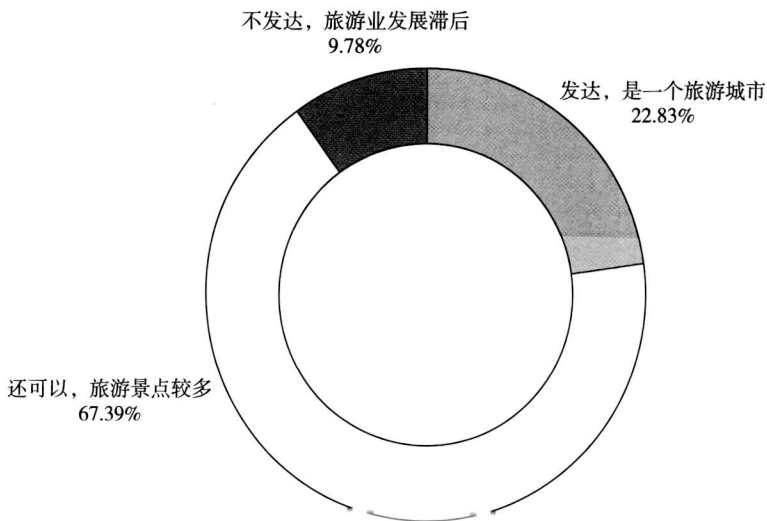

图5 张掖市城市居民对张掖市旅游文化资源的看法

俱乐部时，36.41%的受访者表示参加过。当被问及如何看待张掖市文化艺术培训产业时，65.76%的受访者表示近年来发展较快，培训学校（中心）数量剧增。当被问及是否使用过张掖市图书馆、博物馆、美术馆或数字图书馆时，52.17%的受访者表示使用过。当被问及是否认为当地文化场馆能满足个人需求时，61.41%的受访者表示基本可以满足。当被问及是否使用过"文化消费惠民卡（券）"时，80.98%的受访者表示没有使用过。

通过卡方检验，可以发现月收入对去电影院观影的频率的影响在0.01水平上显著相关。其中 x^2 值为38.39，p 值为 0.003[**]。

在观影频率方面，月收入为7100～10000元的受访者选择一年三四次的比例为100.00%，明显高于平均水平（44.67%）。月收入为4300～5000元的受访者选择一年三四次的比例为 72.22%，明显高于平均水平（44.67%）。月收入为5100～7000元的受访者选择一年十次左右的比例为77.78%，明显高于平均水平（20.67%）。月收入为10000元以上的受访者选择一年几十次的比例为50.00%，明显高于平均水平（11.33%）。月收入为2000元以下的受访者选择几乎不去电影院的比例为43.48%，明显高于平均水平（23.33%）（见表4）。

表4　张掖城市居民观影频率与月收入调查结果

单位：人，%

项目	2000元以下	2100~3000元	3200~4200元	4300~5000元	5100~7000元	7100~10000元	10000元以上	总计
一年三四次	9 (39.13)	21 (40.38)	21 (46.67)	13 (72.22)	1 (11.11)	1 (100)	1 (50)	67 (44.67)
一年十次左右	3 (13.04)	9 (17.31)	9 (20.00)	3 (16.67)	7 (77.78)	0 (0.00)	0 (0.00)	31 (20.67)
一年几十次	1 (4.35)	6 (11.54)	7 (15.56)	1 (5.56)	1 (11.11)	0 (0.00)	1 (50)	17 (11.33)
几乎不去电影院	10 (43.48)	16 (30.77)	8 (17.78)	1 (5.56)	0 (0.00)	0 (0.00)	0 (0.00)	35 (23.33)
总计	23	52	45	18	9	1	2	150

注：括号内为百分比。

四　存在问题及政策建议

制约试点城市居民文化消费的原因是多方面的，既包括供给侧的问题，主要是可供居民消费的文化产品品种不多、无效低端文化产品供给过剩、中高端文化产品供给不足、农村居民文化消费产品匮乏等；也包括需求侧的问题，主要是人均GDP水平低，居民尤其是农村居民文化消费意识不强、艺术欣赏水平不高等。这与我国整体文化消费滞后的现象是共生的。具体来说，有以下几方面问题和不足。一是潜在的文化需求还未被完全激活。从此次调查可以发现，居民对当地文化产品、文化场馆的满意度并不是特别高，仍然有一大批居民表示当地文化产品不能满足自己的需求，没有机会参与当地一些文化活动自己，而这些人群往往具有更大的消费潜力。通过交叉分析，可以发现这些人群观影、看话剧等的频率也相对较低。因此我们必须研究文化需求，根据这些人群的需求去制造文化产品，进一步促进消费。二是文化消费结构仍显老套。通过此次调查发现，兰州市、张掖市城市居民文化消费活动主要集中在电视、电影、上网、逛公园、阅读等方面，而这些均属于传统文化消费项目，可见甘肃省文化消费试点城市的消费结构仍偏向于传统型，创新性、创意性、潮流性仍显不足，兰州、张掖两市的"文惠兰州""智慧旅游"等新科技并未在居民中广泛普及使用。对于兰州新区新开发的高品质旅游项目，绝大多数居民表示未体验过。这些现象表明，两市城市居民消费结构、消费方式均过于单一。三是文化消费支出较低。此次调查显示，近70%的受访者表示2018上半年文化消费支出占上半年消费支出的10%以下。将文化消费比例与其收入水平进行交叉分析，可以发现收入水平越低的人群，其文化消费所占比例越低。大多数居民甚至更倾向于选择简便易行、花费少甚至不用花费的文化项目，文化消费的"等、靠、要"现象广泛存在。四是未形成标准完善的统计体系。因文化消费试点工作正在进行当中，各项工作均处于探索阶段，因此在促进文化消费的政策保障、数据统计和效果反馈等工作机制方面还需要进一步健全完善。

提高甘肃省文化消费试点城市建设水平，提升城市文化消费能力，应该从以下几个方面着手。一要增强文化供给侧对消费的引领作用。"市场是个体和群体行为的首要协调者。"① 供给侧提供的产品，多多少少会影响甚至引导市场消费方向。同时，文化需求实际上是潜在的，是需要被唤醒的，因此，其可以看作能够被制造出来的。可以说，文化生产在生产文化产品的同时，也在生产文化需求。因此，增强文化供给侧对消费的引领作用，必须努力提升内容供给的水平。内容供给必须逐级提升创新性，这是文化进步的标志，更是文明程度提升的标志。除此之外，还要提升内容的内涵与价值，提供文化精品。要改变文化产业急功近利的不良现象，不能将文化简单当成赚钱的工具。二要努力推动文化投资主

---

① 〔美〕维维安娜·泽利泽：《给无价的孩子定价——变迁中的儿童社会价值》，王水雄等译，华东师范大学出版社，2018，第13页。

体的多元化。正如我国的改革开放政策，实践证明，哪里开放得早、改革得早，哪里的发展就会先人一步。要改变过去长期存在的文化产业资源配置上的过度行政化，让更多的社会资本进入文化领域，增强文化产业内部活力。三要全面提升城乡居民收入水平。文化消费作为经济行为，最根本的是消费者要具有购买力，即支付能力。目前，兰州、张掖政府出台了一系列政策，比如现金补贴、发放优惠券等，用于对居民进行文化消费的补贴与鼓励，但是这些举措从根本上说均属于政府单方面的补贴，并不能直接有效地提升居民文化消费能力。从根本上说还是要全面提升城乡居民收入水平，用强大的购买力支持文化产品消费。四要培育居民文化理念。要在全社会范围内涵养群众文化素养、提升文化修养，激发群众文化需求。文化素养是影响文化消费这一经济行为的重要的非经济因素。正如在 19 世纪与 20 世纪之交，社会学家马克斯·韦伯在其《新教伦理与资本主义精神》[①] 一书中所描绘的宗教理念、价值观和态度对经济行为的独立影响。这种非经济维度往往容易被人忽略，但从根本上讲其对经济行为的影响至关重要。当一个人的文化修养提升后，其各类文化消费行为都会变得更为频繁。

参考文献

林毅夫：《经济发展与转型——思潮、战略与自生能力》，北京大学出版社，2008。

李向民：《以供给侧改革引领文化消费》，文化部产业司，https：//www. mct. gov. cn/。

杨亮：《如何突破文化消费瓶颈》，《光明日报》2015 年 6 月 25 日。

《兰州市人民政府办公厅关于印发兰州市创建国家文化消费试点城市实施方案的通知》，2016 年 12 月。

《张掖市人民政府关于印发张掖市引导城乡居民扩大文化消费试点工作实施方案的通知》，2017 年 6 月。

---

① 〔德〕马克斯·韦伯：《新教伦理与资本主义精神》，阎克文译，上海人民出版社，2010。

B.6
甘肃新型文化业态培育研究*

王　霖**

摘　要： 培育新型文化业态是新时代我国健全现代文化产业体系和市场体系的一项重要内容，是满足人民过上美好生活的新期待、实现经济更高水平发展的客观需要。甘肃省培育新型文化业态是认真贯彻落实十九大精神的切实举措，也是推动甘肃省文化产业转型升级的重要途径，更是适应甘肃省民众文化消费需求增长、消费方式多元的现实选择。培育新型文化业态，甘肃省要着重创新文化生产经营体制机制，构建培育新型文化业态的政策保障体系，制定切实可行的新型文化业态发展规划，积极培育创新型文化企业和充满活力的文化消费市场以及投身新型文化业态发展的创新型人才。

关键词： 甘肃　新型文化业态　文化产业

党的十九大报告明确指出中国特色社会主义进入了新时代，我国社会主要矛盾已经转化为人民日益增长的美好生活需要和不平衡不充分的发展之间的矛盾。满足人民过上美好生活的新期待，必须提供丰富的精神食粮。培育新型文化业态是新时代我国健全现代文化产业体系和市场

---

* 本文中有关甘肃文化产业及新型文化业态发展现状资料来源于甘肃省文化厅提供资料。
** 王霖，甘肃省社会科学院马克思主义研究所助理研究员，主要从事政治学、文化学、社会学研究。

体系的一项重要内容，是满足人民过上美好生活的新期待、实现经济更高水平发展的客观需要。随着文化与高新科技融合持续深入，传统文化企业不断寻求创新发展，大众文化消费需求数量不断增加、质量不断提高，创新文化产业发展方式、培育新型文化业态必然成为我国文化产业发展的新方向。

甘肃省在《"十三五"文化产业发展规划》中提出实施"互联网＋"战略，积极培育网络音乐、网络游戏、网络演出、网络动漫、网络文学、网络视听等网络文化新业态。甘肃省培育新型文化业态是认真贯彻落实十九大精神的切实举措，也是推动甘肃省文化产业转型升级的重要途径，更是适应甘肃省民众文化消费需求增长、消费方式多元的现实选择。本课题研究旨在通过全面梳理甘肃省新型文化业态发展现状，找出甘肃省新型文化业态发展中存在的问题，努力探索有实践价值的新型文化业态培育思路。

一 新型文化业态概念厘清及存在和发展分析

（一）新型文化业态概念厘清

1. 文化业态

"业态"一词起源于日本，是典型的日语汉字词语。萧桂森认为，业态就是针对特定消费者的特定需求，按照一定的战略目标，有选择地运用商品经营结构、店铺位置、店铺规模、店铺形态、价格政策、销售方式、销售服务等经营手段，提供销售和服务的类型化服务形态。[①] 本文研究中的文化业态指文化产业形态，也即文化产业经营形态，包括：（1）新闻信息服务；（2）内容创作生产；（3）创意设计服务业；（4）文化传播渠道；（5）文化投资运营；（6）文化娱乐休闲服务；（7）文化辅助生产和中介服务；

---

① 百度百科。

（8）文化装备生产；（9）文化消费终端生产。①

2. 新型文化业态

（1）党和政府政策文件中对新型文化业态的表述

2007 年 10 月，党的十七大报告明确提出要"运用高新技术创新文化生产方式，培育新的文化业态，加快构建传输快捷、覆盖广泛的文化传播体系"。新的文化业态是运用高新技术创新文化生产方式的结果。2012 年 11 月，党的十八大报告再次明确提出要"促进文化和科技融合，发展新型文化业态，提高文化产业规模化、集约化、专业化水平。构建和发展现代传播体系，提高传播能力"。文化与科技融合产生了新的文化业态，而且发展新型文化业态是提高文化产业规模化、集约化与专业化水平的重要举措。2017 年 10 月，党的十九大报告进一步明确提出要"健全现代文化产业体系和市场体系，创新生产经营机制，完善文化经济政策，培育新型文化业态"。培育新型文化业态是健全现代文化产业体系和市场体系的有机组成部分。

虽然三次党代会报告并未明确何为"新型文化业态"，但从表述中可以看出新型文化业态在我国的成长过程，这一过程经历了由最初"运用高新技术创新文化生产方式"到"促进文化和科技融合"，进而上升到"健全现代文化产业体系和市场体系，创新生产经营机制，完善文化经济政策"，从发展到培育，从运用高新技术到文化与科技融合再到从体制机制、经济政策的高度来全方位保障新型文化业态的培育。从党和政府的这些决策和要求中可以看出，新型文化业态的培育被提高到社会发展战略目标的高度，对于推动社会主义文化大发展大繁荣，激发全民族文化创造力，提高国家文化软实力方面起着非常重要的作用。

（2）学界对新型文化业态的界定

基于新型文化业态在我国提出时间较晚、发展过程较短等特殊性，学界对新型文化业态的认识也是见仁见智。清华大学熊澄宇教授强调新型文

---

① 国家统计局：《文化及相关产业分类（2018）》，2018 年 4 月。

化业态中的文化内涵是文化与技术、资本融合的结果。中南大学教授柏定国认为新型的文化业态是先进技术糅合了传统的文化艺术因子,当代文化资源的开发利用应建立在高新技术载体平台上。① 南京航空航天大学国家文化产业研究中心主任李向民认为新媒体和新行业的出现、新兴数字信息技术对传统文化行业进行改造以及文化产业化过程中传统产业加入文化内容后产生的新盈利模式形成了文化产业新业态的核心内容。② 王国平(2013)认为新型文化业态是凭借互联网和数字技术支持而衍生出来的、与文化产品和文化服务有关的文化业态。石蓉蓉(2017)认为产业融合理论是理解新型文化业态的关键。新型文化业态是将新兴的科技、信息、知识、人才、创意、资金等与现有的文化资源进行融合而形成新的产业体系与形态。尽管说法各异,但对新型文化业态的定义大都指向了文化与高新技术的融合。

3. 本文研究中的新型文化业态

综合以上观点,笔者认为,新型文化业态是指在现代科学技术发展、"互联网+"广泛应用、大众精神消费需求持续增长而且日益多元的背景下,通过创新、创意,文化事业、文化产业转型升级或与其他行业产业融合而形成的能够带来经济效益和社会效益的新的文化产业形态。新型文化业态是一个相对的、开放的、发展中的概念,随着社会的发展、技术的革新、产业的升级、大众需求的增长,之前归属于"新"的文化业态发展成熟并被归类到"旧"的文化业态范畴中,而更"新"的文化业态又会不断涌现和发展。这里所说的"相对"不仅指"新"与"旧"的相对,也指地域意义上的相对,也就是说,在文化产业发展快速的发达地区,业已发展成熟的文化业态对经济欠发达、文化产业发展缓慢的地区来说则可能是"新"的文化业态。

本文研究的新型文化业态主要是指依托高新技术,利用甘肃省政府为文

---

① 专家观点引自王晨《专家热议文化产业新业态》,《中国文化报》2008年5月16日。
② 杜丽芬:《新兴文化业态:核心概念及其初步分类》,《商场现代化》2010年第17期。

化产业提供的政策保障体系，通过创新、创意，将甘肃省传统文化资源优势转化为具有竞争力的产业发展优势的具有地方特色的文化产业新形态。

（二）新型文化业态存在和发展分析

为适应科技进步、市场竞争、消费者需求变化等，企事业单位会不断创新生产、经营、销售、服务和管理形态，从而形成新的行业形态。新型文化业态不断涌现是经济社会快速发展基础上文化发展的客观规律，也是新科技、新消费在文化生产和传播领域的重要体现。新型文化业态产生是多重因素作用的结果，目前，我国新型文化业态涌现的动力因素主要表现在以下四个方面。一是科技创新。文化业态新旧更替的根本动因是科学技术的不断进步。电子技术催生了广播电视、电影、音乐等新的文化业态；动漫游戏、数字出版、数字特效等新型文化业态出现并迅速发展得益于计算机技术；而随着互联网时代的到来，以"互联网＋"为依托的网络游戏、网络文学、数字视听等文化新业态日益成为文化产业新的增长点。二是产业升级。随着文化产业向数字化、网络化、智能化、绿色化方向发展，原有文化产业链结构发生改变、升级，不断产生新型文化业态。三是消费驱动。改革开放40年来，我国消费领域发生巨大变化，消费热点由满足人民群众物质生活需求的实物消费向体现人民美好生活需要的服务消费转变。文化娱乐、休闲旅游、大众餐饮、教育培训、医疗卫生、健康养生等服务性消费成为新的消费热点。① 人们对精神文化的消费需求量日趋增多，消费质量不断提升。需求倒逼供给，这就要求不断创新文化业态，出产更多高层次、高质量的文化消费品，以满足人们日益增长的文化消费需求。四是国家意志。自2007年党的十七大报告提出要"运用高新技术创新文化生产方式，培育新的文化业态"到2012年党的十八大报告再次明确提出要"促进文化和科技融合，发展新型文化业态"，再到2017年党的十九大报告进一步明确提出要"健全现代文化产业体系和市场体系，创新

① 国家统计局：《国内市场繁荣活跃　消费结构转型升级——改革开放40年经济社会发展成就系列报告之七》，2018。

生产经营机制，完善文化经济政策，培育新型文化业态"，可以看出新型文化业态的培育被提高到社会发展战略目标的高度。培育新型文化业态既是文化经济发展的客观要求，也是国家"顶层设计"下的主动探索。

二 甘肃新型文化业态培育基础

（一）文化资源丰富多样

甘肃历史文化悠久厚重，文化资源丰富多样。中华民族的人文始祖伏羲、女娲和黄帝的诞生地就在甘肃，奠定了中华文明的基础。甘肃的石窟寺不但数量居全国之首，而且随着时代变迁发展，也代表了中国石窟寺的发展演变过程。境内的古文化遗址数量在全国排第二，且其中的大地湾文化、马家窑文化、齐家文化、辛店文化、寺洼文化、四坝文化、沙井文化等为国内独有。远古的甘肃彩陶自8000年前发展到2000多年前的春秋时期，在中国乃至世界彩陶文化中占有无与伦比的地位。甘肃出土的汉简多达61000多枚，数量居全国之首不说，且保存完好，并以其内容的广博和时间跨度大而备受历史和考古学界的重视。甘肃还拥有全国类型最多的青铜文化。甘肃境内长城历经秦、汉、明三代，城墙历经晋、宋、西夏和元代，纵横交错，累计长4400多公里。甘肃境内民族众多，有54个少数民族成分，其中东乡族、裕固族和保安族是甘肃特有的民族，民族的多元化造就了甘肃内容丰富、形式多样的民族文化资源。其中，临夏花儿和甘南藏戏已被列入世界非物质文化遗产名录。同时，甘肃革命文化非常丰富。当年，甘肃作为陕甘宁边区的重要组成部分，境内处处都有红军长征的足迹。这些丰厚、优秀的文化资源是甘肃培育新型文化业态的重要条件与凭借。

（二）具备较好的文化产业基础

1.文化产业项目持续稳定发展

全省各地以项目为抓手，推进文化产业发展。2018年，兰州市确定重点文化旅游产业项目 50 个，计划总投资 973.6173 亿元，截至 2018 年 5 月底，已完成投资 12.2757 亿元；金昌市上半年共签约项目 35 个，签约金额 11.69 亿元；白银市在深圳文博会签约国际露营地和会宁县文化创意产业示范街区两个重点文化产业项目，签约金额 2.72 亿元，推介了 30 余项文化产业项目；平凉市在深圳文博会成功签约文化产业项目 2 个，总金额 61.5 亿元。兰州"秀宝网"、崇信县"农耕文化生态苑镇"、临洮县马家窑彩陶文化小镇等 14 个文化项目入选《2018 中国文化产业重点项目手册》。"藏式壁纸、藏式壁画"产品和品牌培育获得 15 万元资金扶持；敦煌研究院和甘肃省博物馆各获得"百馆百企对接计划"扶持资金 15 万元和 10 万元。

2. 文化产业园区建设深入推进

甘肃省现有 8 个国家级文化产业示范基地园区，其中，聚集类基地 6 个，2017 年共计营业收入 3.41 亿元（基地本身收入）。兰州创意文化产业园在 2017 年度获得文化部全国首批 10 家国家文化产业示范园区创建资格，园区入驻企业达 175 家，同比增加 14.38%；园区企业新增投资 2138 万元，累计资产总额 6.48 亿元，同比增长 3.3%；入园企业完成营业收入 9.58 亿元，同比增长 0.2%。新增就业 245 人，园区从业总人数为 3179 人。张掖市祁连玉文化产业园开发有限公司（玉水苑）已入驻企业商户 107 户，从业人员 1000 余人，园区各项综合收入 2.8 亿元，纯收入 1000 万元。庆阳市香包文化产业群打造产业集聚区，全市有民俗文化规模企业 181 家，分布全市 8 个县区。

（三）文化市场主体不断培育壮大

全省各地积极培育发展文化企业。张掖市认定、公布市级文化产业园区 8 家，落实配套扶持资金 24 万元，全市文化企业机构达到 1371 家；庆阳市借项目平台孵化骨干企业，涌现了一批资产过亿元的文化企业，截至 2018 年 6 月，全市注册的文化产业法人单位 1083 户，入库规模以上文化企业 17 户；甘肃省华源文化有限公司在纽约成功建成美国东部第一家由华人设立的创业孵化平台——华源·纽约东方创客，成为甘肃省首家在海外设立分支机构的文化企业。

（四）代表性节会论坛相继举办

依托甘肃特色文化资源，着力打造节会品牌。截至目前，成功举办三届"丝绸之路（敦煌）国际文化博览会"，每年一届敦煌文博会的举办势必会使甘肃的文化吸附力与文化扩张力不断增强，从而助推甘肃创意需求和消费市场的进一步形成，为甘肃传统文化产业全面升级和新型文化业态培育带来契机；在陇南文县举办"藏羌彝文化产业走廊协同发展论坛"和"甘肃省藏羌彝文化产业走廊建设成果展"，在优化文化旅游产品与服务供给、拓展文化旅游消费渠道、建立走廊合作机制等方面开展交流，探索文化旅游深度融合发展的有效路径。

三 甘肃新型文化业态发展现状

（一）全国新型文化业态发展现状

1. 发展形式多样

近几年，高新技术和互联网技术在文化及相关领域的广泛应用催生出众多新的文化业态。如数字图书馆、数字博物馆等；以虚拟现实（VR）、增强现实（AR）和混合现实（MR）等互联网虚拟技术为依托，以构建虚拟视觉场景为内容的虚拟文化新型业态已经广泛应用于游戏、会展、旅游和文化教育等行业；文化与金融交互融合而产生的影视众筹被很多人追捧；以知识产权（IP）为核心的文学、电影、电视、音乐、出版等泛娱乐化新型文化业态受到传播市场和资本市场的青睐；以微信、微博和智能移动终端为重要介质的新媒体形成新的传媒文化业态。新型文化业态发展形式的多样化展现了科技正在改变着文化生产的内容和形式。随着互联网、大数据、云计算、物联网等新技术的迅猛发展，新型文化业态的催生与更新速度将进一步加快。

2. 发展速度较快

随着移动互联网新技术、智能终端、自媒体等融入人们的日常生活，"互联网＋"日渐渗透到多个领域，并成为引领文化创新和变革的新理念。新型文化业态是由互联网和数字技术融合而衍生出来的新的文化业态，深度融合了文化内容、科技手段和资本、人才等要素，是对各种生产要素的重新配置与优化，符合"互联网＋"时代的文化消费模式和传播结构，因此，新型文化业态一经出现便呈现较快的发展态势。国家统计局最新数据显示，2016年上半年我国新型文化产业形态在产业规模、增长速度和产值贡献等方面均远超传统文化产业，是激发文化创新发展的"强引擎"，尤其以"互联网＋"为主要形式的文化信息传输服务业和文化休闲娱乐服务业发展最为迅猛，分别增长了29.7%和19.8%，有力地拉动了文化产业快速增长。《2016年中国电商红人大数据报告》中的数据显示，2016年网红产业的产值为580亿元，相当于国内连锁百货百联集团2015年的销售额；手游产业产值从2011年的62亿元增长至2016年的800亿元，展示出新型文化业态强大的创造力。近年来，我国网络文学产业发展势如破竹。统计数据显示，截至2017年12月，中国网络文学用户规模达到3.78亿人，占网民总数的48.9%。新型文化业态的井喷式发展意味着以互联网为基础的创业和创新符合时代发展的趋势，为急速扩张的互联网提供了强有力的内容支撑。

3. 表现集群化的发展趋势

任何产业要不断发展壮大，面临的主要问题就是如何推动产业组织的快速成长和产业结构的日趋合理，集群化发展正是产业持续发展和壮大的必然趋势。随着中国鼓励大力发展文化创意、网络动漫、数字传输等新兴产业，并推动数字文化创意和创新设计在各领域的应用，一些城市以此为契机，在政府的主导下已经开始了文化产业创意园区或创意基地的建设，吸引文化创意相关的企业、科研院所、中介机构等组织在园区中集聚，促进了各行业之间的相互渗透和融合，从而培育出更多的文化创意新产品、文化创意新服务以及新的文化业态，形成了一批特色鲜明的文化产业创意园区。文化产业创意园区是科技与文化相互交融、和谐共存的新型经济文化园区，集文化产业与高新技术产业于一体，融合当地文化特色和文化创意。文化产业创意园区不仅为科技创新和文化产业融合提供了便利的发展空间，也是文化产业集群化发展的重要模式。如陕西西安曲江文化产业园将遗址作为展现地区文化内涵的重要组成部分，通过对"大唐芙蓉城""大唐不夜城"等历史文化的开发，带动集历史文化展示、国际文化交流、休闲居住、商贸服务于一体的文化产业集群发展，将具有相关性和相似发展路径的新型文化业态集合为一个多元化的产业体系，构建了文化旅游、影视出版、会展、广告传媒、动漫设计等融合互动的文化产业创意集群。

（二）甘肃新型文化业态发展现状

近年来，甘肃省新型文化业态逐步成长，主要有动漫、网络游戏、优秀文化资源数字化等。

1. 动漫产业

甘肃省动漫产业整体发展较慢，全省仅有七家国家动漫认定企业，没有国家重点动漫企业和动漫进出口企业。截至目前，已上市的动漫作品只有南特数码科技有限公司的《敦煌传奇》和敦煌研究院的《敦煌艺术经典的动漫阐释——降魔成道》。

2. 网络游戏

甘肃嘉元数字科技有限公司有大型网络游戏《紫塞秋风》，通过网络游戏活态传承和推介甘肃的丝路文化，让世界了解甘肃的创新之路，将甘肃丝绸文化、敦煌文化、边塞文化等诸多元素植入游戏当中，用游戏的形式反映甘肃的历史文化和传奇故事，对推动甘肃文化走向世界起到了积极的作用。

3. 优秀文化资源数字化

以敦煌研究院、甘肃省博物馆、甘肃省图书馆数字化试点单位为龙头，不断推进数字化服务体系建设。以敦煌莫高窟旅游景区为重点，敦煌研究院推动智慧旅游建设，与腾讯签订了战略合作协议，启动"数字丝路"计划，通过游戏、动漫、音乐等形式，推动敦煌文化在世界范围内发扬光大。甘肃省博物馆围绕实施"互联网＋中华文明"行动，完成了三个项目的文物数字化保护内容，升级博物馆手机智能语音导览系统，建设博物馆信息化专用标准网络机房，不断提升科技服务水平。甘肃省图书馆已初步构建完成国家公共文化数字支撑平台建设，硬件平台和软件系统运行良好，做好线上服务的各项准备工作，特色应用系统功能模块开发进入收尾阶段，正加紧开展局域网内运行测试，争取尽早提供公共网络资源。

　　4. 文化创意产业有序发展

　　甘肃省各地积极扶持文化创意产业发展，制定鼓励文化创意产业发展的政策，列出扶持资金，开展创意产品设计大赛。天水成立了天水市文化创意产业协会，举办了以"文化引领，创意天水"为主题的"甘肃银行杯"第一届大水市文化创意产品设计大赛暨文化众创设计展览周，征集艺术、文物复制、动漫游戏等类作品 500 余件；张掖组织开展文化创意产品设计大赛、非遗文化及文创产品展销等，积极支持各级文化单位对文化资源和馆藏文物进行创意产品开发，凉州八景、名匾、凉州秸秆画、凉州压花、凉州堆绣等文化创意产品目前已经通过实体店对外销售；庆阳、平凉分别组织文化旅游创意大赛；陇南修订完善了《陇南市文化产业创意产品以奖代补资金管理办法》，征集了 174 件优秀文化创意产品在市非遗中心进行展出和销售；敦煌研究院授予腾讯公司 IP 形象的宣传使用权，启动"数字丝路"计划，与亚马逊公司合作，联合开发了首款联名礼盒及保护套；甘肃省博物馆与宝鸡法门寺圣大文化旅游发展有限公司合作开发甘肃省博物馆纪念币，并在展厅设置自动售币机；甘肃省图书馆专门成立了文化创意产品开发中心，以馆藏《四库全书》、敦煌写经、金石拓片、名人尺牍、珍品书画等种类的精华为设计元素，开发一系列蕴涵独特文化意味的文创产品。

四　甘肃新型文化业态培育需要解决的问题

　　如今，在互联网时代背景下，新型文化业态不断涌现并逐渐成为文化经济新的增长点、我国文化产业体系新的发展趋势。虽然甘肃历史文化底蕴深厚，有文化资源大省之称，拥有发展文化产业的先天资源优势，但未能成为文化发展强省，关键问题在于文化产业发展还不够快，影响力大的文化产业品牌还很少，尤其是代表着文化产业发展新方向的新型文化业态的发展还仅仅处在起步阶段，需着力加以培育。目前，甘肃新型文化业态培育方面主要存在如下一些问题。

（一）对培育新型文化业态的认识和重视程度有待提高

新型文化业态的发展在甘肃还仅仅处在起步阶段，迫切需要培育，以期推动甘肃传统文化产业转型升级，培育甘肃文化经济新的增长点，促进甘肃经济社会快速协调发展。但是，在现有的甘肃文化产业发展规划方面还看不到发展新型文化业态的长远谋划，目前甘肃在培育新型文化业态方面还存在认识不足、重视程度有待提高的问题。一方面，很多地方政府和相关部门还没有认识到新型文化业态在转变经济发展方式、推动经济结构调整中的重要作用；另一方面，即使有的地方政府和相关部门有此认识，但认为目前发展新型文化业态是经济发达的一线城市的工作，本地区还不具备新型文化业态发展所需的技术、资金和人才条件，因而对本地区发展新型文化业态存在消极等待、无所作为的思想，缺乏发挥主观能动性去克服困难、创造条件培育发展新型文化业态的拼搏精神。

（二）针对培育新型文化业态的政策尚不完善到位

科技创新与产业升级是新型文化业态产生与发展的两大动力因素，同时也意味着培育新型文化业态的关键在于促进文化与高新技术以及依托高新技术与其他产业的不断融合，而融合就意味着原有产业边界的消融。这一切都离不开促进文化与高新技术以及相关产业融合的体制机制，也需要一系列政策措施的引导、支持与保障，如财税金融政策、知识产权保护制度、文化创新人才队伍的激励政策等。所有这些都要求政府在文化产业领域积极展开协调、管理与服务，尽好新型文化业态培育主体的"职责"，为文化与高新技术以及相关产业融合不断完善和优化政策供给。新型文化业态在甘肃尚属起步阶段，甘肃省政府尚未制定相应的政策措施、发展规划来推动新型文化业态的发展。

（三）经济社会发展整体相对滞后

源于多方因素制约，甘肃经济社会发展相对滞后，新型工业化、信息化、城镇化、农业现代化发展水平较低，基础设施仍然薄弱，贫困问题依然突出，保障和改善民生任务艰巨，这对甘肃培育新型文化业态有很大的制约。新型文化业态的产生与发展源自科技创新、产业升级、消费驱动以及国家意志，其中科技的创新、产业的升级和消费需求的增长无不与经济社会的整体发展水平息息相关。根据《2017 中国文化统计提要》，2016 年甘肃人均 GDP 在全国垫底，甘肃文化市场经营机构是全国唯一亏损的机构。甘肃培育新型文化业态的任务实属艰巨，迫切需要各级政府及相关部门发挥主观能动性去克服困难、创造条件，培育推动甘肃新型文化业态发展的拼搏精神。

（四）支撑新型文化业态发展的科学技术基础还很薄弱

培育新型文化业态仅仅拥有丰富的文化资源是远远不够的。新型文化业态的产生得益于高新技术的发展。一方面，甘肃目前支撑新型文化业态发展的科学技术基础还很薄弱；另一方面，当前甘肃的科技水平与文化融合的深度不够。一是随着新技术在文化领域的应用，尤其是"互联网＋"的出现，人们认为新型文化业态就是将线下内容搬至线上，把科技视为文化发展的工具或载体，导致文化与科技的融合成为两张皮。二是相关的融合平台建设滞后。文化与科技的深度融合需要融合发展平台作为支撑，但是，文化产业发展相对迟缓、文化与科技各部门协同不畅等，导致相关平台建设滞后，影响文化与科技的深度融合。

（五）新型文化业态发展所需人才严重匮乏

新型文化业态发展所需人才匮乏问题是一个在全国比较普遍的问题，但在甘肃表现尤为突出。一方面，目前甘肃文化产业从业人员，绝大多数是行政类、专业艺术类人员，而新型文化业态的发展需要的是既懂得高新技术的应用，又熟谙文化发展的高素质人才队伍，甘肃文化产业从业人员的知识结构、能力结构、学历结构等尚不能满足新型文化业态发展的需要，一定程度上阻碍了新型文化业态在甘肃的发展；另一方面，发达地区往往借助优越的区位优势，吸引更多的专业人力资源。对甘肃来说，遑论吸引人才，现有的人才也多到发达地区谋求发展了，人才流失极其严重。

五 探索甘肃新型文化业态培育思路与对策

新型文化业态代表着文化产业发展的方向和未来，新型文化业态发展越繁荣的地方，其文化产业就越显示出强大的生命力和带动相关产业协同发展、繁荣地方文化市场、促进地方经济发展的能力。甘肃在地理人文资源方面拥有培育新型文化业态的先天优势，但尚存在人才、资金和技术等发展要素的缺陷。目前，甘肃新型文化业态发展尚处于起步阶段，各级政府应高度重视新型文化业态的培育和发展，积极主动发挥甘肃文化资源优势，加快文化产业发展方式转变，培育新型文化业态，这既是加快甘肃传统文化产业转型升级、促进甘肃经济社会和谐发展的重要途径，也是贯彻落实十九大精神的切实举措。

（一）新型文化业态的培育与发展需要创新文化生产经营体制机制

新型文化业态的形成与高新技术密切相关，其发展的关键在于高新技术与文化产业的有机融合，这就需要文化部门与科技部门展开有效沟通与合作。然而现实境遇是，鉴于体制的原因，科技系统与文化系统互不往来，并无配合。科技部门的人不关注文化，文化部门的人不懂得科技。这就需要政府部门从体制机制的层面来着手解决，建立文化与科技的沟通融合机制，消除二者之间相互融合的障碍，为科技与文化的深度融合提供体制机制性保障，让文化单位能够随时获得科技单位的技术支持，从而将最新的科技手段和技术引入文化生产、管理、经营和服务等各个环节，不断创新文化生产经营方式，催生新型文化业态，增强甘肃文化产业竞争力，进而推动甘肃文化大省建设。

（二）构建培育新型文化业态的政策保障体系与监管机制

甘肃新型文化业态的发展尚处于起步阶段，新型文化业态的培育和发展离不开政府政策的引导、支持、驱动与保障。政府相关部门要加强与文化企业的沟通，着力完善文化经济政策，构建新型文化业态的建设保障服务机制，形成完善的财税金融政策、文化创新人才队伍的激励政策、监管政策、知识产权保护政策等一系列政策措施，吸引人才、资金、技术等要素进入新型文化业态，利用新技术、新渠道、新模式进行创意、制作和商业化运作。相关机构应主动承担业态监管的职能，从文化资源的开发利用到新型文化业态培育过程的各个环节都加大监管力度，从而形成一个公开透明、健康有序的业态环境。逐步放宽对新技术融入文化产业，以及新型文化业态的市场准入的限制，为其提供较为便利的发展环境。同时要积极鼓励高新技术，以及文化创意在新型业态发展环节的应用，转变政府职能，培育并推动甘肃新型文化业态繁荣发展。

（三）培育创新型文化企业

无论培育新型文化业态的体制机制如何创新，扶持新型文化业态发展的政策体系如何完善，没有创新型文化企业去具体施行，也是"纸上谈兵"。培育创新型文化企业是培育新型文化业态的一项重要内容。甘肃文化产业发展相对滞后的一个重要原因是文化企业没有树立自主经营、自主参与社会竞争的经营管理理念。随着文化体制改革工作的逐步推进，那些转制成企业的文化单位要树立自主经营、自负盈亏的经营管理理念，必须摒弃过去那些完全依靠政府的思想，摒弃过去避免竞争的思想，树立与社会主义市场经济相适应的新的经营理念、经营模式以及追求创新图变的精神，利用现代管理理论和管理实践来实现企业的独立运行、科学管理和创新发展，从而增强市场竞争力，获得更高水平和层次的发展。

（四）培育充满活力的文化消费市场

新型文化业态的蓬勃发展既是政府顶层设计下的主动探索，也是市场需求导向的结果。培育新型文化业态需要积极培育文化消费群体，繁荣文化消费市场。需要调动和发挥各级各类文化企事业单位及创作者个人的积极性，增强他们的创新意识，紧跟时代发展和科技进步的步伐，加强对大众尤其是年轻一代消费方式、消费偏好等的研判，从满足当前消费需求和引导未来消费意愿两个方面入手，开发更多文化消费方式和内容，培育文化消费热点，促进消费群体不断壮大，繁荣甘肃文化消费市场，从而促进甘肃新型文化业态的发展壮大。

（五）不断加强新技术创新方面的软硬件投入

高新技术是新型文化业态的核心，新型文化业态的培育也必然指向对高新技术的投入。按照摩尔定律的观点，人类已然进入一个技术快速进步和更迭的时代，我们如同在和技术创新赛跑，跟不上它的步伐就有可能面临被边缘化的后果。新型文化业态对于技术的依赖程度可能比以往任何时候都要深，因此，若要发展和培育新型文化业态，必然需要加大对高新技术的支持与培育，不断加强新技术创新方面的软硬件投入，及时掌握国内外最新的技术发展动向，并做出积极回应。

（六）培育投身新型文化业态发展的创新型人才

人才的问题是根本的问题。甘肃作为内陆省份，经济欠发达，人才匮乏问题更显严重，培育投身新型文化业态发展的创新型人才也更显迫切。可以考虑从以下三个方面来加强新型文化业态人才培育。一是加快推进人才发展政策和体制创新，建立和完善公正、公平、合理的薪资管理分配办法和公平、公开、公正的绩效考核制度，充分尊重人才，创造人才发挥作用的环境，以市场价值回报人才价值，尊人才、爱人才、用人才，全面激发人才创业创新的动力和活力。二是采取"请进来、走出去"的方式培育文化科技专门人才。第一，引进国外或国内发达地区文化创意、研发、管理等领域高端人才或邀请相关专家进行技术指导；第二，鼓励并组织本土文化科技人员去文化产业发达的国家和地区进行学习和考察；第三，鼓励高等院校根据新型文化业态发展的需要设置学科和专业，培养新型文化业态发展所需要的各类人才；第四，鼓励文化企业对员工进行培训和再教育，动态更新员工知识与技能；第五，建立校企合作长效机制，积极开展校企合作，高等院校根据企业的需求培养急需人才。

参考文献

赵瑞政：《山西文化产业新型业态培育研究》，硕士学位论文，山西财经大学论文，2013。

王国平等：《新型文化业态是文化产业结构优化升级的先导》，《求索》2013 年第 7 期。

陈青松：《地方政府实现新型文化业态发展突破的策略》，《江南大学学报》（人文社会科学版）2015 年第 6 期。

石蓉蓉：《西北民族地区的新型文化业态与培育——以甘肃少数民族地区为例》，《甘肃社会科学》2017 年第 4 期。

薛贺香：《论中国新型文化业态的发展方向》，《区域经济评论》2018 年第 4 期。

B.7
甘肃文化"走出去"的国际品牌培育研究

海　敬*

摘　要： 在我国实行的文化"走出去"战略中，甘肃凭借丰富多彩的文化资源，在文化贸易、文化交流活动等方面取得了较多的成就。本文对甘肃文化"走出去"的发展现状和所面临的问题进行梳理、分析，就这些存在的问题，提出了针对性较强的对策和建议。

关键词： 甘肃文化　"走出去"　国际品牌

文化"走出去"是国家对外战略和文化建设的重要组成部分，对于促进文化改革发展、推动社会主义文化大发展大繁荣、建设社会主义文化强国和实现中华民族伟大复兴的中国梦具有重要意义。2013 年 12 月 30 日，习近平总书记在主持十八届中央政治局第十二次集体学习时发表重要讲话，指出"提高国家文化软实力，要努力展示中华文化独特魅力。在 5000 多年文明发展进程中，中华民族创造了博大精深的灿烂文化，要使中华民族最基本的文化基因与当代文化相适应、与现代社会相协调，以人们喜闻乐见、具有广泛参与性的方式推广开来，把跨越时空、超越国度、富有永恒魅力、具有当代价值的文化精神弘扬起来，把继承传统优秀文化又弘扬时代精神、立足本国又面向世界的当代中国文化创新成果传播出去"。

---

* 海敬，甘肃社会科学院文化所助理研究员，主要从事文化、民族文化、文化产业方面的研究。

一 甘肃文化"走出去"战略

甘肃作为华夏文明的重要发祥地和国家向西开放的战略通道，肩负着推动文化"走出去"的重大责任。2014年，为了加快发展甘肃省贸易，提升甘肃文化产品和文化服务的国际竞争力，甘肃省委、省政府相继出台了《关于加快发展甘肃省对外文化贸易的实施意见》和《关于进一步加强对外和对港、澳、台文化工作的实施意见》，明确了文化发展的目标和方向。这两项实施意见对工作体系的构建、文化资源的整合、交流品牌的打造、合作渠道的拓展、对外贸易的促进、传播手段的创新、向西开放的力度、财政资金的支持等方面都提出了具体的要求和措施。有利于进一步加强对外和对港、澳、台文化工作的政策保障，保证对外和对港、澳、台文化工作进入更加规范有序的发展轨道。

2016年，中共中央办公厅、国务院办公厅印发了《关于进一步加强和改进中华文化走出去工作的指导意见》。2017年，为了深入贯彻落实该指导意见，加快甘肃文化"走出去"步伐，甘肃省委、省政府制定了《甘肃省推进文化走出去工作实施方案》。这项实施方案以社会主义核心价值观建设为引领，以文化强省建设为总览，以华夏文明传承创新区建设为依托，主要通过加强文化"走出去"工作力度，着力推进文化合作交流、传播优秀传统文化、发展对外文化贸易、打造优质文化品牌，不断提升甘肃文化的吸引力和影响力，向世界全面展示甘肃文化的深厚内涵和独特魅力。

二 甘肃文化"走出去"的现状

甘肃依托丝绸之路黄金段的区位优势，对外展开了较为广泛、活跃的文化交流活动。五年来，从最初的以敦煌舞剧和会展为重点的文化交流，逐步朝着多渠道、多层次的文化交流方向拓展。一大批文物展览、文化艺术、文化教育、非遗展演等特色文化精品相继走出国门。

（一）文化交流

甘肃省极富特色的丝路文化、敦煌文化、民俗文化等文化资源是甘肃对外交流、交往的基础。被文化部列入《国家文化出口重点项目目录》的《大梦敦煌》和被称为"中国舞剧之最"的《丝路花雨》，通过多年的对外展演已经为国内外民众所熟知。正是因为较高的知名度，这两项舞剧现已成为甘肃乃至中国文化产品以市场方式"走出去"的典型代表。《大梦敦煌》先后在海外 16 个国家进行了商业演出，2016 年 1～2 月，仅在德国的 10 个城市就进行了 22 场商业演出。舞剧《丝路花雨》自 1979 年首演以来，就受到了国内外观众的喜爱，至今已经出访了 40 多个国家，完成了约 3000 多场演出。除了《大梦敦煌》和《丝路花雨》之外，甘肃还利用其他特色文化资源积极地拓展市场，先后组织了"甘肃非遗展"、"敦煌艺术大展"、"甘肃数字文物展"、"敦煌韵"等一系列具有陇原风韵的特色精品"走出去"。甘肃省政府还积极引导并扶持了一批以表演艺术、工艺美术以及动漫、游戏等为主的文化企业和文化产品，拓展了甘肃对外交流的渠道。庆阳岐黄文化传播有限公司、南特数码科技股份有限公司、甘肃华源文化产业集团是甘肃较大的文化企业。2017 年，甘肃华源文化产业集团所打造的"华源·纽约东方创客"入选国家文化出口重点项目。同时，甘肃还积极打造甘南唐卡、庆阳皮影、张掖民族服饰、平凉剪纸、崆峒武术、临夏洮砚等一批富有非遗特色的文化产品，从而拓宽了甘肃文化的海外市场。国家在"一带一路"倡议推进中，打造了海外中国文化中心以及"欢乐春节"等文化交流平台，甘肃也充分利用这两个平台，开展了许多规格较高的人文交流活动。甘肃省与 5 个海外中国文化中心开展了 33 个文化交流合作项目，在参与"欢乐春节"的活动中，甘肃先后派出省和市州多个团体赴英国、德国、喀麦隆、卡塔尔等 20 个国家进行交流展演。甘肃还与开罗、莫斯科、首尔三个城市的海外中国文化中心一同举办了年度性的"甘肃文化推介会"、"甘肃文化周"以及演出、展览、讲座、培训等 30 多项文化合作活动。有关单位提供的数据显示，五年来，甘肃对外文化交流活动项目有 338 项，其中文化交流出访项目达到了 309 项，这证明了甘肃文化"走出去"良好的发展态势。

（二）文化展会、赛事

甘肃从古至今都是丝绸之路的重要节点，敦煌文博会的举办，又一次将敦煌文化、甘肃文化呈现在了世人面前，拉近了敦煌、甘肃和世界的距离。敦煌文博会在推动"一带一路"发展的同时，还给甘肃带来了新的发展机遇，为甘肃的文化产品、文化技术以及文化旅游提供广阔的发展平台，促进了甘肃各个地区的文化产业发展。2016 年，以"推动文化交流，共谋合作发展"为主题的首届敦煌文博会上，21 个"一带一路"沿线国家和地区举行了部长级的圆桌会议，一致讨论通过了《敦煌宣言》。甘肃政府及一些地市州与塔吉克斯坦、阿富汗、白俄罗斯等国家文化部门，还有"一带一路"欧中文化发展委员会等机构签订了包含旅游、文化、教育在内的 18 个合作项目，标志着丝绸之路经济带上的甘肃黄金段迈入了文化交流、合作的新征程。2017 年，第二届敦煌文博会在首届敦煌文博会的主题基础上，以"加强战略对接，深化务实合作"为主题，举办了大规模的文化展览、文化贸易活动。采取了"一对一""一对多"等多种方式，与聚集的国内 20 个省区市的 500 余家企业进行了丝绸之路国际文化产业合作对接洽谈。总共开展了 124 场产品推介、发布活动，现场销售 823 万元，意向贸易额达到 6752 万元；开展了 362 个重点旅游产品推介，最后签约 13 个项目，总投资 300 多亿元。这种连接世界的"文化高铁"的开通有利于增强不同地域、不同文化间的认同理解，有效拓展了各国各地的合作空间，有助于提升甘肃文化在世界上的地位和影响。以"展现丝路风采，促进人文交流，让世界更美好"为主题的第三届敦煌文博会，于日前（2018 年 9 月 27 日）在敦煌开幕。根据官方报道，此次会展期间，将会有 100 多个国家和地区的国际组织代表出席，海内外 58 家企业单位将在展会上展览包括文物、艺术、文创产品、数字成果在内的 7000 余件产品。此外，还将继续举行一系列关于文化、旅游发展，沿线国家文化产业发展，"南向通道建设"等相关论坛。这几届的敦煌文博会对于推动甘肃与"一带一路"沿线国家和地区进行文化交流，推动甘肃文化"走出去"具有深远影响。

丝路国际旅游节从2011年至今已经成功举办了8届。近几年来，该旅游节坚持"做足丝路文章、引爆国内外市场"的攻略，为文化、经贸的交流搭建了诸多的多元互利国际性合作平台，更加凸显了全省经济社会发展大局。2018年，该旅游节组织了境内外500多家商家和媒体深入甘肃省10个市州开展了为期3天的考察活动，成功举办了"丝绸之路旅游商品展览会"和"甘肃旅游商品大赛"，共展出了1000余种优秀旅游商品。同时，全省共征集362个旅游重大建设项目，投资金额约为1361.5亿元；与海内外旅游机构、企业共签署了14份旅游战略合作协议；与国内重点旅游机构签约旅游投资项目12个，总金额约为76.27亿元。这些项目贯通一、二、三产业的20多个领域，涉及文化、旅游、民俗、养生、体育等多种业态类型。"文化+"的良性发展，加快了文化与全省十大绿色生态产业的跨界融合、协同发展。

因为兰州国际马拉松赛，兰州成为一座被马拉松改变的城市。2011年首届兰州国际马拉松赛563人参加全程，983人参加半程，约1.5万人参加5公里，总参赛人数达到18750人。2018年第八届兰州国际马拉松赛共收到来自全国34个省份以及28个国家、地区的有效报名133210人，其中全程人数为26828人，半程人数36373人，迷你马拉松70009人。从2011年的起步到2018年的"双金"，从人数的变化、城市的发展、经济的攀升中，我们可以看到，兰州国际马拉松赛已从一项赛事蜕变成了推动"运动之城"兰州不断前进的"强力引擎"。兰州全方位的大力发展，让人们可以从更多层面、更多角度深入地了解兰州，对提高兰州的知名度和美誉度，扩大兰州的国际影响力有很大的作用。

（三）数字文化

近年来，高科技手段推动着"数字敦煌"项目的加速发展，一批敦煌艺术精品通过网络体验、数字展示、手机App等途径从敦煌走向世界。2016年，敦煌研究院发布的"数字敦煌资源库平台""敦煌艺术展""数字敦煌"相继在兰州、上海、杭州、香港等多个城市大规模展出。"数字敦煌"还走出国门，现身于莫斯科中国文化中心，让当地民众能够近距离地体验敦煌石窟的艺术魅力。2017年，敦煌研究院在此基础上凭借"互联网＋"和"数字化"的工具迈进了全球共享、跨界共融的发展轨道，2017年9月，在第二届"丝绸之路（敦煌）国际文化博览会"召开之际，敦煌研究院启动了"数字敦煌"资源库英文版上线仪式，让数字资源库中跨越10个朝代的30个洞窟通过高速浏览超大分辨率图像实现全球化的分享。更进一步开创、推进了数字资源全球共享模式，让希望了解敦煌文化的民众在线就能够感受到敦煌文化、中华文化的博大精深。"数字敦煌"国际化的发展让悠久传统的敦煌文化走出了甘肃，走向了世界。

为了顺应人数据时代趋势，甘肃省社会科学院在《甘肃省文化资源名录》的基础上，建立了甘肃省文化资源云平台。2017年10月10日，云平台正式上线。该平台包含了视频、音频、链接、时讯在内的服务模式。在指数统计的基础上进行大数据分析，在直观展示的基础上深度解析。目前，甘肃省文化资源云平台是甘肃省内最大的综合性文化资源库，也是对《甘肃省文化资源名录》所记录的历史时段文化资源的新发现、补充和诠释。

（四）文化教育

甘肃省外事办提供的资料显示，过去五年中，甘肃除了大力推进经贸、文化、科技、旅游等方面的对外交流合作，还在教育、卫生方面积极开展了对外交流合作，为甘肃向西开放搭建了文化桥梁。

1. 孔子学院

目前甘肃省高校在海外建设有6所孔子学院，其中兰州大学有3所，西北师范大学有3所。2004年，教育部与乌兹别克斯坦高等教育部签署了孔子学院建立协议。2005年5月，塔什干孔子学院（兰大）揭牌成立，并且在2007年和2008年连续两年荣获"20佳孔子学院"的称号；2002年4月，兰州大学和哈萨克斯坦的阿里·法拉比国立大学联合共建了汉语中心，2009年2月，该汉语中心经过国家批准正式更名为阿里·法拉比哈萨克国立大学孔子学院；2010 年 8 月，兰州大学与格鲁吉亚第比利斯自由大学签署了共建协议，并于同年 11 月举行了揭牌仪式，成立了格鲁吉亚第一所孔子学院。2008 年 10 月，西北师范大学与苏丹喀土穆大学共建的孔子学院挂牌成立，在成立的两年间，这所孔子学院已为苏丹政府、能源矿业部、内政部移民局、私立中学等单位举办了二十多期汉语短期班，外方合作院校校长哈亚提教授获得了"2013 年孔子学院先进个人"荣誉称号；2009 年 9 月，西北师范大学与摩尔多瓦自由国际大学合办的孔子学院在摩尔多瓦首都基希讷乌正式挂牌成立，这也是中国在摩尔多瓦落户的第一家孔子学院，还获得了"2013 年优秀孔子学院"的荣誉称号；2015 年 4 月，西北师范大学和萨拉热窝大学合作创办了波黑的第一所孔子学院。这些学院都是借助学院平台广泛开展青少年汉语教学、商务汉语培训，以此提升华人华侨汉语水平，传播中华文化，也大大提高了中华文化、甘肃文化在当地的影响力。

2. 岐黄中医学校

近年来，甘肃省借助国家建设"一带一路"和深化医疗改革的机遇，利用省内中医药资源优势，按照文化先行的思路，实施"以文带医、以医带药、以药带商、以商扶贫"的中医药发展战略，推动中医药养生、旅游等相关产业的良性发展。甘肃省代表国家先后在法国、摩尔多瓦、乌克兰、吉尔吉斯斯坦等 6 国建立了岐黄中医中心，在新西兰、法国、俄罗斯等 8 个国家成立了岐黄中医学院。在中医药领域开展临床技术研究和人才交流学习，为当地培养了超过 200 名中医人员，加快了中医药文化的传播。同时，在中医药贸易等方面进行切实合作，兰州佛慈制药集团、甘肃陇神药业等一批甘肃医药企业在俄罗斯、美国等国家完成了产品注册、产品销售、建厂生产，实效性地推动了中医药服务方面的贸易发展。

（五）文化出版

读者集团旗下的《读者》自发刊以来，一直被誉为"中国人的心灵读本""中国期刊第一品牌"，这种高速增长、经久不衰的现象在国内出版发行市场上是不多见的。2003 年，《读者》进军海外华人市场，在北美发行。同年，在美国和加拿大开始了同步印刷。如今,《读者》在美国、日本、澳大利亚、新加坡、中国香港等国家和地区拥有众多读者,行销世界90多个国家和地区,在海外的华文期刊市场中的份额依旧很大。2017年,读者出版集团在韩国签署了《读者出版集团有限公司与庆南韩中经济文化友好协会文化交流合作框架协议书》。这次协议开创了甘肃省与日韩发达地区开展合作交流的先河,为日后中国和韩国开展文化、经济技术等交流合作活动打下了坚实基础。2018年2月,读者集团与人民出版社签署战略合作协议,共同探索新发展模式,双方的合作计划是在党政图书的代理租赁业务、党政读物普及类图书的代理业务、数字出版领域,打造"人民社-读者"的阅读推广模式,推动全民阅读,促进出版业的对外发展,配合"一带一路"倡议等多个领域开展进一步合作。

2016年,甘肃省社会科学院与丝绸之路沿线国家的官方智库开始进行交流合作,启动了"中国与丝绸之路沿线国家友好关系史丛书"项目。目前,《中塔友好关系史》还在编撰阶段,《中哈友好关系史》已经完稿,按照我国对外宣传以及新闻出版的相关政策要求已进入审批阶段。作为我国与丝绸之路沿线国家首个合作编著双边友好关系史的文化项目,《中哈友好关系史》向世界展示了在"一带一路"背景下,中哈如何实现政策沟通、设施联通、贸易畅通、资金融通、民心相通的历史画卷。此项目不仅具有学术价值、历史价值,也极具象征意义和国际影响力。

三 甘肃文化"走出去"存在的问题

"丝绸之路三千里,华夏文明八千年",既是对甘肃厚重历史文化的真实写照,也是对甘肃历史文化的最好诠释。甘肃独特的地域条件,孕育出了多姿多彩的石窟文化、驰名全国的甘肃古长城、历史悠久的各类古遗址、学术价值极高的简牍文化、绚丽多彩的民俗文化、独树一帜的民族文化等特色鲜明的文化资源。但从甘肃省的对外文化交流现状来说,在交流的过程中没有把自身的优秀文化资源完全充分利用起来,对外的文化产品缺乏较强的吸引力,没有转化成为其他国家人民喜欢的文化形式和文化产品。

（一）没有完全把文化资源优势转化为文化交往优势

1. 甘肃文化对外传播重形式、轻实质

20世纪90年代，著名学者王沪宁就指出"文化的世界性传播不是一种猎奇式的爱好，而是对一种文化的内在精神和基本价值的体认"。[①] 甘肃文化既然要"走出去"，就要进行文化的广泛传播，虽然我们从政府层面到企业各个层面都搭建了很多平台，以供甘肃文化的传播，但从甘肃文化的"走出去"实践来看，尽管甘肃从文化教育、文化贸易、会展等多个层面、角度传播甘肃文化，但呈献给世界最多的是敦煌文化、丝路文化等一些文化符号，并没有把这些文化符号所蕴含的文化价值挖掘出来。我们在传播的内容方面所触及的甘肃文化资源，内容比较单一、刻板，光通过每年的几场演出、每年一次的会展是不可能将这些丰富的文化资源充分展现的，也就无法让外国民众对甘肃文化有较为全面、深刻的认识和了解。

2. 甘肃文化"走出去"重传统、轻现代

从整个世界的文明发展进程和现状来分析，每个国家所呈现给世界的都是一种复合性的文化。从内在来说，它是传统文化和现代文化的融合，从外在来说，也是本土文化和世界多元文化的融汇贯通，如此才形成了世界各国的主流性文化。甘肃文化也是中国传统文化和现代文化相互借鉴、相互融合的产物。但在甘肃文化"走出去"的过程中，我们更多的是站在丝绸之路黄金段的节点上强调甘肃省传统文化的丰富性，凸显敦煌特色、丝路特色。虽然搭建了很多的平台，但更侧重于传统文化和民俗文化的传播。中国外文局对外传播研究中心课题组曾在《中国国家形象全球调查报告2015》中指出，历史悠久、充满魅力的东方大国成为中国最突出的国家形象，足以显现当前中国文化在国际传播过程中的"短板"。[②] 甘肃省在传播现代文化中也显现了"失语"和"缺位"的问题。

---

① 王沪宁：《作为国家实力的文化：软权力》，《复旦学报》（社会科学版）1993年第3期。
② 中国外文局对外传播研究中心课题组：《中国国家形象全球调查报告2015》，《对外传播》2016年第9期。

3. 甘肃文化"走出去"重同一性、轻差异性

甘肃省地域辽阔，地形狭长复杂，全境东西长达 1655 公里，总面积 42.58 万平方公里，属于黄河、长江、内陆河三大流域。境内有 54 个少数民族，各民族、各地区丰富的文化形态共同构成了多元一体的甘肃文化。但在甘肃文化"走出去"的过程中，我们往往只选取闻名中外的"一本书、一碗面、一台戏、一个窟"民族非遗文化和以敦煌文化为核心的内容进行延展，造成了国外民众对甘肃文化的认知简化和不全面。其实，甘肃文化中不仅有《读者》、牛肉面、《大梦敦煌》、石窟艺术，还有"始祖文化"、"黄河文化"、现代文化。习近平总书记曾在 2014 年 10 月召开的文艺工作座谈会上指出，国际社会对中国的关注度越来越高，他们想了解中国，想知道中国人的世界观、人生观、价值观，想知道中国人对自然、对世界、对历史、对未来的看法，想知道中国人的喜怒哀乐，想知道中国历史传承、风俗习惯、民族特性等。① 所以，面对其他国家社会民众对我们文化了解的多样性需求，我们应该摒弃千篇一律的传播现状，将甘肃丰富的文化资源通过搭建的各种平台传播出去。

（二）国际传播能力不足制约了甘肃文化"走出去"

1. 甘肃文化"走出去"的方式僵化，缺乏"巧实力"

资料显示，截至 2016 年底，中国已经和"一带一路"沿线的 60 多个国家签订了政府间的文化交流合作协定，在"一带一路"沿线的 11 个国家成立了中国文化中心，与上千个境外文化组织保持着密切的合作关系。甘肃也先后与 80 多个国家和地区开展了文化交流活动，带来了经济效益。笔者曾在资料中看到：中国政府曾经主导中国国家的形象宣传片在纽约时代广场播出，却让西方受众感到中国人"生冷遥远""不易接近"。英国广播公司的调查显示，广告播出后，对中国持好感的美国人从 29% 上升至 36%，增长了 7 个百分点；而对中国持有负面看法的美国人则增长了 10 个百分点，

---

① 《习近平在文艺工作座谈会上的讲话》，《人民日报》2015 年 10 月 15 日。

达到了51%。① 事实证明，不同国家间的文化都具有极强的地域差异性，人们都会产生"对本国文化保护和对外来文化排斥"的意识。所以，甘肃在进行对外文化交流和贸易时还应该注意文化的传播方式和传播路径。如果单纯依靠政府层面来推动甘肃文化"走出去"会产生文化交流的壁垒，难以取得理想效果。

2. 甘肃文化"走出去"的传播理念落后，缺乏沟通性

中国在文化的国际传播活动中，比较擅长使用"宣传"模式，而没有把文化传播活动当作一次很好的文化公共外交活动。同样，甘肃文化在"走出去"的过程中，也比较惯用艺术表演、展会等模式进行文化宣传。再加上甘肃文化"走出去"主要是依靠省委、省政府以及文化部等部级单位提供的项目支持，因为渠道、信息、资金的问题，甘肃文化和文化产品的市场发展能力受到限制。又因为自身能力的问题，在文化"走出去"过程中也有比较主观的目的性和倾向性，而忽略了外国受众对文化的实际需求。

3. 甘肃文化"走出去"渠道分散，缺乏整合性

在文化"走出去"的渠道方面，甘肃省政府层面也做了积极的开拓。依托各种大型平台，大力推进经贸、科技、文化、旅游、文化教育、农业、卫生等多个领域的交流活动。但在甘肃文化产品的挖掘上缺乏整合性的思维，甘肃文化对外传播就显得略微单薄。当前是新媒体融合的时代，甘肃可以充分调动政府、企业、媒体以及非政府组织等多元化的传播力量来参与宣传，将现有的各项文化资源、文化产品整合链接，推动甘肃文化全方位、多元化、立体化地"走出去"。

（三）甘肃文化产品的国际竞争力不足束缚了甘肃文化"走出去"

1. 甘肃文化企业国际竞争力偏弱

近年来，甘肃省文化系统也在不断地调整产业结构和优化产业布局，在

---

① 聂洲：《评析"中国形象"的广告传播》，《时代金融》2012年第4期。

积极推动甘肃文化和相关产业的融合发展以及对外市场拓展方面取得了不小的进步。敦煌研究院、读者生活馆以及省博物馆文创公司在文化创意产业方面获得了国家专项资金支持，兰州和张掖两个城市共投入了 1660 万元用于建设文化消费平台，敦煌文化产业园利用敦煌文博会、国际文化旅游名城、国家级文化产业示范园区三大平台，聚集了 268 家文化企业；兰州创意文化产业园获得了首批十大国家级文化产业示范园区创建资格，153 家企业入园，年产值实现 9.7 亿元。但是，数据显示，甘肃省 2016 年的文化产业增加值为 181.17 亿元，仅占甘肃省 GDP 的 2.8%（见表1）。从 2015～2018年的《国家文化出口重点企业和重点项目》统计来看，甘肃仅有"庆阳香包迪拜推广项目"、"庆阳香包手工生产加工基地"、"舞剧《丝路花雨》对外文化交流"和"华源·纽约东方创客平台"入选国家文化出口重点项目，尚没有企业入选国家文化出口重点企业。总体来说，甘肃文化企业的市场主体实力不足，产品开发过程中缺乏创新意识，减弱了甘肃文化产品的竞争力，极大限制了文化产品的市场拓展能力发挥。

表1　西北地区文化产业增加值比对

单位：亿元，%

地区	项目	2012 年	2013 年	2014 年	2015 年	2016 年
陕 西	文化产业增加值	500.07	597.20	646.11	711.93	802.52
	占 GDP 比重	3.47	4.00	3.65	3.95	4.14
内蒙古	文化产业增加值	31.00			432.00	525.50
	占 GDP 比重	0.19	1.72	1.69	2.42	2.82
甘 肃	文化产业增加值	78.19	108.00		157.09	181.17
	占 GDP 比重	1.38	1.71	1.94	2.31	2.80
新 疆	文化产业增加值	27.50		112.68		
	占 GDP 比重			1.21		
宁 夏	文化产业增加值	51.70	60.00	67.00	64.94	75.00
	占 GDP 比重	2.21	2.30	2.44	2.23	2.35
青 海	文化产业增加值	35.01	43.53	46.67	54.76	
	占 GDP 比重	1.86	2.07	2.03	2.27	

资料来源：根据互联网政府公布数据整理。

2. 甘肃文化产品在国际文化贸易价值链中处于低位

任何企业都是企业产品在设计、生产、销售等方面所进行的各项活动的聚合体，这也就是价值链的基本含义。并不是众多的价值链中的每一个环节都能够创造价值，而那些能够真正创造价值的经营活动就能被称为企业价值链中的"战略环节"。《人民日报》（海外版）曾在2016年3月10日刊登的一篇文章指出：虽然我国目前已经是最大的文化产品出口国，但与发达国家的传媒文化企业相比，中国传媒文化企业的国际贸易处于"大而不强"的状态，① 就甘肃的实际情况而言，初级工艺品加工企业、图书印刷企业等初级文化产品企业数量较多，还没有形成明显的价值链，所开发的产品大都附加值过低，处于产业链底端。

3. 甘肃文化产品创新能力和品牌意识不强

文化的品牌发展需要原创力和极强的创新意识，而创新力是塑造和发展文化品牌的一个关键因素，只有拥有创新力才能使文化更好地"走出去"，并且占据较高的价值链地位。虽然，甘肃省拥有红色文化、历史文化、敦煌文化、民族文化、民俗文化等丰富的文化资源。但就文化品牌来说，现在享誉全国乃至世界的品牌还是"一本书、一碗面、一台戏、一个窟"。这是因为甘肃文化企业多以中小型企业为主，除了读者出版集团等为数不多的几家大型国有文化集团外，其他企业都是在文化产业市场分散经营，这些企业本身在市场融入方面资本就比较薄弱，再加上市场意识相对淡薄，没有自己的研发中心，也没有形成创新激励机制，普遍存在创新性弱、品牌意识不强、推广能力差等问题。

四　推动甘肃文化走出去的策略和路径

推动甘肃文化"走出去"就必须要大力开发甘肃文化资源，必须加强

---

① 《联合国教科文组织：中国成文化产品最大出口国》，《人民日报》（海外版）2016年3月10日。

对外文化的交流合作、贸易投资和宣传传播。通过各种要素，共同发力构建方位全、层次多、领域宽的文化"走出去"格局，提高甘肃文化产品的国际竞争力和甘肃文化的国际影响力。

（一）甘肃要把自身文化资源优势转化为文化交往优势

推动甘肃文化"走出去"最实质性的方法就是要打造多元的文化"走出去"格局，在传播过程中必须改变"重形式表达轻实质""重传统轻现代""重同一性轻差异性"的现状。

1. 甘肃文化"走出去"需要形式和内容相结合

文化"走出去"本身就是一种面向世界的步伐，其内涵是在本国民众强化民族精神的同时谋求多元文化间的交流、沟通，以此增进各国间的理解、信任和合作。如果我们仅仅凭借原有的牛肉面、《读者》、敦煌文化等简单的甘肃文化元素符号，国际上也无法形成对甘肃文化精神实质性的认知和理解。文化的交流不是一厢情愿，所以，我们又不能填鸭式地对外传播甘肃文化。最重要的是应该将中西方文明做一个对比分析，找到文明的差异性和共同点。然后，通过某一个"共性"搭建一座文化桥梁，将甘肃最能够代表民族文化精髓和代表中国文化精神实质的东西展现给世界。

2. 甘肃文化"走出去"需要传统和现代共同发展

笔者在阅读大量材料，梳理文化"走出去"发展现状的时候，发现甘肃对外文化比较倾向于丝绸之路、敦煌艺术、绘画书法、餐饮等文化传播，这些可以代表甘肃的历史文明，却不能代表甘肃的现代文明。习近平总书记在2016年讲对外文化传播的时候就指出：讲中国故事，就是树立中国的四个形象，文明大国形象、东方大国形象、负责任大国形象、社会主义大国形象。仔细阅读后，会发现除了东方大国形象其他三个都是在讲现代中国。中国的现代文化本身就是从传统文化发展而来，其间也蕴藏着传统文化和世界文化有益的成分，而且现代文化更具有创新性和包容性，更能代表文化的发展潮流，更容易被世界和民众所接受。所以，甘肃文化"走出去"不仅要发扬传统文化，还应该注重现代文化的传播，加快多媒体、游戏、动漫等新型产业的发展，做到甘肃文化兼容并蓄，全面、客观、立体地向外传播。

3. 甘肃文化"走出去"需要多元共彰

甘肃文化与关中文化、齐鲁文化、巴蜀文化等都属于中华民族多元一体文化的重要组成部分，其与中国其他分支文化一样，有着悠久的历史和鲜明的地域特征。甘肃的凉州文化、始祖文化、敦煌文化、陇东文化、黄河文化等多元一体的文化，因地理环境、气候条件、风土人情等差异性呈现异彩纷呈的特点。但从甘肃文化"走出去"的现状来看，似乎呈现较多的是一体的敦煌文化、丝路文化而忽视了地域性差异较强的多元性文化。在甘肃文化"走出去"的过程中，应当充分考虑文化地域性，精心选择能够代表甘肃的地域性文化和多元性文化进行传播，改变传播内容的单一性，向世界展示真实多元的甘肃文化。

（二）加强国际传播能力建设，推动甘肃文化"走出去"

党的十九大报告指出，要"推进国际传播能力建设，讲好中国故事，展现真实、立体、全面的中国，提高国家文化软实力"。今年'两会'的《政府工作报告》也指出"要弘扬中华优秀传统文化""深化中外人文交流"。如今，在国际舞台、在世界范围的广阔天地，弘扬中华优秀传统文化已成为彰显我国文化软实力、让世界人民读懂中国的重要路径。作为地方文化，甘肃也应提高文化"走出去"的能力，为甘肃文化"走出去"创造良好的条件。

1. 改进传播方式，实现软传播

文化"走出去"是一个双向型的交流活动，我们在传播的同时更应该注意客体的接受性。第一，在"走出去"这一进程中要改变甘肃文化长期以来由政府或官方层面主导的"粗放式"的传播手段，可以增加一些非政府组织机构宣传甘肃文化，丰富甘肃文化"走出去"的传播主体，增强甘肃文化的国际亲和力；第二，针对不同国家、不同文化的民众，我们可以尽可能地了解对方的文化诉求，选取具有双方共性的文化元素，以便文化的交流和传播；第三，从政府层面来说，继续大力搭建文化"走出去"的平台，借助"一带一路"的政策契机,大力提升甘肃文化产业的向外输出能力,针对文化产业资金等问题,可以出台相关的政策、制度,在金融、外贸等方面为文化"走出去"提供保障,打造优质的文化产品,真正实现甘肃文化与世界的接轨。

2.革新传播理念,实现真正的交流对话

近几年,甘肃文化"走出去"有了很大的成就,但每一步都走得很艰辛,其中既有经济发展水平的不均衡、生活方式的不同,也有语言和文化的差异性所造成的壁垒和困境。甘肃省可以更多地站在客体位置上思考甘肃文化该如何"走出去"。首先,应该尊重和了解不同国家、地域民众的文化心理,搭建一个双向且平等的文化交流和沟通机制。其次,要始终坚持"亲、诚、惠、容"的外交理念,创新和完善省内丰富的文化资源,借助甘肃各种文化宣传平台,用国际接受的方式和喜爱的形式,有方法、有策略地进行精准化传播,真正展现甘肃文化"走出去"的文化软实力。

3.丰富传播渠道,实现多元转变

如今,甘肃已与80多个国家和地区开展了文化交流活动。从最初以敦煌文化艺术舞剧和展览为重点的文化交流形式,逐渐向多领域、多层次、多渠道的文化交流项目扩展。民族歌舞、杂技、文物、艺术展览、民间民俗展演等特色文化项目相继走出国门。[①] 除了为人熟知的歌舞剧、非遗文化交流之外,医药、考古等学术交流也很频繁,但要想将甘肃文化整合成若干个品牌"走出去"的话,在传播渠道建设方面还存在一些问题。甘肃省政府层面除了做好文化资源的优质建设和官方宣传外,还应该培育一些面向世界的有竞争力的文化企业、文化项目和传媒企业,做好"走出去"的传播工作。在注重官方传播的同时,充分利用甘肃智库等机构的多元化传播渠道。

(三)增强甘肃文化产品的国际竞争力

当前,为了提高本国的国际文化传播能力,提升本国的国家品牌价值和

---

① 王俊莲、周小华:《甘肃文化发展分析与预测(2017)》,社会科学文献出版社,2017。

国际形象，欧美发达国家和日本、韩国等亚洲经济强国都在采取各种政策扩大本国文化产品在国际文化贸易市场上的优势。英国政府的统计数据显示，英国文化产品的出口值占英国每年出口总值的 1/10。日本在文化产品出口上也采取了一系列鼓励性措施。① 中国的文化产品在国际文化贸易市场上并没有占据较有利的位置，甘肃更需要大力培育文化企业的国际竞争力，在提高文化贸易价值链以及文化产品的品牌意识和创新能力上下工夫。

1. 培育实力雄厚的外向型文化企业

外向型文化企业是国家迈向文化全球化的一个标准，有利于全球化的文化生产和开展文化贸易。2015～2016 年度，国家文化出口重点企业共有 353 家，北京、上海、广东、江苏、浙江五个省市的文化企业和项目都比较领先，形成了一定的规模和效应。对于中国"丝绸之路经济带"向西延伸的中西部省份，尤其是对甘肃来说拥有国家文化出口重点项目的数量都比较少，整体发展情况较弱。针对这些问题，首先，甘肃应该在搭建各种平台以及建立各种产业园区的基础上，因地制宜地积极培育一些文化出口的重点企业和重点项目，形成从下向上逐步壮大的企业培育机制。其次，可以借鉴中东部文化企业经验，加强企业间的联合，联合塑造具有产品内涵的文化品牌和品牌市场。再次，针对甘肃文化企业规模小、能力弱的特点，可以对文化企业进行整合、重组，打造一批"走出去"的文化企业，参与文化市场竞争，打造属于自己的文化品牌。最后，从政府层面尽可能完善文化产业政策，多角度支持甘肃文化产业、产品、品牌的建立，鼓励甘肃文化"走出去"。

2. 提升文化产品的价值链位次，促进文化品牌的建立

在国家文化"走出去"工作的大背景下，甘肃省以国际级的华夏文明传承创新区为平台契机，以"丝绸之路经济带"为统领，积极探索"文化＋"的模式，鼓励各地开展新兴的文化业态，培育新兴的文化业态企业。但数据显示，2016 年甘肃省所形成的规模型文化服务单位只有 58 家，仅占全国总数的 0.94%，只有两家企业的营业收入达到千万元（见表 2）。

---

① 姜飞：《新阶段推动中国国际传播能力建设的理性思考》，《南京社会科学》2015 年第 6 期。

表2　甘肃省规模以上文化、体育和娱乐业户均收入比较

单位：家，万元

行业	单位数	营业收入	户均收入
全省规模以上服务业总计	804	814373.6	1012.9
全省文化、体育、娱乐业总计	58	11266.3	194.2
新闻和出版业	3	2323.4	774.5
广播、电视、电影和影视录音制作业	20	5841.0	292.1
文化艺术业	22	1979.8	90.0
体育	0	0.0	0.0
娱乐业	13	1122.1	86.3

资料来源：根据互联网资料整理。

这些企业基本集中在出版传媒、影视、工艺品生产和文艺演出等传统领域。针对这些企业自主创新能力差、竞争力弱、处于产业链底端等问题，甘肃省应继续探索"文化＋"的模式，推进文化和其他业界的融合发展，进一步优化产业结构，打造企业的新型商业模式。大力支持文化企业引进设备和技术来提升自身的文化产品内涵以及在文化产品价值链中的位次，为文化品牌的建立打造良好基础。

3. 提高文化企业的创新能力和品牌意识

文化企业本身就属于一种创意产业，在发展中需要有很高的创新能力。对于文化"走出去"品牌的塑造，甘肃必须要改变"重生产、轻服务"的现状，提高文化的品牌意识，提高企业自身的创新能力，创造具有发展潜能的文化产业和有高附加值的文化产品。目前，缺乏创新力和科技性所造成的低效、粗放型开发是当前甘肃文化企业发展最为突出的问题。要想解决这些问题，必须将人才、科技、资源、规划等要素有效地结合起来，走出原有的企业制造模式和营销模式，创造出适应市场需求的新模式，只有这样才能延长文化产品的生命周期，才具备打造文化品牌的条件。甘肃在文化"走出去"中存在的另一个问题就是对文化品牌的认知度不高。甘肃各地拥有众多的文化资源，但是都没有真正能够代表各自地区的较为突出的品牌形象，

也就无法带动当地文化产业品牌建立。所以，应该对甘肃各地有特色的文化产品进行重点推广，鼓励文化企业运用高新技术联合开发国外受众喜爱的文化产品，并且大力提高甘肃文化产品的质量，完善文化产品的表现形式，助推甘肃文化品牌的树立。

专 题 篇

Reports on Specials

B.8
甘肃文化资源优势向旅游经济优势
转化的可行性研究

李 骅*

摘　要：　旅游经济是文化资源开发利用、文化资源产业化的重要环节，
甘肃文化资源和旅游经济关联较为密切，发展旅游业是甘肃
经济社会发展的突破口。文化资源优势向旅游经济优势转化
就是实现文化资源符号化和品牌化，使文化资源开发利用和
旅游业成长形成双赢局面，机遇大于挑战。盘点文脉祖业，
丰富旅游载体；挖掘内涵特色，培育生长因子；融合文化旅
游，催生新兴业态；顶层设计先行，产业配套跟进；依托文
化名片，推进全域旅游；坚持创新驱动，形成市场主导。积
极打造"文化为魂，产业为体"的文旅融合发展模式。

---

* 李骅，伦理学硕士，甘肃省社会科学院文化研究所助理研究员，主要研究方向为哲学伦理学。

关键词： 甘肃　文化资源　旅游经济　文化旅游融合

甘肃是中华民族和华夏文明的重要发祥地之一，是中华民族重要的文化资源宝库。甘肃地域辽阔，历史悠久，文化资源丰富多样，传统文化遗存众多，民族民俗文化特色鲜明，红色文化星罗棋布，现代文化颇具实力。十三届全国人大一次会议通过的国务院机构改革中，将文化部、国家旅游局的职责整合，组建文化和旅游部，作为国务院组成部门，统一推进文化旅游发展。习总书记关于文物保护以及文化和旅游融合发展的思想表明文化和旅游融合是大势所趋。从顶层设计上统筹规划文化事业、文化产业、旅游业发展，为文化资源优势向旅游经济优势转变打下了坚实的制度基础。在中央的统一部署下，甘肃相继出台了《关于加快建设旅游强省的意见》《关于加快全省智慧旅游建设的意见》《关于加快乡村旅游发展的意见》《甘肃省文化旅游产业发展专项行动计划》等一系列政策措施。预计到 2020 年，基本形成文化与旅游全方位、深层次融合发展格局，文化旅游产业要素高效聚集，市场主体不断壮大，产品供给更加丰富，"交响丝路·如意甘肃"品牌知名度和影响力全面提升，全省文化产业、旅游产业增加值占 GDP 的比重分别达到5%、9%；到2025 年，文化旅游产业体系更加完善，综合效益显著提高，资源优势转化为经济优势和竞争优势，基本建成文化旅游强省，文化旅游产业成为甘肃省绿色发展崛起的支柱型产业。[①] 资料显示，甘肃旅游资源富集度位居全国第五，2017 年甘肃省接待游客 2.39 亿人次，实现旅游综合收入 1580 亿元，旅游增加值占全省生产总值比重达到 7%，带动就业 67 万人。甘肃的文化旅游融合发展稳步推进，文化资源优势转化为旅游经济优势的条件逐步具备。将文化资源转化为文化生产力，转化为文化资本是甘肃实现产业结构调整，加快转变经济发展方式的重要战略手段。

[①] 《甘肃省人民政府办公厅关于印发甘肃省文化旅游产业发展专项行动计划的通知》（甘政办发〔2018〕91 号），2018 年 6 月 3 日。

甘肃丰富的文化资源借助文化大省建设，借助华夏文明传承创新区建设，借助西部大开发建设，借助丝绸之路黄金段建设理应得到保护开发、传承创新，理应创造更高的价值。由于文化资源和旅游业的天然关系，发展旅游业恰是文化资源再生的突破口，唯其如此，甘肃文化资源的价值、文化资源的地位和作用、文化资源的品格、文化资源的叠加效应才能真正凸显出来。同时，旅游经济将得到长足进步。

一 甘肃文化资源和旅游经济比较优势

文化资源概念因文化的多义性而众说纷纭。一般而言，文化资源就是人类通过社会劳动创造的具有文化物质财富和精神财富价值的各种资源的总和。"人类的这一社会劳动既包括对现有文化资源从整体全局的角度开发、利用、保护，更为重要的是在此基础上创新性的发展，形成具有市场竞争力的文化产品，繁荣文化产业市场。"[1] 可见，文化资源和文化产品、文化市场密切相关。

文化资源的分类也大多数以"文化"的分类为参照，即有多少种文化类型，就有多少种文化资源类别。文化资源因此趋于复杂，既要考虑文化因素，也要考虑经济和社会因素。在宽泛意义上，文化资源可分为文化历史资源和文化现实资源。根据主题不同，文化资源可分为"历史文化资源、民族文化资源、民俗文化资源、宗教文化资源、红色文化资源、其他文化资源等"。[2]

（一）甘肃文化资源主要特点和比较优势

1. 甘肃文化资源主要特点

甘肃是华夏文明重要发祥地和中华民族文化资源宝库，是全国华夏文明生态的缩影，历史悠久，地理位置独特，文化资源富集，禀赋良好，类型多

---

[1] 顾阳芹、时平：《关于当代文化资源概念的界定》，《特区经济》2016 年第 3 期。
[2] 牛淑萍：《文化资源学》，海峡出版发行集团、福建人民出版社，2012，第 36 页。

样，其主要特点：一是历史文化资源底蕴深厚；二是民族宗教文化资源特色浓郁；三是民俗、民间文化资源绚烂多彩；四是自然文化资源形式多样；五是红色文化资源星罗棋布；六是现代文化资源潜力巨大。

2. 甘肃文化资源比较优势

根据甘肃文化资源近几年普查结果，以文化遗产为例，全省馆藏文物近43 万件。珍贵文物 117470 件（套），实际数量 251890 件，分别位居全国第五位和第三位。有世界文化遗产 7 处，甘肃省有博物馆 555 个，202 个列入全国博物馆名录。在比较意义上，甘肃文化资源的优势可以归纳为：一是数量较多；二是禀赋较优；三是价值较大；四是序列较全；五是品牌响亮。

总体而言，甘肃是丝绸之路黄金段，丝绸之路贯穿全省，这条道路蕴涵着丰富的文化资源，丝路通道不仅是贸易通道，也是事实上的文化通道，同时也是旅行通道，文化资源的旅游属性明显，与自然资源的融合度高。"旅游与丝路文化有着天然的联系，这就是丝路文化能形成旅游产品的内在原因。"①

（二）甘肃旅游经济主要特点和比较优势

旅游经济是旅游活动所表现的各种经济活动和经济关系的总和，是国民经济运行的一部分，是衡量一个地区旅游产业发展状况的重要指标。旅游经济对发展地区经济、增加就业机会具有重要作用。

甘肃文化资源富集，是旅游资源大省，正如唐仁健省长所说："甘肃省是旅游资源大省，'老天爷'赋予的得天独厚的自然遗产，'老祖宗'留下的独一无二的人文遗产，'老百姓'创造的独具风情的民俗文化，'老前辈'传承的独树一帜的红色文化。"②

甘肃自然生态多元，除了海洋和岛礁外，甘肃拥有中国其他地区所有的旅游资源类型，而且风貌独特。近年来，全面推进大景区体制改革和建设管

---

① 闫瑜、杨清汀：《"丝绸之路"甘肃段文化资源及旅游产品的整合》，《甘肃科技》2007 年第 7 期。

② 每日甘肃网，2018 年 2 月 8 日。

理，已形成"吃、住、行、游、购、娱"六要素比较齐全的旅游产业体系，旅游产业队伍不断壮大。根据《甘肃省"十三五"旅游业发展规划》，未来几年，甘肃省将以推进供给侧结构性改革为主线，以提高旅游业发展质量和效益为中心，以全域旅游为统揽，深入实施旅游强省战略，力争到2020年，旅游发展实现四个"翻一番"：全省接待游客比2015年翻一番，年均增长20%以上，力争达到4亿人次；全省旅游综合收入比2015年翻一番，年均增长22%以上，力争达到2800亿元；全省旅游投资总额比"十二五"翻一番，力争达到3200亿元左右；全省旅游直接就业人数比2015年翻一番，达到100万人，实现旅游资源大省向旅游产业强省转型跨越。

1. 甘肃旅游经济主要特点

一是旅游资源丰富，旅游资源富集度位居全国第五，具有发展旅游业的先天优势。二是旅游业对文化资源依赖度高。三是旅游收入逐年递增，呈现良好的发展势头，旅游业呈现持续快速增长的良好态势，已成为甘肃省经济发展的一大亮点。四是旅游规划发展格局科学合理。五是"旅游+"战略效果显著。

2. 甘肃旅游经济比较优势

一是旅游经济发展迅速。借助"敦煌行·丝绸之路国际旅游节"、甘肃省全域旅游、甘肃省大景区改革建设等平台，甘肃旅游经济发展迅速，旅游产业再上台阶。2017年，甘肃省接待游客2.39亿人次，同比增长25%，比2012年增长了16065.5万人次，年均增长25%；旅游综合收入1580亿元，同比增长29%，比2012年增长了1109亿元，年均增长27.4%。旅游业拉动投资458.34亿元，带动就业67万人，已成为甘肃经济转型升级的重要引擎。自驾游基地建设、农耕食文化活态传承、中医药养生保健、乡村旅游、节庆赛事、文化会展、文化产业示范园和基地建设全面助推旅游经济发展。旅游产业队伍不断壮大，接待游客能力不断提高，旅游综合收入连年递增，旅游经济发展呈现一片繁荣景象。全省旅游接待人数和综合收入增速多年保持在25%以上，居全国前列。

二是景点建设步伐加快。历史再现工程建立的特色博物馆和文博创意产品电商平台，优秀传统文化传承发展所打造的一批文化工程，文化"走出去"项目工作所开拓的文化交流项目都在根本上推动旅游经济的发展。同时，积极开展省级旅游扶贫试点村建设。甘肃是革命老区，全省共有革命遗址 682 处，A 级红色旅游景区 8 处，有 10 条红色旅游精品线路。全省还有酒泉卫星发射中心、武威葡萄酒城等工业旅游景区，旅游配套设施逐步完善。

三是甘肃名片影响日增。以敦煌莫高窟和丝绸之路等世界知名旅游品牌为核心元素，打造对外开放的亮丽名片和消费平台，充分发挥甘肃省文化旅游资源丰富的优势，培育新的消费热点和新的经济增长点，推动经济社会协调发展，加快把旅游业培育成甘肃省国民经济的战略性支柱产业和现代服务业的龙头产业，实现甘肃省由旅游资源大省向旅游强省转型升级。①"交响丝路·如意甘肃"作为旅游主题宣传口号逐渐深入人心。以敦煌莫高窟、嘉峪关、麦积山石窟、炳灵寺石窟等世界文化遗产的品牌和丝绸之路精品路线等知名旅游品牌为核心元素，节会带来了可观的经济效益，如表 1 所示。

表1 "敦煌行·丝绸之路国际旅游节"旅游收入

单位：万人次，亿元

界别	时间	举办地	接待游客数	实现旅游收入
第一届	2011 年	兰 州	1075	65
第二届	2012 年	嘉峪关	1350	101
第三届	2013 年	敦 煌	1610	115
第四届	2014 年	张 掖	1498	90
第五届	2015 年	嘉峪关	1872	113
第六届	2016 年	兰 州	2323	143
第七届	2017 年	永 靖	2813	179
第八届	2018 年	嘉峪关	3689	246

① "敦煌行·丝绸之路国际旅游节"，甘肃省旅游发展委员会网站。

四是旅游产业发展综合竞争力持续提升。近几年来，编制了《甘肃省"十三五"旅游业发展规划》，相继出台了《关于促进旅游业改革发展的意见》《关于进一步促进旅游投资和消费的实施意见》等一系列政策措施。把发展文化旅游业作为融入"一带一路"建设、推动甘肃绿色发展崛起的重要支撑，着力打好历史文化牌、生态体验牌、民族风情牌、红色旅游牌、乡村旅游牌和工业科技牌，加快建设世界知名、国内一流的丝路旅游目的地、户外体验大本营和自驾旅游黄金线，实现旅游资源大省向旅游产业强省的转变。力促旅游资源优势转化为产业优势、经济优势，甘肃旅游的综合效益不断突显，经济贡献愈加突出。旅游业作为朝阳产业、绿色产业、富民产业，正在成为甘肃走向世界的靓丽名片、全方位开放的重要载体、高质量发展的强大引擎。

总体而言，旅游经济的文化内涵明显。文化遗产历史再现工程所推出的"乡村记忆"博物馆目前已达到 185 个，既保护了乡村的文化资源，又发展了乡村旅游，助推美丽乡村建设，从而形成文化遗产保护促进博物馆建设，博物馆建设促进文化旅游、经济发展，经济发展促进文化遗产保护的良性循环。

（三）甘肃旅游经济发展存在的问题

1. 经济滞后，生态脆弱

旅游产业开发的前期投入是非常大的，收益相对较慢，只有政府积极参与和资金雄厚的企业介入才可能收到预期效果，这对于经济相对滞后的甘肃是非常不利的。加之甘肃生态环境脆弱，旅游经济开发需要更多的资金支持，不仅是旅游资源的开发，而且与之共生的环境需要得到优化，这是甘肃的旅游经济发展的瓶颈。

2. 旅游企业实力不足

甘肃本土旅游企业数量较少，实力有限，从事旅游品种较为单一，旅游企业核心竞争力不强。尤其缺乏旅游产品开发公司，甘肃亟须有一定实力的本土旅游投资企业或独资或与国内知名企业共同投资甘肃旅游事业。

3. 和文化的深度融合不够

旅游文化资源的潜质尚未充分挖掘，"甘肃文化旅游资源开发利用的现状，严格地讲仍然是很传统的，缺乏创新的"。[①] 一方面是观念的因循守旧，另一方面是对特色旅游把握不够，文化旅游产业发展的主题定位不够鲜明。漫长的丝路通道上的旅游景点必须依赖文化的品级和品位，精品线路必须依赖于文化和旅游的深度融合。

4. 特色旅游产品开发不够

旅游产品开发的文化创意不够，文化创意园和文化小镇等特色文化旅游建设受制于社会经济甚至气候环境的影响。旅游购物消费所占比例仍处于较低水平，旅游产品缺乏专业开发人才，同质化严重，做工不够精美。旅游产品的开发必须依赖于本地的文化环境，打造具有本地特色的质量上乘的文化产品。

5. 旅游环境和旅游市场的整体服务水平有待提高

旅游服务业水平间接影响旅游收入，游客的不佳体验是连锁效应，旅游业及其配套服务的短视行为有时对旅游发展是致命的打击，借助现代传媒，一些宰客欺客的行为可能得到迅速传播和一定程度上的放大，造成的结果可能是景区的惨淡经营乃至无人问津。旅游商品、旅游餐饮、导游服务等相关服务和配套设施方面不仅要体现陇原特色，还要有更高的服务，杜绝把低水平和落后当作特色。

二 文化资源优势向旅游经济优势转化的一般理论分析

文化资源优势向旅游经济优势转化就是文化资源产业化过程，即文化资源旅游产业化过程。可以说，离开文化资源，文化产业也就无从谈起，没有文化产业，文化资源就失去了现实意义。"当我们确认文化资源拥有'存在样态的丰富性、社会历史的记录性、民族与时代的特色性、精神价值的传承

---

① 王三北：《大力推动甘肃文化旅游产业发展》，《甘肃日报》2012 年 3 月 19 日。

性、可资利用的无限性'等基本特点时，目的就是要为文化产业服务的。"①

　　优势在于特色，特色的转化当然具有优势，因为特色才是核心竞争力，文化资源优势向旅游经济优势转化就是实现文化资源符号化和品牌化，这也是旅游经济发展的核心问题。文化资源优势向旅游经济优势转化的过程是优势互补，达到的目的是双赢，最后形成的局面是文化资源的旅游价值最大化，文化资源保护性利用和旅游价值的可持续开发在转化中达到新的平衡。但是文化资源的品格没变，属性没变，价值变了，因为旅游属性的彰显使文化资源的价值得到实现或者放大。"文化资源潜力转化为文化产业竞争力，文化资源优势转变为文化产业优势，是促进实现我国由文化资源大国向文化产业强国的战略性转变的重要组成部分。"②

（一）文化和旅游

　　文化变迁理论表明，文化和旅游密不可分，旅游资源的文化内涵越丰富，游客的旅游体验就会越好，游客的旅游欲望就会越强烈，文化在旅游者心中得到诠释，旅游因文化吸引更多的游客而创造更大的价值，发展旅游业有利于加强文化的宣传和传播。也就是说，文化和旅游的融合，既拓展了文化的外延，又丰富了旅游的内涵。文化和旅游的融合既产生巨大的社会效益，又产生巨大的经济效益。文化对于旅游经济增长、旅游资源开发、旅游市场营销、旅游商品开发具有重要作用。

（二）文化资源和旅游资源

　　文化资源和旅游资源二者相互依赖，具有很强的关联性。"历史文化资源之所以成为旅游资源，就在于历史文化资源拥有一定的旅游价值并能通过在旅游业中的应用创造经济价值。"③ 也就是说，两者具有价值重叠之处。

---

① 李树榕：《怎样为文化资源分类》，《内蒙古大学艺术学院学报》2014 年第 3 期。
② 刘玉堂、黄南珊：《促进文化资源转化策论》，《三峡文化研究》2008 年第 8 期。
③ 鲍洪杰、王生鹏：《甘肃历史文化资源与旅游资源整合开发研究》，《淮海工学院学报》（社会科学版）2009 年第 2 期。

历史文化资源是旅游资源的基础性资源或是核心资源。历史文化资源"必须满足合理的旅游市场运营机制、良好的旅游配套设施、科学的市场定位、完整的功能区分才能真正转化为旅游资源"。① 文化资源和旅游资源并非截然分开的,自然旅游和人文旅游景点的载体一般对应的是自然资源和文化资源。文化资源常常是旅游的载体并成为旅游资源的一部分。文化资源和旅游资源的整合开发,易于形成统一市场,构建整体的旅游形象,也利于区域旅游合作,实行联动协调发展。

(三)文化资源向旅游经济转化

旅游产业和文化产业都属于服务业,二者可以深度融合。把文化资源和自然资源结合,把文化资源转化成旅游产品产业,文化资源就转化为旅游资源,成为旅游经济。旅游业的发展将会筹措更多资金反哺文化资源保护,旅游业的发展也将使更多的群众参与进对民族文化历史资源的保护中去,更具群众性。旅游业是文化产业化的最佳方式之一,旅游活动在本质上是一种文化活动。现代旅游业竞争的本质是文化的竞争。简言之,文化旅游就是为满足旅游消费需求而依托文化资源开发的旅游产品与相关服务活动。文化资源和旅游经济整合显然是最佳模式,这种模式需要经过产品开发、产业融合、空间整合来实现。

(四)文化资源优势向旅游经济优势转化

文化资源的优势在于文化资源的富集、特色和品牌。优势文化资源意味着传统文化产业发展前景的广阔,文化遗产的保护利用,新闻出版、工艺美术、演艺娱乐等文化事业的发展,新兴文化产业的培育如创意设计服务、数字内容、文博业、节庆会展等都有广阔的发展空间。

文化资源优势向旅游经济优势转化的中介是文化产业的发展,因为只有

---

① 鲍洪杰、王生鹏:《甘肃历史文化资源与旅游资源整合开发研究》,《淮海工学院学报》(社会科学版)2009年第2期。

文化产业发展才能激活文化创造的活力。文化资源优势向旅游经济优势转化的目的就是使文化资源活起来、动起来，发挥最大价值，激发文化资源的旅游属性，加快文化旅游进程，使区域经济更好更快地融入经济全球化和区域一体化的进程中去，并真正走向全国和世界。在文化资源优势向旅游经济优势转化的选择性上，文化资源的独特性、审美性、科学性是最重要的选择标准，注重这三性，文化资源的品格、价值就凸显出来，其旅游经济效益也就相应提升。文化资源优势向旅游经济优势转化的困难在于悠久的历史和丰富的文化所形成的文化资源和现代生活观念的某种冲突，易于冲淡旅游审美体验。但文化资源优势转化为旅游经济优势后又反过来推动文化资源保护，使文化资源和旅游业共同成长，休戚相关，形成双赢局面。

文化资源优势向旅游经济优势转化的理论方面，区域经济增长理论、文化资本理论、空间结构理论、资源诅咒理论、系统耦合理论，都是值得借鉴和研究的基础理论。值得注意的是，经济学理论中的"资源诅咒理论"是指自然资源丰富的国家和地区，虽然拥有较好的资源禀赋，却未能有富足的生活，出现了经济发展速度和水平长期低下、收入分配极不平等、人力资本投资严重不足等问题。从这个意义上看，文化资源丰富可以引申为并不意味着必然带动旅游经济的发展并进而带动社会经济的必然进步。

（五）甘肃文化资源和旅游经济关联度

甘肃文化资源和旅游经济关联较为密切。发展旅游业是甘肃盘活资源，挖掘资源生长价值，推动甘肃经济社会发展的重要手段。从动态比较优势理论上看，就是把甘肃潜在的文化资源优势变为可见的经济文化财富。从甘肃文化发展的要求来看，甘肃社会发展的重要突破在于文化的发展。丰富的文化资源是甘肃经济社会发展的软实力。近年来，甘肃文化领域坚持祖业、事业、产业三业并举、相互联系、相互支撑、互相依靠、共同发展，取得了丰硕的成果。2018 年，甘肃实施旅游强省战略，提出构建"一个旅游龙头、两大区域旅游集散地、三大特色国际旅游目的地、四条旅游发展带、十大主题旅游线路、五个百强产业带动区"的文化旅游发展新格局。并实施"旅游+"战略，全省成功创建了 5 个国家生态旅游示范区，2025 年要达到贡献5%的 GDP 增长指数。

甘肃文化资源的突出优势在于数量众多、禀赋优异、人文精神突出，源头文化、丝路文化、石窟文化、长城文化、宗教文化、民俗文化、革命文化等文化资源独具特色，文化资源优势向旅游经济优势转化就是要以这些特色文化资源为抓手，挖掘其旅游资源因素，培育其旅游产业生长因子。甘肃正通过原地保护模式、景点扩展模式、旅游宣传模式、精品打造模式等进行文化资源和旅游资源的融合整合，以实现文化资源优势向旅游经济优势转化，为经济欠发达而文化资源富集地区探索发展新路子。从实践上看，文化和旅游融合是需要时间的，简单地把文化资源包装为旅游资源，不是真正的融合。把全域文化资源看作全域旅游，更是背离融合的初衷，只能使旅游经济优势不可持续。文化资源向旅游资源的转化是一个动态系统工程，涉及保护、开发、经营和管理等诸多方面，其过程大概包括规划策划、开发建设、经营管理、游客消费四个环节（见图1）。只有科学挖掘历史文化资源的经济价值和社会教育功能，为旅游产业注入文化功能，才能更好地促进两者的融合发展。

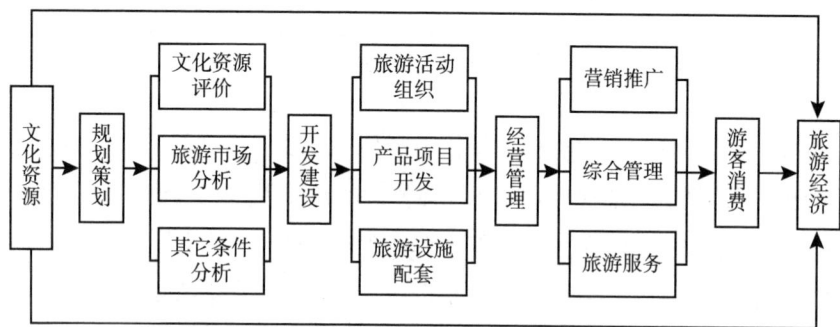

图1　区域文化资源向旅游经济转化路径

资料来源：胡小海：《区域文化资源与旅游经济耦合研究——以江苏省为例》，博士学位论文，南京师范大学，2012。

甘肃文化资源的丰裕度和旅游经济的耦合度在形式上不够匹配，但是文化资源的开发度和旅游经济的耦合度在实质上则很匹配，这就使得文化资源优势向旅游经济优势转化成为可能。甘肃的物质文化遗产产业化方面，文物和大遗址通过实施产品复制、建立乡村记忆博物馆、建设大遗址公园、用数字技术保存方式开发旅游产业价值，古籍整理借助出版传媒走向产业化。非遗产业化方面，要通过文化创意设计开发文化产品走向产业化。人文自然资源产业化方面，要通过挖掘资源的审美价值走向旅游产业化。

三　甘肃文化资源优势向旅游经济优势转化的可行性分析

（一）文化资源优势向旅游经济优势转化的条件

文化产业是和文化资源相对应的传媒、艺术、旅游、体育、版权、创意产业，而其中旅游产业就是利用旅游资源和设施，为旅游者提供服务的综合性产业，最主要的业务就是旅游资源经营和旅游经纪，通过旅游产业催生旅游经济。无论中外，追求旅游的文化内涵是共同的行动。一言以蔽之，旅游是经济属性和文化属性兼具的事业。增加旅游的文化属性，是知识经济时代旅游业可持续发展的主要动力。旅游业是以自然资源产业化为主导方向的，旅游经济当然依赖于自然资源的美学价值，但这种自然资源总是和人文相关切，但凡自然资源，都是承载了人类实践过程印记的，纯粹的原生的没有人类印记的自然现象当然不会是文化资源，只有人文自然资源才有恒久的审美体验。

文化资源与市场无涉，文化资源形不成市场，文物、大遗址、非遗、古籍、民族文化资源仅仅有文化属性，只有在保护传承、开发利用时，它的文化属性才能得以拓展，并衍生出与市场相关的诸如旅游属性等。旅游资源的可观赏性建立在该资源的文化属性和自然属性里，无论文化属性还是自然属性都是具有审美属性的，即能引起旅游欲望或旅游消费的市场行为，在此意义上，旅游资源已经具备了市场行为属性。

文化资源优势向旅游经济优势转化就是优势文化资源转化为优势旅游资源、旅游产品生产的过程，这种转化后的旅游资源或产品在社会效益、经济效益和环境效益方面发挥更大的作用。文化资源要转化为旅游产品，成为旅游项目、旅游线路，不仅仅是文化资源的文化属性包括自然属性的拓展，更在于文化资源的旅游属性的彰显。一个文化资源可能拥有多个文化属性，如历史的、审美的等，历史属性是基本属性，而审美属性恰恰是可以挖掘的旅游属性，审美属性蕴藏于文化资源形成过程中的历史事件、人物、民俗风情，甚至自然地理因素中。

文化资源优势向旅游经济优势转化中，文化资源的产业化是基本手段，北京大学文化产业研究院的文化资源开发效益评估指标体系认为，文化资源的经济价值"由规模价值、投资价值、带动价值、产业基础、配套服务和前景价值等六个二级指标组成"。① 按照这个分类，文化资源的旅游经济价值就是要"找到不同的文化资源的核心价值，确定其文化资源品级，从而明确某种文化资源开发的定位和方向，为那些能够转向文化产业发展的文化资源探寻文化市场匹配模式，进行产业化发展的探讨"。②

（二）甘肃文化资源优势向旅游经济优势转化的可行性分析

1. Strengths(优势分析)

"丝绸之路三千里，华夏文明八千年"，这是甘肃历史文化的时空写照，所以，立足丝绸之路做文章，是甘肃文化旅游发展的最佳选择。"'丝绸之路'是一个独特的，内涵丰富的，开发利用价值非常大的文化资源。不仅在很大程度上构成了甘肃旅游业发展的现有价值和潜在价值，而且在一定程

---

① 向勇：《文化产业导论》，北京大学出版社，2015。
② 叶淑媛、王源：《"丝绸之路"经济带甘肃文化资源的产业开发》，《兰州文理学院学报》（社会科学版）2016年第2期。

度上界定了甘肃旅游发展的走向。"① 一方面，文化产业的发展在"十三五"期间上升为国家战略，成为国民经济的重要组成部分，另一方面，西部大开发、"一带一路"倡议、华夏文明传承创新区建设等为文化产业发展带来了历史机遇，文化和旅游融合发展是大趋势，这源于甘肃文化资源富集，源于甘肃生态的多样性和生态环境的脆弱性。厚重的历史、富集的文化资源赋予旅游文化内涵，多样的生态环境赋予旅游景观的多样性，脆弱的生态环境恰恰需要建设好，维护好，发展好！近几年文化旅游产业快速发展，文化艺术产品出口规模不断扩大，国际文化交流日益增多，为旅游经济的良性循环打下坚实的基础，也为甘肃文化资源优势向旅游经济优势转化提供了可能性。

一般而言，文化资源具有完整性、多样性、动态性和创造性的特点。② 甘肃文化资源的完整性表现在甘肃文化资源的序列性上，这源于甘肃历史文化的连贯性，这种完整性有利于甘肃历史文化资源的开发利用和实现旅游文化资源的特色。甘肃文化资源具有多样性的特征，多样性意味着文化资源价值的多样性，也意味着同一种资源可以转变成不同形式的文化产品，满足不同的审美需求。甘肃民俗文化资源、革命文化资源、宗教文化资源等都具有鲜明的特征。甘肃文化资源的创造性特点源于甘肃文化资源的历史厚重感以及保护的完整性，因古老而具有更多的创意发挥，对提高文化资源的附加值，提高再生能力都是有利的。甘肃文化资源的动态性和旅游经济的现代性密切相关，科技的进步，使得一部分不具有旅游开发价值的文化资源登堂入室，在互动中展示自身的旅游价值。同样，一些有重要价值、具备旅游属性的文化资源需要保护起来，避免过度开发。这种动态性在文化资源向旅游经济转化的过程中需要重点甄别。

2. Weaknesses(劣势分析)

文化资源优势转化为旅游资源优势的根源在于社会经济的高速发展为之提供动力，旅游业的兴盛建基于社会富足之上，人们在日常生活中有时间、

---

① 闫瑜、杨清汀：《"丝绸之路"甘肃段文化资源及旅游产品的整合》，《甘肃科技》2007 年第 7 期。

② 顾阳芹、时平：《关于当代文化资源概念的界定》，《特区经济》2016 年第 3 期。

有精力、有财力支撑才会选择旅游休闲。实践表明，以行政手段强力打造的文化旅游地一直存在不可持续的问题，这也是甘肃旅游业发展所要面对的问题。另外，文化旅游地同样受地域气候等自然因素的影响，北方冬季的严寒无论对自然景观还是对人文景观的旅游热度的影响都是显而易见的。旺季太旺和淡季太淡都是旅游业发展的不利因素。在打造品牌、形成旅游精品线路方面还受交通不便、生态脆弱等因素的影响。

甘肃经济发展滞后，总量低，政府在文化资源开发上投资有限，"文化产业发展基础薄弱，产业配套程度低，大型骨干企业少，品牌建设相对滞后，文化产业规模、质量效益与全国总体水平差距较大，缺乏核心竞争力，与文化资源大省地位不相称"。[①] 同时，在旅游景区开发、旅游产品开发方面，配套设施建设、一批重点旅游工程落实都需要大量的资金支撑。甘肃旅游线路"景疏线长""旅长游短""有听头，没看头""有看头，没转头"的状况历来被诟病，这不仅仅是旅游交通的问题，也不仅仅是景点打造不合理的问题，更多的是缺乏文化资源和旅游融合发展旅游产业的全盘考量。

3. Opportunities(机遇分析)

国家实施文化强国战略和"一带一路"倡议、创新区建设、西部大开发、丝绸之路黄金段建设等一系列利好政策摆在面前，文化的建设发展对提振甘肃经济社会发展的作用已经成为共识。能够立足省情，始终坚持"保护祖业、繁荣事业、发展产业"三业并举，全省文化工作亮点频出，文化建设水平迈上新台阶，这是总的机遇。另外，文化扶贫，把旅游业的发展同决胜小康结合起来，把旅游产品开发和工艺产品的振兴结合起来，把文化体制改革和甘肃改革总体理念结合起来，充分发挥民间资金的力量，这些政策性利好都是摆在面前的机遇。2018 年 2 月，甘肃出台了《关于加快建设旅游强省的意见》，提出"交响丝路·如意甘肃"旅游主题宣传口号，还提出到 2020 年，把甘肃建设成为世界级丝路旅游目的地、中国户外体验大本营、

---

① 甘肃省政府办公厅印发《甘肃省"十三五"文化产业发展规划》，2016。

西部自驾旅游黄金线。这都是甘肃文化资源优势向旅游经济优势转化所面临的重大机遇。

4. Threats(挑战分析)

文化资源如何有效开发利用是个争议很大的话题。因为任何开发利用都意味着文化资源可能失去本来面貌，甚至造成损坏的严重后果，因旅游发展而过度开发文化资源的事例并非鲜见。甘肃文化资源优势向旅游经济优势转化过程中面临传承保护和开发利用的挑战，发展旅游经济和环境资源保护的挑战，传统旅游模式和现代化旅游模式转化的挑战，民族文化资源开发利用和民族地区传统风俗习惯相适应的问题挑战，等等。另外，甘肃文化建设有华夏文明传承创新区、敦煌文博会、甘肃文化资源云平台三大平台，有甘肃文化"走出去"、甘肃文化遗产"历史再现"和优秀传统文化传承发展二大文化工程，这些足以盘活甘肃富集的文化资源。无论是平台还是工程建设，都要以足够的资金投入作为支撑，纵向看，历史文化遗产得到有效保护，现代公共文化服务体系逐步完善，文化产业取得长足进步，文化助推经济发展的作用日益明显。横向看，无论盘活文化资源还是提振旅游经济，无论文化旅游深度融合还是文化资源优势和旅游经济优势双向互补都存在能否可持续发展、能否良性循环、能否有效贡献 GDP 指数等问题挑战。发展文化产业的三大关键是技术资源、文化资源和资本资源，其中，资本资源是最重要的动力资源，旅游产业概莫能外。健全的、高效的投融资体制对甘肃旅游产业而言至关重要。

四 甘肃文化资源优势向旅游经济优势转化的可行性对策建议

推动文化旅游融合，充分发挥甘肃省文化旅游资源丰富的优势，培育新的消费热点和新的经济增长点，推动经济社会协调发展，加快把旅游业培育成为甘肃省国民经济的战略性支柱产业和现代服务业的龙头产业，实现甘肃省由旅游资源大省向旅游强省转型升级。

（一）盘点文脉祖业，丰富旅游载体

盘点文化资源不仅仅在于摸清家底，更重要的是要进行分级分类和价值评估，并确定其产业化开发方向。挖掘文化资源中哪些真正能够保护传承、开发利用、创造转化，能够融于旅游经济的重点文化资源。这类文化资源的开发利用不损及文化资源本体，但可以通过旅游开发拓展文化意义，促进旅游发展。要着眼于可持续发展利用，着眼于保护青山绿水。所以可移动文物重点打造旅游产品开发，文保单位重点打造生态旅游，非物质文化遗产则两者兼顾。甘肃旅游文化产业发展要以文化旅游为核心，继续坚持"保护祖业、繁荣事业、发展产业"三业并举的原则。从华夏文明源头、丝绸之路通道、民族宗教融合、红色资源拓展、乡村旅游打造等方面丰富旅游载体。

（二）挖掘内涵特色，培育生长因子

着眼于"创造性转换""创新性发展"，挖掘那些具有强大生命力的文化理念、具有文化情怀与文化品格的文化资源，按照文化资源的特性打造文化旅游景点景区，以文化资源为特色，以文化旅游为生长因子，培育独具甘肃魅力的文化旅游场景。立足丝绸之路文化带，挖掘陇东南历史文化区、兰州都市圈文化产业区、河西走廊文化生态区的文化资源，并着力向旅游经济方向培育，把伏羲、黄河、飞天、铜奔马等文化元素融入旅游产品开发中去。把南梁革命纪念馆和两当兵变纪念馆、会宁红军长征胜利纪念馆、哈达铺红军长征纪念馆的红色文化做大做强，并发展成全国干部爱国主义教育培训基地。把历史文化名城、名镇、名村、名街切实做大做强，培育成真正的集文化资源保护和旅游景点功能为一体的新的文化旅游产业，延伸旅游产业链。

（三）融合文化旅游，催生新兴业态

文化旅游要深度融合，借助2018年初《纽约时报》发布的"2018年全球必去的52个目的地"榜单和《孤独星球》"2017亚洲最佳旅行目的地榜

单"关于甘肃的全球性荣誉，策划推动全域旅游建设，打造文化旅游融合发展示范工程。加快文化旅游商品开发步伐，提升产业融合水平。文化新兴业态是以"互联网＋"为主要形式的文化服务和生产，这是文化资源优势向旅游经济优势转化的不可忽视的模式，也是旅游现代化的必然要求。旅游文化创意为发展文化产业注入持久的活力，创意也是文化资源保护传承、开发利用的有效手段，将动漫、创意、游戏注入甘肃文化元素，通过现代手段延续文化资源的生命力。

（四）顶层设计先行，产业配套跟进

文化资源的管理部门众多，在资源保护传承、开发利用，与旅游产业形成合力，开发规模化效应方面需要顶层设计先行。要在战略的高度上规划甘肃文化旅游融合发展，要发挥政府主导作用，确定战略重点，明确战略措施。从文化建设和旅游开发上整体谋划可持续发展的文化旅游融合发展布局。甘肃颁布了《文化旅游融合发展》，要切实按照立足文化旅游重点建设，做好文化资源优势向旅游经济优势转化的顶层设计。文化资源优势要以保护为主，善加利用，形成旅游生产力不是对文化资源的面目全非的改造，而是更好地促进文化资源的保护，形成文化旅游新局面。为此，文化旅游产业的产业配套尤为重要，配套提升产业附加值，完善旅游经济成长度。要避免文化资源开发和其生存环境脱节的现象，要将文化资源的传承保护、开发利用纳入地方经济发展规划中去，统筹考虑旅游业发展的文化经济社会效益。

（五）依托文化名片，推进全域旅游

积极宣传甘肃文化名片，借助文化名片建设大景区，推进全域旅游。敦煌、嘉峪关、铜奔马、伏羲、麦积山、《读者》、牛肉面等文化名片需要普罗大众具象化而不是局限于政府和文化界的认知，文化融入生活，旅游走进寻常百姓家，才能从根本上产生经济效益。抓住丝绸之路这一文化根本，借助文化名片，以点带面，以线串联，把甘肃文化资源放在旅游市场上展示，

让甘肃旅游市场充满文化意蕴，才能吸引更多的游客驻足。要树立甘肃文化旅游一盘棋的观念，杜绝各自为政、政绩至上的工作作风。

（六）坚持创新驱动，形成市场主导

创新是根本，创新才能可持续化，莫高窟数字中心的建立、《四库全书》影印就是典范。创新还在于加快旅游商品开发步伐，重点在于提高旅游商品创意设计水平，改变旅游景区旅游商品千篇一律的景象，改变旅游景区旅游商品与地域无关、与文化无关的景象，改变旅游景区旅游商品普遍小商品化的景象。从本地文化出发，挖掘旅游商品文化内涵，打造主题鲜明、技艺手法创新、市场定位准确，又能展示的独具特色的文旅商品。发挥市场在资源配置中的决定性作用，真正形成市场主导的文化旅游商品。政府要力推文化旅游项目，拓宽融资渠道，以项目带动产业发展。

五 结语

优势是指超越对手的能力，而自身的优势资源是对手无法获取的，在区域层面，则面临对手的竞争压力。甘肃文化资源优势向旅游经济优势转化不仅是文化资源和旅游资源的自我更新，还在于若不这样转化，甘肃文化资源的保护开发和旅游事业的发展可能各自为政，难以形成合力，也可能两者的市场均远离且落后于国内外文化旅游融合发展的大市场，这对于甘肃文化发展抑或经济社会发展将是得不偿失的。

B.9
甘肃文化符号的文化消费
精品衍生开发研究

侯宗辉*

摘　要： 在国家大力释放文化改革红利的政策推动下，甘肃省近年来的文化消费成绩喜人，但文化符号的文化消费精品衍生开发尚处于起步阶段。目前，甘肃文化符号的文化消费精品衍生开发存在资金和人才短缺、生产模式单一、产品创意创新不足、缺乏知名品牌等诸多问题。通过仔细的梳理，我们建议通过积极提升文化符号价值、创新资本支持渠道、营造文化消费氛围和深挖文化产品附加价值等途径，进一步提升甘肃文化消费精品衍生开发水平，为文化消费和文化产业发展注入新活力。

关键词： 文化符号　文化消费　文化精品　衍生开发

文化符号是一个民族或一个地域在长期的社会发展中逐渐形成的，它既是文化内涵和文化特征的表现形式和形象载体，也可能是极具地域特色的生产生活方式。当今，随着文化消费市场潜力的不断释放，以文化符号为前提和核心的创意开发、创新利用正在蓬勃兴起。甘肃省文化底蕴深厚，有多姿多彩的石窟文化、驰名全国的古长城文化、历史悠久的古遗址文化、地域特

---

* 侯宗辉，甘肃省社会科学院研究员，丝绸之路研究所所长，主要从事区域历史文化研究。

色鲜明的彩陶文化、学术价值极高的简牍文化、丰富多彩的民族民间民俗文化。截至 2017 年，全省馆藏可移动文物 195.84 万件，有全国重点文物保护单位 131 处，有国家级非物质文化遗产代表性项目 68 项，有敦煌莫高窟、嘉峪关城楼与长城遗迹、麦积山石窟、炳灵寺石窟、锁阳城遗址、悬泉置遗址和玉门关遗址七处世界文化遗产，有敦煌、武威、张掖、天水四座国家级历史文化名城。具体分析甘肃文化符号的文化消费精品衍生品的开发利用，对甘肃文化资源传承、演变、重构与开发具有积极意义，对扩大甘肃文化影响力、做大甘肃文化产业规模、提升甘肃文化竞争力具有现实意义。同时，也是进一步推动甘肃文化产业兴盛发展的重要措施。为此，我们将以文化符号的文化消费为切入点，对其文化价值链的延伸进行解读分析。

一　文化符号与文化消费精品衍生

（一）文化符号与文化消费

1. 文化符号的概念及时代价值

文化符号的概念有狭义和广义之分，广义的文化符号是指所有能够承载文化意义的符号，学者们较为认可的理解是：文化符号是一个民族、地区或国家文化的象征，它丰富多彩的表现形式成为区分不同民族、地区或国家的重要标识。① 可以明确的是，文化符号既是一种象征性符号，也是一种特殊的生产生活方式，通过挖掘文化符号而举办的各种文化活动更是一种文化生产力。地方政府利用文化符号去撬动地区经济发展的成功案例更是举不胜举，非物质文化遗产的活化利用、博物馆文化的衍生开发均在此列。

文化符号在不同历史时期有其不同的表现形式和时代价值。在以书籍为主要交流手段的纸媒时代，文化符号的实用性价值表现更加突出，其文化教

---

① 王英杰、张苏秋：《文化符号对城市经济增长影响的实证研究》，《经济与管理研究》2017
年第 5 期。

化作用更加明显。随着文化消费市场的逐渐繁荣、文化消费结构的升级换代和文化消费观念的时代变迁，在电子媒体时代和智媒体时代，文化消费由温饱型消费品转向发展和享受型消费品，通过对文化符号的挖掘、修复，甚至重构，一个个虚拟的文化符号被赋予某种独特的文化附加值，从而转变成具有实体意义的文化产品，尤其是在后发地区，地方政府通过深挖文化符号内涵，将具有地方特色的文化符号打造成知名的文化旅游产品，可以促进当地的经济增长。

2. 文化消费精品衍生

随着社会经济的快速发展，消费者的文化消费水平和文化消费能力不断提升，消费理念也随着时代发展在逐渐转变，尤其是伴随着中国文化产业的迅猛发展，消费者的文化消费逐渐从"量"的消费向"质"的消费转变，靠"以量取胜"的文化产业繁荣景象难以为继，传统的文化产品"加工制造"思维逐渐被文化产品的"创意"思维取代，文化消费精品应运而生。任何产品都有生命周期，文化精品也不例外，再好的文化精品也很难保持持续的繁荣，文化消费精品衍生品既可以让文化精品有更强的生命力，也可以让文化企业效益最大化。由文化消费精品衍生出来的文化创意产品受到消费者的热捧，获得口碑和效益的双赢。政府和文化企业在践行满足人民的文化需求这一基本社会文化责任的基础上，应更加重视文化消费精品的消费趋势，而文化消费精品衍生产品开发正是文化市场可持续发展的动力源泉。

（二）甘肃的代表性文化符号

甘肃地处黄河上游，是古丝绸之路的锁钥之地和黄金路段。提起甘肃，人们首先想到的是驰名中外的莫高窟、色香味俱全的牛肉面、穿城而过的黄河、畅销不衰的《读者》、大漠中串珠状分布的座座绿洲、星罗棋布的石窟、浩瀚无垠的沙漠……这一个个文化符号，随着社会经济文化的发展，既形成了文化独特的现代价值，也构成了外地游客对甘肃的文化认知。下面，列举几个最具甘肃特色的文化符号。

敦煌文化　作为一种以地域命名的文化形态，敦煌文化不仅仅具有地域性，更多地体现的是国家性和世界性，以石窟雕塑、建筑、壁画等为主要表现形式的敦煌文化具有内涵丰富的文化价值、信仰价值和艺术价值。取材于敦煌文化的《丝路花雨》《大梦敦煌》被称为民族舞剧的里程碑，已经成为蜚声海内外的舞剧品牌，动漫剧《敦煌传奇》填补了甘肃动漫创意产品的空白，大型杂技乐舞剧《敦煌神女》深受观众喜爱。可以说，敦煌文化已经享誉世界，现如今"文化圣殿，人类敦煌"的口号，既折射出甘肃敦煌文化名闻世界，也同时说明敦煌地方文化的影响力得到更多的接受与认同。

牛肉面　被誉为"中华第一面"的兰州牛肉面自始创以来就在回族群众聚居区快速发展，2010年，"兰州牛肉面注册商标"获国家商标局批准，从此开始了牛肉面产业化发展之路。目前，各种品牌的兰州牛肉面馆已经遍布兰州的大街小巷，成为兰州城市文化重要组成部分。"一清、二白、三红、四绿、五黄"的兰州牛肉面以其味美、质优、价廉、快餐式服务成为绝大多数兰州市民早餐的不二选择，已经成为兰州人饮食文化中不可或缺的一环，是兰州人的集体记忆和文化认同。

《读者》杂志　被誉为"兰州人的城市名片、中国人的心灵读本"的《读者》杂志，自1981年创刊以来，便深受广大读者认同，一度获得亚洲期刊排名第一，世界综合性期刊排名第四的骄人业绩，成为出版界的标杆，是甘肃一张响当当的文化名片。2015年，读者传媒成功上市，成为西北地区首家上市的出版传媒企业，2004~2016年，《读者》品牌连续13年被世界品牌实验室评为"中国500最具价值品牌"。2017年，《读者》品牌价值达233.59亿元，2018年，《读者》品牌价值继续上涨，达到302.23亿元。

伏羲文化　作为中国历史上"三皇"之一的伏羲，是中国文化的化身，被称为"人文始祖"。伏羲文化既包括与伏羲事迹相关的逸闻传说、事、物、民俗风情，也包括史籍记录，既是一种地域文化，也是一种历史文化。为了充分挖掘伏羲文化内涵、发挥伏羲文化现代价值，2005年开始举办"公祭中华人文始祖伏羲大典暨中国天水伏羲文化旅游节"，目前，天水伏羲文化旅游节已发展成为"中国最具发展潜力十大节庆"活动之一，公祭伏羲大典被列入首批国家级非物质文化遗产名录，成为甘肃省独具特色的重要文化品牌之一。

拉卜楞寺　位于甘南藏族自治州夏河县的拉卜楞寺，自建寺以来一直是安多藏区宗教文化的中心，是藏传佛教格鲁派六大寺院之一，是我国藏传佛教教育的最高学府和民族文化宝库，被誉为"世界藏学府"。拉卜楞寺于1982年列入全国重点文物保护单位，2005年被评为国家4A级旅游景区，拉卜楞寺－桑科草原大景区是甘肃省重点打造的19个大景区之一，目前，拉卜楞寺正在积极创建国家5A级旅游景区。

二　甘肃文化符号在文化消费精品衍生
开发中的现状及问题

（一）当前国内的文化消费状况

1. 近几年全国的文化消费态势

随着国家综合经济实力的不断增强、城乡居民收入水平的稳步提高和物质生活的不断丰富，文化消费已经从前几年的"生活奢侈品"逐渐变为现在的"生活必需品"，成为我国城乡居民消费新热点。从文化消费支出看，自2013年国家统计局开展城乡一体化住户收支与生活状况调查以来，全国居民人均教育、文化和娱乐消费支出呈逐年上升趋势（见表1），由2013年的人均1398元上升到2017年的人均2086元，增长了688元，教育、文化和娱乐消费支出占居民消费支出的比重也由2013年的10.58%上升到11.40%。从文化消费趋势看，传统文化消费受到电子媒体、新兴消费理念的冲击，传统文化业态和新兴文化业态融合衍生出来的文化消费产品被消费者接受，文化文物单位的文化创意产品受到热捧，数字文化产业创新产品以及具有鲜明区域特点和民族特色的文化产品市场竞争力更强，文化资源数字化、数字文化装备、数字艺术展示等新型文化业态成为文化消费的新热点。

表1　2013～2017年全国居民人均教育、文化和娱乐消费支出情况

单位：元，%

年份	2013	2014	2015	2016	2017
居民人均消费支出	13220	14491	15712	17111	23780
居民人均教育、文化和娱乐消费支出	1398	1536	1723	1915	2086
居民人均教育、文化和娱乐消费支出占居民消费支出比重	10.58	10.60	10.97	11.20	11.40

资料来源：2013～2017年《甘肃发展年鉴》。

2.“十二五”以来甘肃的文化消费

“十二五”以来，甘肃城镇居民人均可支配收入由2010年的13189元增加到2017年的27763.4元，人均可支配收入的增加激发出强劲的文化消费活力，而随着国家供给侧结构性改革的深入推进，文化生产市场主体的积极性得到很大提高，各类文化产品的供给也随之丰富，强劲的文化需求和丰富的文化产品供给使得甘肃文化消费市场规模在不断扩大。纵向看（见图1），城镇居民家庭教育文化娱乐支出[①]由2010年的1077元增加到2017年的2341.9元，增加了1264.90元，农村居民家庭教育文化娱乐支出由2010年的238元增加到993.7元，增加了755.7元。可以看出，“十二五”以来甘肃城乡居民文化消费水平整体增势明显，居民的文化消费需求不断上升。

从图2和图3对比看，2017年甘肃省人均教育文化娱乐支出为2341.9元，全国人均教育文化娱乐支出为2086元，甘肃省高于全国255.9元，从支出比重上看，甘肃和全国一样，食品烟酒、居住、交通通信支出比重均位居消费性支出的前三位，教育文化娱乐位居消费性支出的第四位，均在11.3%左右。在收入增长的拉动下，甘肃八大类消费增长势头强劲，居民消

[①]《中国统计年鉴》和《甘肃发展年鉴》均没有文化消费统计指标，本研究报告以教育文化娱乐支出作为文化消费的指标加以比较，虽不能具体看出文化消费数据，但从教育文化娱乐消费指标可以看出文化消费的发展趋势。

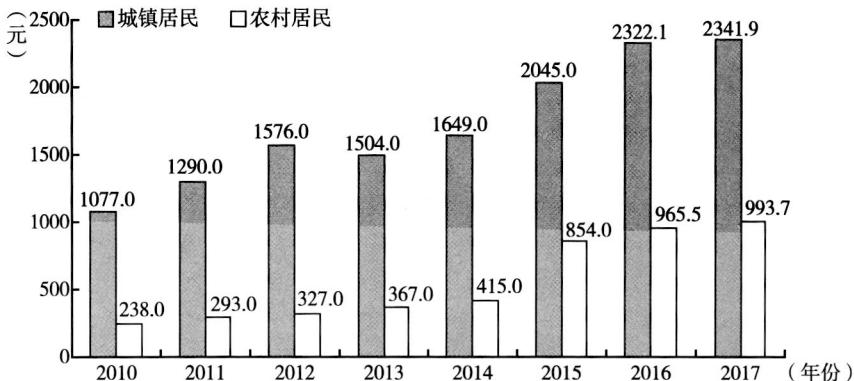

图1 "十二五"以来甘肃省城乡居民家庭教育文化娱乐支出情况

注：从2013年起，国家统计局开展了城乡一体化的住户收支和生活状况调查，甘肃省自
2015年起发布城乡一体化住户收支与生活状况调查数据，表中涉及2015年的数据均来源于
此调查，2014年及以前的数据来源于城镇住户调查及农村住户调查。

资料来源：2010~2017年的《甘肃省统计年鉴》。

费观念从追求数量型转向追求质量型，消费结构由生存支出向发展、享受支
出转变。居民教育投入不断加大和越来越多的居民追求更加丰富的精神文化
生活叠加，使得教育文化娱乐支出快速增长。

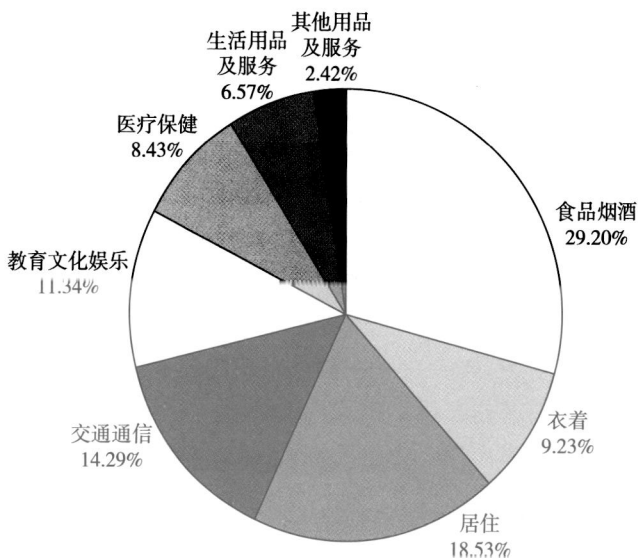

图2 2017年甘肃居民人均消费支出及构成

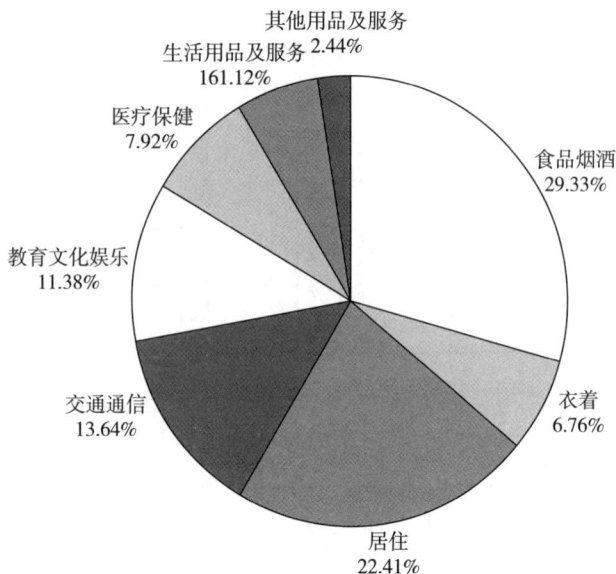

其他用品及服务 2.44%
生活用品及服务 161.12%
医疗保健 7.92%
教育文化娱乐 11.38%
交通通信 13.64%
居住 22.41%
衣着 6.76%
食品烟酒 29.33%

图3　2017年全国居民人均消费支出及构成

（二）甘肃文化符号在文化消费精品衍生品中的开发与利用

1. 甘肃文化消费精品衍生品开发的环境分析

（1）政策环境

地方精品文化衍生品的开发不仅能增强文化企业实力、提升文化企业的文化竞争力，还能有效解决地方就业问题，提升地方经济实力。随着全国文化消费精品衍生品开发的快速推进，文化消费精品衍生品开发成为地方政府和文化企业关注的重点，各地政府也纷纷出台相关政策措施引导文化消费精品衍生品的开发。甘肃省2016年就出台了《关于推动文化文物单位文化创意产品开发的实施意见》，该意见不仅对文化创意产品的发展目标做了规划，还明确了三步走的实施步骤和重点任务及保障措施，目标是逐步把文化创意产品培育成文化旅游产业新的消费热点和经济增长点，促进全省文化旅游产业转型升级。为此，2018年，又出台了《甘肃省文化旅游产业发展专项行动计划》，计划到2020年，甘肃省文化产业、旅游产业增加值占GDP

的比重分别达到5%和9%；到2025年，文化旅游产业体系更加完善，综合效益显著提高，资源优势转化为经济优势和竞争优势，基本建成文化旅游强省，文化旅游产业成为甘肃省绿色发展崛起的支柱型产业。

（2）资源环境

甘肃省内涵丰富、数量众多、类型多样的文化资源为文化消费精品衍生品开发提供了资源基础。以敦煌文化为龙头的河西走廊文化生态区内，"丝路文化""长城文化""五凉文化""民俗文化""绿洲农业文化""现代航空航天文化"星罗棋布；以兰州为龙头的黄河文化板块内，"现代都市文化""草原文化""民族民俗文化""现代工业文化"交相辉映；以天水为中心的陇东南历史文化板块区内，"伏羲文化""大地湾文化""三国文化""石窟文化""秦陇文化""巴蜀文化""农耕文化""民俗文化"异彩纷呈；以庆阳为中心的陇东黄土高原文化板块内，"窑洞文化""石窟文化""红色文化""民俗文化""剪纸文化"交错分布；这些内涵丰富的文化符号大多是有开发文化衍生产品潜力的文化精品，为文化消费精品衍生开发提供了丰富的素材。

（3）产业环境

"十二五"以来，随着甘肃文化强省建设步伐的加快，甘肃的文化产业不断发展壮大（见表2），文化产业增加值从2012年的78.19亿元增加到2016年的181.17亿元，增加了102.98亿元，文化产业增加值占GDP的比重也从1.38%上升到2.8%。在加快文化产业发展的同时，甘肃也积极调整产业内部结构，日趋重视文化衍生产品的开发，最突出的表现就是加强文化创意产业发展。截至2016年底，入驻兰州创意文化产业园的123家文化企业，实现文化产业增加值4.97亿元。① 以敦煌文化为背景创作的本土原创动漫系列剧《敦煌传奇》，2016年入选文化部动漫品牌建设和保护计划项目，"一带一路画敦煌"文创产品类型多样，深受消费者欢迎。甘肃的兰州市和张掖市还入选了国家文化消费试点城市名单，甘肃省图书馆是文化部备

---

① 《"创意"打头阵 瞄准"国"字号——兰州创意文化产业园启动创建国家级示范园区》，《甘肃日报》2017年12月22日。

案的文化文物单位文化创意产品开发试点单位，甘肃省博物馆是国家文物局确定的文化文物单位文化创意产品开发试点单位。此外，甘肃还大力推动少数民族特色文化创意产业快速发展，夏河县创意文化产业园、临夏能成砖雕新厂均于2016年投入使用，这些都为甘肃未来文化精品的衍生开发奠定了基础。

表2　2012～2016年甘肃省文化产业增加值及占GDP比重情况

单位：亿元，%

年份	2012	2013	2014	2015	2016
文化产业增加值	78.19	108.00	—	157.09	181.17
占GDP比重	1.38	1.71	1.94	2.31	2.8

资料来源：《年终盘点：2017年全国各地文化产业发展大揭底》，中国经济网，2017年12月29日。

2. 甘肃文化消费衍生品在不同业态中的表现

（1）文化旅游业中甘肃文化消费衍生品的开发利用

文化旅游业中的文化消费衍生品作为文化旅游产品，浓缩了一个文化旅游景区的代表性文化，是一个文化旅游景区的重要产物之一，是文化旅游景区的一张名片。文化旅游衍生品不仅仅要求具有一定地域性、文化性、纪念性、艺术性、便携性、创新性和收藏性等特点，更重要的是需要浓缩文化创意元素。甘肃省近年来在大力发展文化旅游的同时，也比较重视文化旅游业中的衍生品开发，2017年中国旅游商品大赛中，甘肃有六件（系列）旅游商品荣获"中国品牌旅游商品"称号，分别是：敦煌故事家居生活休闲旅游系列、飞袖天裕固族传统手工刺绣作品系列、敦煌文创纪念品系列、蒙贺金雪山蒙古族木制手工艺品系列、敦煌礼物罗布麻鞋、松鸣岩冰泉高原酸梨汁。这些获奖商品涉及丝绸之路、敦煌文化、土特产、特色工艺品等系列，包括日常生活用品、手工艺品、民俗纪念品三大类几十个小类，均具有较强的地域特征和丰富的文化内涵，部分产品甚至涉及非物质文化遗产技艺。但文化旅游衍生品涉及研发、生产、加工、销售和市场等诸多环节，研发只是其中重要的一环，后期还涉及价格定位、产品管理、市场拓展、知识产权保护等诸多环节，需要在未来的开发利用中加以重视。

（2）歌舞、影视艺术中甘肃文化消费衍生品的表现

甘肃省歌舞艺术中的文化消费衍生品开发较早，具有代表性的是《丝路花雨》和《大梦敦煌》。1979 年问世的《丝路花雨》，自诞生以来，收获了"中国民族舞剧的典范""东方的'天鹅湖'""中国舞剧之最"等诸多美誉。为了更加契合市场需求，剧组修编了 2008 版、2016 版及旅游版《丝路花雨》，视频版、LED 版、投影版、精简版也先后问世，自此，《丝路花雨》既可登高雅艺术殿堂，也可在体育馆、露天广场、学校礼堂，甚至乡村舞台上演出。取材于敦煌文化的《大梦敦煌》，由兰州歌舞剧院创作演出，自 2000 年在北京首次成功演出以来，足迹已经遍布全国，并赴国外进行了多场商业演出，成为中国舞剧市场化运作的典范、中国舞台艺术的标志性成果和中国文化"走出去"的范本。相对于歌舞，甘肃影视艺术中的文化消费衍生品相对滞后，目前，很难在市场上找出具有甘肃本土文化特征的影视文化衍生品。

（3）动漫行业中甘肃文化消费衍生品的创新

取材于敦煌壁画故事的动漫剧《敦煌传奇》是甘肃首部动漫作品，填补了甘肃动漫创意产业的空白。《敦煌传奇》从创立之初就在无形资产积累、衍生产品设计、知识产权保护、市场化运营模式等方面同动漫创作齐头并进。2015 年，《敦煌传奇》及其衍生品实现销售收入 426 万元，拥有自主知识产权 36 项，获得甘肃省文化产业发展优秀项目、甘肃省旅游商品大赛"设计创新奖"等荣誉，并入选文化部"弘扬社会主义核心价值观动漫扶持计划创意项目"。该片目前已经在澳大利亚、新加坡、马来西亚等国家及中国香港、澳门地区播出，还有英文、韩文、日文版本，其文化与科技融合的衍生产品不仅丰富，而且已经打开了销售市场。在《敦煌传奇》的基础上，南特动漫已经在酝酿《伏羲传奇》《黄河传奇》《五泉传奇》等一系列以甘肃特色文化元素为背景的动漫系列产品。

（4）博物馆文化衍生品的开发利用

甘肃省的博物馆数量众多，截至 2017 年，有 202 个进入国家文物局公

布的博物馆名录，在全国排名第 11 位，国有文物单位的文物收藏数在全国排名第 10 位。加快博物馆文化衍生品的艺术性、识别性、纪念性和商品性开发，让文物"活"起来，已成为博物馆业良性发展的一大趋势。目前，甘肃省的博物馆文化衍生品开发尚处于起步阶段，仅以甘肃省博物馆为代表的个别博物馆有受市场欢迎的文化衍生品，大部分博物馆的文化衍生品开发尚处于空白阶段。创意人员机构设置不足、文化衍生品的文化元素和开发模式缺乏、文化衍生品开发不接地气等问题严重制约着甘肃省博物馆业文化衍生品的开发，未来需要在博物馆人员编制上向创意创新人才引进倾斜，同时借鉴湖北省博物馆的经验，做好文化衍生品开发的目标群体市场需求调研，注重本土文化弘扬和品牌形象打造，加强与文创企业的授权合作，以期实现博物馆资源不断增值的目标。

（三）甘肃文化符号在文化消费精品衍生开发中存在的突出问题

1. 缺乏充足的资金支持，没有自己的品牌形象

文化消费精品衍生开发的设计、制作、市场拓展等各环节均需要充足的资金支持，但受经济发展水平低、社会开放程度不高、市场发育环境不佳等一系列因素影响，甘肃文化市场的文化衍生产品开发融资难的问题一直存在，并在短时间内难以解决。资金短缺制约了文化符号品牌形象的打造，反过来，知名度不高的文化品牌的品牌溢价较低，无法获取高额的品牌附加值，也使得融资难度加大。

2. 生产模式比较单一，知识产权保护意识不强

甘肃文化消费精品衍生开发目前存在生产模式单一，以画册、光盘、扑克、口杯、书签、围巾、帽子等形式为主，多为低端易耗品，衍生品的艺术品位和开发档次有待提高。且这些衍生品大多具备生产规模小、产品质量不高、产品附加值小、市场占有率低等特征。大多数企业的品牌保护意识薄弱，要么模仿、利用其他文化衍生品牌，要么自己的品牌被别人仿冒，严重影响文化衍生产品的品牌形象塑造。甘肃现有文化符号的衍生产品知名度不高，市场认可度也较低，需要积极加大宣传力度，提升市场竞争力。

3. 专业人才缺乏，产品创意创新不足

文化消费精品的衍生开发既需要专业性较强的文化创意人才，也需要具有文化衍生产品开发、包装设计、产品管理、产品营销等知识的复合型人才，还需要具有工匠精神的生产艺人。文化创意人才缺失导致文化衍生品开发缺乏文化内涵和文化创意，从而使得文化衍生产品低端化、同质化严重。生产艺人工匠精神缺失、技艺不足，会使得衍生品的设计感大打折扣、产品的质量高低不一。产品营销人员营销理念不清，使得产品销售环节薄弱。

三 进一步加强甘肃文化符号在文化消费精品衍生中开发的对策及建议

（一）扩大品牌宣传，提升文化符号价值

创新"互联网＋文化"形式，大力宣传甘肃文化符号。由甘肃省文化和旅游局牵头，面向全国有奖征集甘肃省知名文化符号，在选出的甘肃省知名文化符号中，组织省内知名文化专家学者对入选的文化符号再精选，选出5~8个具有甘肃特色的代表性文化符号，并通过政府官网、城市宣传片、地方专题片、广电宣传等多途径进行滚动式宣传。在文化甘肃网上新增"文化符号"栏目，在"文化符号"栏目下将评选出的甘肃十大文化符号及其内涵一一展示，并通过企业化运作进一步提升文化甘肃网的知名度，增加浏览量。

打造文化品牌营销团队，强化文化品牌营销意识。重视文化创意营销策划人才在文化价值提升中的核心作用，积极引进和打造文化品牌营销团队，发挥其在文化符号发掘、文化产品策划、文化品牌营销、地方文化宣传、文化事件传播中的特长和优势，对国内外知名文化品牌营销团队给予一定的资金和政策支持，并对文化品牌营销团队中的核心人才在甘肃省领军人才遴选中给予一定的数量和评选条件倾斜。

整合宣传力量，拓展宣传形式。整合科研院所、高校、民间文化团体、

文化企业的力量，以立项文化符号相关课题、编写文化类普及教材、举办文化讲座讲坛和各类文化展览的形式，深入挖掘甘肃文化符号的深刻内涵和现代价值，形成文化符号学术研究氛围、文化符号要素创意氛围和文化符号挖掘开发氛围。由政府牵头，请甘肃本土德艺双馨的艺术家、甘肃走出去的本土名人代言，制作以甘肃核心文化符号为内容的公益广告，在主流媒体和各大网站进行大力宣传，让甘肃文化符号深入人心。

（二）出台支持政策，创新资本支持渠道

发挥政府资金引导作用，用好文化产业基金。文化产业基金对甘肃文化产业发展的支持作用不言而喻。早在 2012 年，甘肃省兰州市城关区文化产业发展基金会就成立了，该基金主要用于扶持、推动兰州市城关区的文化事业和产业的发展。此后，甘肃省文化产业发展集团有限公司在动漫、出版、影视产业发展等领域逐步设立了发展基金，在一定程度上弥补了甘肃省文化产业基金的空缺。2017 年 8 月，甘肃省文化产业发展集团与上海东方网、上海马赛资本共同发起设立了甘肃东方丝路文化股权投资基金，投资方向主要包括传媒、文化、互联网等领域。① 这些文化基金的相继设立，有效地发挥了政府资金的引导和撬动作用，对促进甘肃文化产业发展功不可没。

引导众筹融资，拓展中小微文化创意产业的发展空间。2015 年甘肃省《政府工作报告》明确提出要围绕服务实体经济推进金融改革，开展股权众筹融资试点。甘肃资金不足的各类文化企业，依靠雨后春笋般出现的各种众筹平台，积极开发涉及科技、艺术、动漫、设计、影视、出版，以及游戏等多个业态的众筹项目，主动延伸文化产业链，投身文化精品的衍生产品开发，为文化产业发展注入了新的活力。

鼓励文化产权交易，实现文化产业和金融资本的有效对接。甘肃省大型文化企业屈指可数，占大多数的中小微型文化企业大多存在资金不足的问

---

① 《募集 20 亿！甘肃省设立首只文化股权投资基金，发力地方文化产业》，https：//pe.pedaily.cn/201708/20170803418087.shtml，最后访问日期：2018 年 9 月 25 日。

题，再加上文化衍生品开发投资大、周期长、效益不可预知等特点，大多需要资金维持企业运转和后续产品开发，通过文化创意的无形资产交易，从而获得资金的文化产权交易，实现了文化产业和金融资本的有效对接，可以为甘肃省文化衍生产品的开发提供资金支持。

培育壮大市场主体，加大招商引资工作力度。支持现有文化企业兼并重组、股份制改制，组建大型文化投融资集团公司，通过免除国有资本金收益、财政资本金注入、项目补助等方式，支持文化企业，增强市场竞争力。注重扶持文化中小微企业，推动文化市场多元化、均衡化发展。降低民营、外资企业进入文化行业门槛，积极引进有竞争力的民营或外资企业对中小型国有企业实行兼并重组或控股，实现多种所有制企业融合互补、协调发展。加强招商引资工作，支持各地依据经济发展"十三五"规划和区域文化产业发展定位，编制高水平的文化产业发展规划，优化项目投资建设营商环境，加大营销宣传和项目推介工作力度，推动文化项目建设招商引资工作再上新台阶。

（三）加强政府引导，营造文化消费氛围

提高居民收入水平，增加居民人均消费支出。居民对文化产品的个性化、多样性需求是文化精品衍生产品开发的内生动力，而收入水平增长和消费支出增加又是产生文化衍生产品开发内生动力的源泉，只有增加居民收入，提升居民消费水平，才能提高居民文化衍生产品消费能力。因此，在扩大就业的基础上，政府需要进一步完善企业工资收入分配制度，适时、稳慎地调整最低工资标准，深化机关事业单位工资制度改革，推进事业单位实行绩效工资，逐步提高基本工资比重，出台增收措施，扩大城镇居民增收渠道，促进城镇居民收入稳步增长。

继续释放文化改革红利，丰富文化产品供给。文化体制改革及与其相关的各类配套政策的出台为甘肃省文化产业的快速发展提供了"外生动力"。借助国家文化消费试点城市建设和文明城市创建的契机，进一步完善和提升公共文化服务设施建设，保障公民的基本文化权益，激发居民的文化消费热

情。繁荣文化产业发展，丰富文化产品供给，满足居民多样化、个性化的文化产品需求。安排文化消费专项补助资金，用以补助各种形式的惠民文化消费活动，搭建文化消费平台，从而支持和引导城乡居民扩大文化消费，释放文化消费潜力。

提升居民获得感，营造文化消费氛围。在公共文化服务方面，区域、城乡、不同群体之间实现服务均等化，扶持和培育群众喜闻乐见的文化品牌，满足基层、外来务工人员的基本文化需求。在文化产业方面，强化市场导向，为居民提供多形态、多功能、多档次的文化精品，提升居民获得感。以活动为载体，积极培育社区文化、企业文化，打造文化品牌，营造文化消费氛围。

（四）深挖附加价值，提升文化市场竞争力

重视文化人才培养。为博物馆、非物质文化遗产领域的文化创意人才提供编制，要求文化创意人才达到一定的比例。积极引进具有产品生产、包装、管理和营销理念的复合型文化人才。加大对文化衍生品生产技师、销售人员、售后服务人员的相关培训。

积极开发博物馆文化衍生产品。通过价值提炼与整合，开发具有功能性、文化性、情感性的博物馆文化衍生产品，形成博物馆文化衍生产品品牌。整合省内外高校中设计艺术专业的人才资源，共建产、学、研平台。积极借鉴国内外博物馆衍生产品开发的先进经验，打造文创精品。打造甘肃文化符号的文化主题创意工坊，举办主题文创设计大赛。将博物馆文化衍生品开发与文化景区购物品结合，让博物馆文化衍生品受众更广。构建博物馆衍生产品互联网平台，打通微信、淘宝、App 等销售渠道，线上线下共同发力。

加强文化旅游和动漫衍生品开发。继续以文化旅游商品创意大赛为契机，整合社会资源，鼓励开发具有文化特征、便携、有纪念性的不同档次的旅游衍生品。集中人力物力，利用敦煌文化的号召力和影响力，打造一个具有敦煌文化内涵的知名动漫品牌。打造敦煌文化动漫主题公园，开发具有主

题公园文化内涵的功能性、便携性、文化性和装饰趣味性的动漫主题公园衍生产品。

参考文献

刘朵朵：《动漫创意—制作—发行—衍生品开发与销售一体化产业链研究——以河南约克动漫影视股份有限公司新三板公司为例》，《宁夏大学学报》（人文社会科学版）2018 年第 2 期。

陈思琦：《非遗文化衍生产品开发策略研究》，《四川文化产业职业学院（四川省干部函授学院）学报》2015 年第 2 期。

王泽鹏：《甘肃省文化衍生品开发的资本支持渠道》，硕士学位论文，兰州财经大学，2015。

蒙象飞：《中国国家形象建构中文化符号的运用与传播》，博士学位论文，上海外国语大学，2014。

吴辉：《中国纸媒广告中的文化符号和文化价值观——以〈新民晚报〉和〈时装〉杂志为个案》，复旦大学，2009。

黄锦宗、陈少峰：《文化内容精品化的消费趋势》，《经济》2015 年第 4 期。

王秀伟：《文化创意产业视域下的博物馆文化授权研究》，中国科学技术大学，2016。

B.10
甘肃文化旅游区域联动发展研究

王 荟*

摘　要：　甘肃省地域辽阔、区域特色明显、旅游资源富集，发展文化旅游产业具备良好的条件和基础。本文梳理甘肃省文化旅游资源概况及特点，认为甘肃可以进一步通过区域联动推动文化旅游发展，在剖析了甘肃文化旅游区域联动发展过程中存在的主要问题后，提出了几点意见和建议，如以全域旅游夯实甘肃省文化旅游区域联动发展基础等。

关键词：　甘肃　区域联动　文化旅游

一　文化旅游区域联动概念界定

（一）文化旅游区域联动概念界定

文化旅游区域联动是指在一定地域范围内，相互关联地区之间的文化旅游经济主体，按照共同议定的章程、合同或协议，在不同地区之间实现文化旅游经济要素的科学合理配置和重新优化组合，建立规模、结构、品牌俱佳的文化旅游市场体系，以便获取最大的经济效益、社会效益、生态效益的旅游经济活动。

（二）国内外关于文化旅游区域联动发展的研究动态及应用

有关文化旅游区域联动在学科理论方面的研究，国外学者比较注重对文

＊ 王荟，甘肃省社会科学院决策咨询研究所助理研究员，主要从事信息经济与区域经济发展研究。

化旅游区域联动中的发展模式以及市场、交通、管理机制等层次的问题进行探索，并取得了多方面的研究成果。

伴随我国区域经济一体化的出现，国内学术界在20世纪80年代开始关注文化旅游区域联动发展问题。进入21世纪，文化旅游区域联动发展研究的力度、深度和广度进一步加大。国内学者在文化旅游区域联动发展的基础理论研究中，普遍偏向于文化旅游区域联动的内在机理和动力机制的挖掘。如着眼于上海市的发展实际开展研究，指出"大旅游"理念的形成将会深刻影响旅游业全方位、多层次、高效益的发展，其研究成果迄今仍然成为影响我国文化旅游区域联动发展实践的重要思想。

近年来，运用相关理论，结合我国区域旅游分布特点，阐述如何在文化旅游发展中以区域联动为切入点另辟蹊径的研究成果为甘肃的文化旅游发展提供了很好的视野。张晨（2008）提出长三角区域旅游标准体系建设的近期和中远期任务，讨论了以标准化建设推动长三角区域旅游联动发展。董阿丹（2009）从区域旅游资源、区域旅游市场和区域旅游产品联动开发角度详细论述了辽吉黑区域旅游联动的实现途径。国内学者研究区域旅游联动具体案例的重心主要集中于京津冀环渤海经济区、长三角地区以及珠三角地区。相对其他区域，京津冀环渤海区域旅游合作早在1985年就启动了，所以京津冀的相关研究成果比较多。长三角的区域概念从1992年开始提出，目前有较多学者给予高度关注。虽然泛珠三角的区域旅游合作概念正式提出的时间还没有超过十年，但在较短的时间内已经有多项研究成果涉及泛珠江三角洲旅游业的合作发展问题。

二　甘肃正处于文化旅游区域联动发展的最佳机遇期

（一）《推动共建丝绸之路经济带和21世纪海上丝绸之路的愿景与行动》助推甘肃文化旅游产业发展

2015年3月28日，国家发改委、外交部、商务部发布了《推动共建丝绸之路经济带和 21 世纪海上丝绸之路的愿景与行动》，其中多项措施涉及旅游业发展，将从三个方面极大推动沿线国家及城市旅游业发展，会对甘肃旅游和丝绸之路旅游产生重大推动作用。一是打造具有丝绸之路特色的国际精品旅游线路和旅游产品；二是与"一带一路"沿线国家和地区签署合作备忘录，简化签证手续，这将极大促进入境旅游；三是推进基础设施联通，这将大幅度提升旅游可达性。这些措施将使甘肃吸引到更多入境游客，大大拓展了旅游客源市场。我国境内丝绸之路沿线的中西部地区交通条件也将大大改善，便于发达地区游客进入甘肃，这对甘肃旅游来说，意义重大。

（二）借力国家精品旅游带，甘肃旅游业有望迎来新的发展机遇

"十三五"时期，国家将着力培育 20 个跨区域特色旅游功能区，重点打造 10 条国家精品旅游带，培育 25 条国家旅游风景道，推进 8 大类特色旅游目的地建设。其中，秦巴山区生态文化旅游区、六盘山生态文化旅游区、祁连山生态文化旅游区三个旅游区与甘肃有着密切关系。在这几个旅游区内，将统筹天水等城市的集散功能，完善酒泉、武威、张掖、敦煌等城市的旅游功能，进一步完善自驾游廊道体系，建成知名的生态旅游区，发挥旅游精准扶贫的重要作用。更令人期待的是，在 10 条国家精品旅游带中，与甘肃相关联的就有 7 条，主要包括丝绸之路旅游带、黄河华夏文明旅游带、长城生态文化旅游带、长征红色记忆旅游带、青藏铁路旅游带、藏羌彝文化旅游带、茶马古道生态文化旅游带。这 7 条精品旅游带涵盖了甘肃大部分文化旅游资源和类型，国家的"大手笔"打造，将全面提升甘肃旅游的知名度和影响力。

三 甘肃省文化旅游资源开发现状及市场分析

甘肃省位于我国西北地区的中部，地处黄土高原、青藏高原、内蒙古高

原三大高原的结合带，联系着西北、西南、青藏高原三大旅游区，并且这里还是我国中东部腹地通往西北地区的历史走廊、西北地区农耕文化和游牧文化的交会过渡带，特殊的边缘过渡性地理区位带来了复杂多样的自然景观和人文环境，形成了其特有的丰富多彩的文化旅游资源优势，并形成了一批高品位、高知名度的优势文化旅游资源单体，包括丝路文化、始祖文化、长城文化、民族文化、红色文化、现代科技文化，并在全国占据重要地位，可开发利用程度高。甘肃省复杂的地貌形态可分为六大自然地理区域，包括黄土高原、河西走廊、甘南草原、北山山地、祁连山和陇南山地，形成了特色的山水形象。

（一）甘肃省文化旅游资源的空间结构分布不均匀

甘肃文化旅游资源非常丰富，但是空间分布不均匀，从点状集中性上看，甘肃省高品质的文化旅游资源主要分布在兰州、酒泉、天水、张掖、平凉等市；从线状集中性上看，主要集中于丝绸之路沿线，即陇海－兰新交通走廊沿线；从面状集中性上看，主要集中分布于陇东南的天水、平凉地区，河西走廊张掖—酒泉一带及丝绸之路经济带与黄河景观廊道交会区的兰州地区。甘肃省有世界文化遗产7处，5处位于河西走廊西部的酒泉—嘉峪关地区。河西走廊地区拥有全国优秀旅游城市8座中的5座，占全省的62.5%；拥有全省4座国家历史文化名城中的3座，占全省的75%。此外，河西地区还拥有33%的国家级风景名胜区、42%的国家3A级及以上旅游景区、33%的国家5A级旅游景区。而陇东南的天水、平凉地区拥有全省67%的国家5A级旅游景区、67%的国家级风景名胜区、25%的国家优秀旅游城市和25%的国家历史文化名城。可见，甘肃省旅游空间结构具有显著的不均衡性，向东、向西具有递增性，正是由于区域旅游资源禀赋的差异形成了陇东南、河西走廊沿线地区超强，其他地区相对弱小的旅游发展空间差异格局。

（二）甘肃省国内旅游市场结构仍有拓展空间

近来，甘肃旅游登上《纽约时报》"2018全球必去的52个目的地"榜单和《孤独星球》"2017 亚洲最佳旅行目的地榜单"榜首，成功进入全球视野，国际美誉度不断攀升。2017 年，甘肃省接待游客 2.39 亿人次，同比增长 25%，比 2012 年增长了 16065.5 万人次，年均增长 25%；旅游综合收入 1580 亿元，同比增长 29%，比 2012 年增长了 1109 亿元，年均增长 27.4%。旅游业拉动投资 458.34 亿元，带动就业 67 万人，已成为甘肃经济转型升级的重要引擎。① 总体看来，甘肃省旅游客源市场的省内客源，省内客源占到客源市场总量的近 20%；省外客源市场包括宁夏、青海、新疆、内蒙古、四川，占到国内客源市场份额的约 20%；发达省份，广东、北京、上海、福建、江苏、浙江约占国内客源市场的三成左右，其中北京一直占据省外市场的首位；从全国划分的七大行政区来看，除甘肃省外，华北地区（京、津、冀）所占比重最高，西北地区（陕、新、青、宁）次之，华东地区（沪、苏、鲁）位列第三，华南地区（粤、琼）排列第四，西南地区（川渝、云贵）位居第五，东北及华中地区排名倒数前两名（见表1）。因此，从总体上看，甘肃国内旅游客源空间分布较为集中，以省内和周边省份为主，其他省份所占比重虽有所增加，但比重较小。可见甘肃省国内旅游市场仍有拓展空间，且重点应该放在华北地区和西北地区的邻近省份。鉴于此，甘肃省应该进一步积极探索文化旅游区域联动发展路径，争取扩大旅游份额。

表1 甘肃省国内旅游客源市场分布

地区	甘肃	华北	西北(除甘肃外)	华东	华南	西南	东北	华中
位次	1	2	3	4	5	6	7	8

（三）甘肃省文化旅游产业发展弱中有升

总体看来，我国各区域旅游产业综合发展水平呈现东高西低的态势，

---

① 甘肃省旅游发展委员会数据。

东部地区旅游综合发展水平最高，旅游发展指数为0.56，其次是中部地区，旅游发展指数为0.47，西部地区的旅游发展指数相对最低，仅为0.23。将全国31个省（区、市）划分为五种产业发展水平类型：国内旅游极发达地区包括江苏、浙江、广东、山东；国内旅游发达地区包括安徽、河北、四川、湖北、河南、北京、江西、湖南、辽宁、福建；国内旅游较发达地区包括云南、上海、山西、陕西、贵州、重庆；国内旅游欠发达地区包括海南、内蒙古、黑龙江、吉林、甘肃、新疆、天津；国内旅游不发达地区包括西藏、宁夏、青海。[①] 但同时，中西部地区旅游产业化速度则高于东部。2016年，新疆、青海、甘肃、四川、宁夏等西部地区是旅游人次同比增长最快的旅游目的地。其中甘肃以20%以上的增速呈井喷式发展（见表2）。[②] 这也从一个侧面反映出甘肃文化旅游区域联动发展是具有可行性的。

表2 2016年增长最快的前十国内旅游目的地

地区	新疆	青海	辽宁	陕西	河北	甘肃	四川	宁夏	广东	海南
位次	1	2	3	4	5	6	7	8	9	10

资料来源：途牛旅游网大数据（2016年1~11月）。

（四）甘肃省文化旅游资源的旅游交通建设网络初步完善

1. 公路建设

截至2017年，甘肃累计完成交通基础设施投资5600亿元，公路通车总里程达到14.23万公里，其中高速公路达到4016公里，二级及以上公路里程达到1.33万公里以上，农村公路达到11万公里。初步实现国道主干线高速化、西部通道高等级化、县乡公路通畅化、运输站网络化的目标，交通运输对经济社会发展的制约状况得到有效缓解。到2017年底全省高速公路达

---

① 《中国国内旅游发展年度报告2017》。
② 途牛旅游网2016年监测数据。

到4016公里。截至目前，连霍、京新等国家高速公路在甘肃境内全线贯通，14个市州政府驻地全部实现高速公路连接，86个县区政府驻地以二级以上公路连接，县通高速公路比例达到64%，① 为全省文化旅游区域联动发展夯实了一定基础。

2.铁路建设

截至"十二五"末，甘肃省铁路营运里程达到4245公里，其中快速铁路860公里，铁路网密度达到91公里/万平方公里，复线率和电化率分别达到60%和80%，铁路网覆盖12个市州。已经形成了以兰州枢纽为中心，以陇海线、兰新线为主轴，以宝中线、西平线和干武线等线路为支撑，便捷联通省内市州及周边省份的铁路运输网络。主要铁路有陇海铁路、兰新铁路、兰新铁路第二双线、包兰铁路、宝中铁路、干武铁路、兰青铁路、西平铁路、红会支线、嘉镜铁路、玉门南铁路、敦煌铁路、宝成铁路、安口南线、嘉策铁路、清绿支线、金阿线金红段、中川马家坪线、兰州中川线、天平铁路、额哈铁路（见表3）。

预计到2020年，铁路营运里程将达到7200公里，其中快速公路里程3000公里以上，路网密度150公里/万平方公里。形成以"一心、一轴、两网、三圈、九通道"为主，内联外通、点线结合、对外放射、对内成网的路网结构。全省铁路电气化率达到86%，复线率达到69%。市州铁路覆盖率由目前的85.7%提高到100%，其中市州快速铁路覆盖率达到78.6%，县区铁路覆盖率由目前的49%提高到90%以上。全省14个市州全部通铁路，力争省会兰州通往省内大部分市州的旅行时间在2小时以内，各州市之间的旅行时间在6小时以内，省会兰州通往全国大部分中心城市的旅行时间在10小时以内，届时，甘肃省旅客旅行时间将大幅缩短，全社会人员交流效率将大幅提高，客货运输便捷性、时效性将大幅改善。这将为西北地区文化旅游区域联动发展提供速度保障。

---

① 数据来源于甘肃交通运输厅。

表3　甘肃省铁路网现状概况表

序号	线路名称	线路里程(km)		技术标准		附注
		全长	省内	牵引种类	正线数目	
1	陇海线	1794	433	电力	双线	国铁干线、路网主骨架线
2	兰新线	2358	1114	电力	双线	国铁干线、路网主骨架线
3	兰新高铁	1776	799	电力	双线	国铁干线、路网主骨架线
4	包兰线	1006	229	电力	单线	国铁干线、路网主骨架线
5	宝中线	502	88	电力	单线	国铁干线
6	干武线	172	118	电力	单线	国铁干线
7	兰青线	222	64	电力	双线	国铁干线、路网主骨架线
8	西平线	267	101	电力	单线	国铁干线
9	红会线	114	114	内燃	单线	
10	嘉镜线	75	75	电力	单线	
11	玉门南线	30	30	电力	单线	
12	敦煌铁路	163	163	内燃	单线	国铁干线
13	宝成线	673	61	电力	单线	国铁干线
14	安口南线	6	6	电力	单线	
15	嘉策线	458	114	内燃	单线	
16	清绿线	330	195	内燃	单线	
17	金阿线金红段	103	103	内燃	单线	
18	中川马家坪线	30	30	电力	单线	
19	兰州中川线	61	61	电力	双线	
20	天平线	113	113	电力	单线	
21	额哈线	629	127	内燃	单线	
合计	甘肃省运营里程	4245		路网密度(km/万 km²)		91
	电化里程	3322		电化率(%)		80.28
	复线里程	2471		复线率(%)		59.71

注：营运里程中含早期运营的敦煌至格尔木铁路敦煌至肃北段。

3. 机场建设积极推进

截至 2015 年末省民航机场数量达到 8 个，县级单元覆盖率由"十一五"末的 41% 提高至 55%。金昌金川机场、张掖军民合用机场、甘南夏河机场建成通航，兰州中川机场二期扩建工程和庆阳机场扩建工程完成，陇南成州机场、平凉机场、扩建敦煌机场和迁建天水机场等重点建设项目稳步推进，机场体系进一步完善，为甘肃省发展国际旅游打通了空中航线。

四　甘肃发展文化旅游区域联动之短板分析

甘肃省的文化旅游业起步比全国推迟 3~5 年，20 世纪 80 年代中期以来，随着我国改革开放进程的加快和交通条件的改善，甘肃省的文化旅游业凭借资源优势和坚持不懈的努力，获得了较快的发展，但是其发展不仅与东部沿海省份无法相提并论，而且与全国平均水平相比也有明显差距，更与自身突出的资源优势极不相称。

（一）甘肃省文化旅游产业发展滞后掣肘区域联动机制

甘肃省文化旅游产业开发规模小，文化旅游资源开发程度普遍低或呈待开发状态，总体发展水平落后，在发展中存在高速度与低质量、新产业与旧秩序等矛盾。省内各地区之间发展不平衡，地区差异性大，旅游热点过于集中，而且集中在少数旅游线路、旅游中心城市及周边区域等，辐射带动作用发挥欠缺。因受自然环境影响，旅游旺季短，淡季长，淡旺季明显（每年 10 月~翌年 4 月为淡季），旅游设施的全年有效利用率低。

（二）区际联系较弱，区内旅游体系尚未健全

随着旅游业的迅速发展，丝绸之路沿线各省份实现了跨区域旅游合作。然而从旅游统计指标来看，受传统经济产业不平衡因素等影响，旅游业区际联系和区域内部协作缺失，导致甘肃旅游业发展相对滞后。另外，由于丝绸之路经济带区域内旅游景区级别不同，相当部分旅游景区处于市场屏蔽状态。旅游发展服务配套的企业和设施之间尚未形成完整的体系，快捷畅通的

现代立体交通网络未能形成，导致客源市场不够充分，部分景区还存在"疏载"，甚至"空载"的现象。

（三）文化旅游组团发展思想、联动发展的观念滞后

甘肃省文化旅游发展思想和观念滞后，对外宣传的力度不够，甘肃省本具有较高的历史知名度，但是随着时代变迁、历史更迭，很多文化符号趋于淡化，这是非常严重的文化资源流失，亟待引起重视。同时，由于缺乏战略经营意识，文化旅游业整体的服务质量和管理水平低下，甘肃省的文化旅游业层次不高。

（四）旅游基础设施阻碍甘肃省文化旅游区域联动发展

交通、通信、旅行社、饭店等旅游设施总量供应不足，虽然拥有众多的旅行社、饭店，但各自为政，缺乏横向联合，协作经营的意识差。旅游资源开发不力，深度不够，缺乏生态旅游的环保意识和环保设施，资源开发偏重传统的观光型和相对枯燥的历史文化旅游资源开发，各旅游热点"各自为战"，重复开发建设和无序竞争现象严重，导致力量分散，未能形成"合力"和整体优势，联合开发还处在低层次水平，使丝绸古道未能发挥出资源共享、优势互补、整体受益的功效。

五 甘肃省文化旅游区域联动发展的几点建议

文化旅游区域联动发展需要多方面的带动与协同，促进甘肃省文化旅游业带动经济增长，并促进丝绸之路经济带甘肃段各城市文化旅游区区域联动发展，还需要做好以下几点。

（一）以全域旅游夯实甘肃省文化旅游区域联动发展基础

甘肃省要进一步以"一带一路"建设为契机，按照全域化发展、全产

业融合、全要素配套的思想,稳步推进景点旅游向全域旅游的转变。要"大旅游"和"小旅游"并重,由点连线,由线扩面,逐步形成资源围绕旅游整合、产业围绕旅游融合、发展环境围绕旅游提升的全域旅游发展新格局,并以此奠定甘肃省文化旅游区域联动发展的广泛基础。首先,要重点发展甘南州、敦煌市、兰州市城关区、天水市武山县、张掖市肃南县这5个首批创建的国家全域旅游示范区。按照相关规划的设计,全面推进全域旅游工作。同时,加强嘉峪关市、张掖市、兰州市榆中县、白银市景泰县、天水市麦积区、陇南市康县和宕昌县、平凉市崆峒区、临夏州永靖县两市七县区作为第二批国家全域旅游示范区的创建工作,大幅推进了全省全域旅游的发展。其次,要科学规划,积极创新,大力推行多规合一,把文化旅游纳入国民经济社会规划和其他产业规划之中,把全域旅游发展作为旅游强省建设的载体,全面构建现代产业体系,发挥各地优势,走特色化发展之路,努力将旅游业打造成为甘肃省绿色发展崛起的支柱产业。推广敦煌市国家旅游综合改革先行示范区和甘南州全域旅游无垃圾示范区等典型案例和经验。最后,要积极推动区域旅游板块化、特色化、差异化发展,对已形成的河西五市、陇东南五市和沿黄四市(州)三大板块统筹联动、错位发展。

(二)充分利用现代网络及媒体平台,加强宣传,为文化旅游区域联动发展打造整体品牌效应

首先,要坚持打造甘肃优质旅游形象。旅游新时代,品牌已经成为经济竞争的重要资源和产业核心竞争力的重要标志。全省要以"硬件标准化、服务温馨化、产品多样化、安全稳健化"为导向,打响"交响丝路·如意甘肃"旅游品牌,实施甘肃优质旅游形象工程,擦亮国家5A、4A级旅游景区金字招牌,大力培育符合市场需求、有影响力的旅游品牌,为文化旅游区域联动发展打造整体品牌效应,推进甘肃旅游强省品牌体系建设。其次,推进文化旅游产业与相关产业深度融合,使全省文化旅游、"红色旅游"、乡村旅游、休闲旅游、绿色生态旅游、民族民俗旅游和宗教文化旅游资源得到渐次开发,不断丰富完善一系列文化旅游产品体系,强大文化旅游聚合效应

凸显，进一步衍生出工业旅游、农业旅游、体育旅游、研学旅游、中医药健康旅游、科技旅游等新业态、新产品和新供给。最后，充分借助大数据、大平台、大营销手段，进一步努力改善旅游淡旺季明显的全域发展短板，初步形成了"全天候、全时令、全季节"有效供给。

（三）坚持高质量旅游投资，统筹规划精品旅游带沿线城市的文化旅游项目，为文化旅游区域联动发展提供项目支撑

在文化旅游区域联动发展的初期，由于基础设施和资金、人才等要素的限制，联动的重点只能局限于少数的点和轴线之上。随着文化旅游区域联动发展的不断深入，通过点与点之间跳跃性的配置资源要素，并借助轴带的联结功能，实现"点－线－面"的有机结合，联动的点与线将会不断扩展、延伸，最终形成"点－线－面－网"紧密结合的文化旅游区域，推动文化旅游区域整体发展。首先，应制定高效的激励机制，在制度上、政策上营造宽松的市场经营和投资环境：一方面深化要素市场化配置改革，激发市场主体活力与创造力；另一方面加强理性投资引导，推进旅游投资高质量增长和项目落地。其次，要统筹规划精品旅游带沿线城市的文化旅游项目。对河西五市精品丝路旅游区以嘉峪关、酒泉、张掖、金昌、武威河西走廊五市深厚的文脉和地缘基础为前提，依托文化旅游区域资源品牌集聚优势，实施产业联动布局，全力打造"传奇丝路·壮美河西"旅游品牌。做大做强敦煌国际文化旅游名城；着力打造优势互补、差异化发展的四大旅游区——酒嘉丝绸之路世界文化遗产深度体验旅游区、金武历史文化葡萄酒文化大漠风光体验旅游区、金张掖地理奇观民族风情旅游区和酒泉航天科技文化体验旅游区；重点培育马踏飞燕、紫金花城－神秘骊靬、张掖丹霞、嘉峪关、酒泉卫星发射中心、敦煌莫高窟－月牙泉、敦煌阳关－玉门关七个大景区；全力推进产业主体、产品商品研发、交通网络、产业要素、宣传营销形象、智慧旅游、信息一体化服务、产业标准化和多层次人力资源九大联动发展体系建设，全面打造与中亚地区直至欧洲各国"政策、道路、贸易、货币、民心"五通的丝绸之路国际旅游目的地。

（四）积极推动"走出去"战略，与西北五省区寻求合作，实现文化旅游区域联动发展共赢

在日趋激烈的市场竞争中，资源优势不明显的旅游目的地，其自身的竞争力相对有限，面对外部的竞争往往处于劣势，但通过文化旅游区域联动发展，可以实现合作区域内部文化旅游资源、客源市场等的集聚，提升区域整体力量，面对共同的竞争对手获取整体竞争的优势。首先，依托陇海－兰新铁路，积极开发甘肃－新疆两省区的联合精品旅游项目。丝绸之路是目前世界上最具有影响力的国际旅游线之一，贯穿整个甘肃与新疆，将两省区串联起来，构成中国距离最长、辐射面最广、形象最突出、最具吸引力的黄金旅游带。因其荟萃西北旅游资源的主体和精华，且与陇海－兰新铁路几乎重合，应将其打造成为闻名海内外的著名旅游品牌，且马可波罗线与丝绸之路相近，两条同样经典的旅游线路，可以根据不同的文化内涵开展线路侧重设计。其次，依托黄河水道，积极寻求与青海、宁夏的黄河文化旅游项目合作，让游客沿河欣赏黄河最清澈水段、最狭小的河面、最大的瀑布、最精彩的河段、最靓丽的风景，黄河文化的历史全部都融在黄河两岸的人文景观中，未来它将是一条融自然山水、黄河风采、民俗风情于一体的旅游精品线路，积极培育黄河风情，感受黄河文化的博大精深和文化内涵，是这三省区沿黄河旅游带开发的潜在商机。再次，可以以佛教、道教、藏传佛教、伊斯兰教等宗教朝圣为区域联动主题，开展与陕西、四川的区域合作。如道教的著名圣地有陕西的华山、终南山，甘肃的平凉崆峒山，四川的峨眉山、青城山，可以道教朝拜为主线，联动几省旅游资源；佛教著名的有西安慈恩寺、宝鸡凤翔法门寺、甘肃张掖大佛寺等；藏传佛教的名寺有青海的塔尔寺、甘南的拉卜楞寺、西藏的布达拉宫等。最后，凭借大西北古朴、淳厚的西域多民族风情，联合西北五个省区，开发一条文化美食旅游线路也是比较超前的尝试，地方美食令人流连忘返，回味无穷，具有明显的互补关系，可通过资源共享、品牌共建、优势互补以转化为显著的经济和社会效益。

（五）坚持保护与开发并重，实现文化旅游产业的可持续发展

首先，发展文化旅游业，必须有一个清洁、环保、健康、无污染的旅游环境。甘肃省大部分地区处于生态脆弱地区，自然环境退化日趋严重，历史遗存也不同程度地受到损毁。为有效地保护、传承独特的文化资源，展示甘肃壮阔的自然景观，在旅游资源开发中应坚持保护与开发并重的理念，为甘肃省文化旅游业开辟更加广阔的空间，实现旅游的可持续发展。其次，要努力改善景点内的旅游设施，优化景点空间布局。随着甘肃省经济的增长和城镇化水平的加快，甘肃省还应不断改善交通、旅游设施等的建设，尽可能加强景区空间联系的畅达度。完善区内景点的空间布局，加强不同等级、不同类型景点之间以及景点与旅游基础设施之间的空间联系。

参考文献

左文君、明庆忠、李圆圆：《全域旅游特征、发展动力和实现路径研究》，《乐山师范学院学报》2016 年第 11 期。

龙肖毅、张咏梅：《乡村旅游产业与农村经济发展交互耦合协调发展的实证研究》，《西南师范大学学报》（自然科学版）2016 年第 5 期。

冯朝圣、高亚芳：《基于概率分析框架的我国旅行社经营策略选择》，《科技和产业》2016 年第 1 期。

曾祥辉、郑耀星：《全域旅游视角下永定县旅游发展探讨》，《福建农林大学学报》（哲学社会科学版）2015 年第 1 期。

田东娜：《区域旅游合作探讨》，《大连民族学院学报》2007 年第 4 期。

邱继勤：《区域旅游联动开发探讨——以川、黔、渝三角地区为例》，《西南师范大学学报》（自然科学版）2004 年第 4 期。

汪宇明：《核心—边缘理论在区域旅游规划中的运用》，《经济地理》2002 年第 3 期。

孙根年：《论旅游业的区位开发与区域联合开发》，《人文地理》2001 年第 4 期。

庞闻、马耀峰：《基于分形理论的旅游流体系结构演化研究》，《陕西理工学院学报》（自然科学版）2011 年第 2 期。

李金峰、时书霞：《旅游产业与区域经济耦合协调度实证分析——以丝绸之路经济带甘肃段为例》，《成都师范学院学报》2017 年第 6 期。

B.11
甘肃文化旅游演艺市场发展研究

郭　弘*

摘　要： 为了把甘肃打造成为国际知名的旅游演艺目的地，本报告以
敦煌旅游演艺为突破口，分别从加大对景区演艺项目的开发
力度，排演一批符合景区文化内涵的定制型演艺产品；创新
旅游演艺市场的产业运作模式，延伸旅游产业链条；加强产
业联动，构建以旅游演艺为核心的跨媒体、跨区域泛娱乐生
态圈；构建立体精准营销体系，打造甘肃全域旅游演艺产业
格局等方面入手，通过促进旅游演艺与其他业态的融合能力
和外部辐射能力，进一步提升甘肃旅游演艺市场发展的核心
竞争力，实现甘肃旅游演艺市场的版图扩展。

关键词： 文化旅游　演艺市场　产业融合　文化竞争力

一　甘肃文化旅游演艺市场发展现状分析

（一）顶层设计加强，旅游演艺产业地位不断提高

旅游演出作为旅游与文化产业融合发展的重要载体，在城市形象塑造和
消费升级等诸多方面都发挥着重要作用，不断开拓旅游演艺市场的广度和深

---

* 郭弘，甘肃省社会科学院文化所副研究员，主要从事西北历史文化及甘肃省演艺文化产业研
究。

度，既是甘肃发展建设的必然趋势，又是其提升综合实力和文化竞争力的必然要求。近年来，随着"一带一路"建设深入推进，在甘肃省委、省政府坚持顶层谋划、高位推动旅游产业发展的大背景下，甘肃旅游演艺产业地位不断提升，并成为旅游业态开发建设的重中之重。2017年3月，甘肃省旅游产业发展领导小组印发了《关于加快推进全域旅游发展的指导意见》，2018年1月，甘肃省委常委会议审议通过了《关于加快建设旅游强省的意见》，同时进一步提出"交响丝路·如意甘肃"的旅游形象品牌，将甘肃建设成为世界级丝路旅游目的地。《纽约时报》最新发布的"2018年全球必去的52个目的地"榜单中，甘肃位列第17位，是中国唯一入选省份。这是继甘肃荣登世界权威旅游指南《孤独星球》"2017亚洲最佳旅行目的地榜单"榜首之后的又一全球性荣誉，意味着甘肃旅游的知名度和美誉度进入全球视野、享誉世界。甘肃省在战略决策、产业布局、项目建设等方面着力构筑融合创新支撑，着力培育旅游新业态新产品，从而为甘肃文化旅游演艺市场快速发展提供了必要条件，甘肃旅游演艺的可进入性进一步增强。2018年，随着甘肃文化旅游产业呈现快速增长的态势，甘肃文化旅游演艺市场在多重因素的作用下，借势上扬，实现了新突破，取得了良好的社会效益和经济效益。

（二）甘肃大力培育文化旅游演艺市场，深化商业运作模式

演艺市场是甘肃旅游市场的重要组成部分，具有提升旅游文化内涵，拉动文化旅游消费的重要作用。近年来，甘肃全面实施"旅游+"战略，促进了旅游演艺市场的快速发展，借助华夏文明传承创新区、丝绸之路（敦煌）国际文化博览会、"敦煌行·丝绸之路国际旅游节"、丝绸之路旅游联盟等四大战略平台优势，着力打造旅游演艺市场品牌，扩大了甘肃文化影响力。甘肃坚持"政府引导、市场运作、企业参与"的原则，鼓励各类演艺企业走向景区、走向旅游市场，积极引进国内知名文化旅游演艺企业或战略投资商与甘肃省内演艺企业、旅游景区（点）进行深入合作，挖掘历史文化、民族民俗、宗教文化等旅游资源，创编形式多样、游客喜爱的系列演艺

产品，采取"景区＋旅游演艺"、"主题公园＋旅游演艺"等商业运作模式，在重点旅游景区和宾馆饭店常态化演出，极大地丰富了游客文化娱乐生活，向游客展现了甘肃省的特色文化和风土人情，先后打造了《敦煌盛典》《又见敦煌》《丝路印象·七彩张掖》《黄帝问道》等大型实景演出品牌，为甘肃旅游的可驻足性、可消费性和可回头性增加了诸多"卖点"。2017 年 5 月经典剧目旅游版《丝路花雨》在敦煌驻场演出，2018 年 7 月又在兰州驻场演出，截至 2018 年 9 月，旅游版《丝路花雨》在兰州驻场共演出 60 场，观众 2000 人次，收入 69 万，成为文化与旅游深度融合发展的先行典范，开启了甘肃省文化品牌产业化的探索之路。

甘肃不断优化旅游发展环境，提升全域旅游演艺发展支撑能力。2018 年，张掖市重点推进丹霞轨道交通、胡杨林乡村休闲度假区等重大项目，围绕旅游文化演艺剧目开发、旅游文化商品开发、景区游乐项目建设、户外运动基地建设、餐饮购物街区建设、乡村休闲旅游发展等重点领域，筑牢全域发展新格局，使张掖市的文化旅游演艺产业发展渐入佳境。2018 年酒泉市把文化旅游演艺产业品牌化发展作为主要方向，为了提高旅游演艺产品的生命力和吸引力，体现旅游演艺价值和需求，酒泉市不断创新开发旅游文化商品，推动文化资源优势向旅游演艺消费热点转变，打响"敦煌""丝路"等品牌，大力推进"四进"，即开发具有地域特色的演艺剧目、实景演出进景区、饭店、剧场和农家园，以此提升旅游的文化内涵和产品附加值。2018 年"十一"黄金周期间，平凉崆峒山在景区推出的《崆峒武术》《忆画崆峒》等精品文艺节目，广受游客欢迎，助增了旅游市场的红火，使平凉崆峒山景区以 19.5 万人次在本次国庆黄金周甘肃省游客接待量上排名首位，旅游演出已成为推动甘肃文化产业和旅游产业融合发展的主要动力。

作为新兴文化旅游产品的演艺项目随着甘肃旅游市场的火爆而持续升温，旅游演出场次、观众人数及票房均逐年增长。2018 年"十一"黄金周旅游演出呈现"井喷式"增长，甘肃省共接待游客 1770 万人次，实现旅游综合收入 119.5 亿元，分别比上年同期增长 23.6% 和 30.5%。尤其是 2016

年八大冬春旅游产品和百余项优惠政策的推出，促使甘肃省旅游淡季趋暖，并由"夏秋火爆"向"四季恒温"发展，甘肃旅游演艺市场也呈现强劲的发展态势和巨大的发展潜力。

（三）敦煌文化旅游演艺产业呈现多层次的发展格局

敦煌是国际旅游目的地和丝绸之路旅游线黄金点，旅游演艺市场已成为建设这座国际文化旅游名城的重要路径之一，开发了具有地域特色的实景旅游演艺、主题公园演艺、剧场旅游演艺，成功打造了《又见敦煌》《敦煌盛典》等一批大型实景演艺项目，成为敦煌品牌的旅游名片和宣传窗口，有力地提升了敦煌旅游的知名度和影响力。目前，敦煌市进一步全力打造"敦煌"金字招牌，在"旅游＋文化"方面，相继出台了《敦煌国际文化旅游名城建设发展规划纲要》和"省八条"政策，敦煌文化旅游演艺产业已形成多层次的发展格局，以敦煌大剧院为阵地，开展专业演艺活动，这些演艺项目都是围绕敦煌特色文化而打造，提升了敦煌文化旅游的魅力和人气。2018年"十一"黄金周期间，敦煌市共接待游客30.79万人次，同比增长9%，实现旅游收入3.3亿元，同比增长10%。演艺已成为敦煌旅游产业的第三业态，敦煌旅游演艺市场也成为丝绸之路的旅游胜地和全省旅游演艺快速发展的缩影。

1. 敦煌旅游演艺市场形成三足鼎立之势

2017年5月，大型情景舞剧《丝路花雨》在敦煌大剧院开始驻场演出，标志着敦煌演艺市场形成《敦煌盛典》《又见敦煌》《丝路花雨》三足鼎立之势。大型沙漠实景剧《敦煌盛典》自2015年8月首演至2018年9月，累计演出683场，观众68万人次，收入超1.23亿元；大型室内情境体验剧《又见敦煌》自2016年9月演出至2018年9月27日，累计演出1471场，观众突破200万人次，仅2018年4月1日至9月底，收入超过1.3亿元；大型情景舞剧《丝路花雨》自2017年5月在敦煌演出至2018年9月，累计演出409场，观众16万人次，收入2590万元。三台大戏常年驻场演出，成为推动敦煌文化旅游产业繁荣发展的新名片和新动力，为甘肃旅游打开更广阔的市场奠定了坚实的基础，也为甘肃省旅游与文化深度融合提供了可资借鉴的经验。

2. 打造甘肃旅游演艺项目的新亮点

2018 年 1 月，大型沉浸式演艺文旅项目《极乐敦煌》正式启动，将成为甘肃旅游演艺的又一新亮点，《极乐敦煌》用现代多媒体手段重现敦煌壁画故事，此项目填补了敦煌文旅市场的三大空白。一是填补了用敦煌壁画故事进行沉浸式演艺的空白；二是填补了淡季无法演出的空白；三是填补了夜间用大型灯光秀再现敦煌艺术宝库的空白。《极乐敦煌》的演出新模式对打造创新敦煌世界艺术家园、推动敦煌文化艺术的繁荣和发展，以及促进敦煌反季节旅游具有重要意义和示范作用，进一步提升了敦煌作为国际文化旅游名城的影响力与吸引力。

3. 敦煌大剧院在拓展甘肃旅游演艺市场方面取得的成果

敦煌大剧院作为敦煌文博会主场馆之一，建筑面积近 4 万平方米，可容纳 1200 余名观众，自 2016 年 12 月投入运营以来，逐渐形成大剧院艺术节、新春演出季、旅游演出季、文博演出季的"一节三季"演出结构，即把全年演出分为四大板块，每年 12 月、1 月、2 月为新春演出季，以引进国内外经典剧目演出为主；3 月、4 月、5 月为艺术节，以国内外文化交流活动、国内各地剧目展演、艺术赛事、讲座论坛为主；6 月、7 月、8 月为旅游演出季，安排中国经典舞剧《丝路花雨》驻场演出；9 月、10 月、11 月为文博演出季，引进丝绸之路沿线国家地区及国家级艺术院团的优秀剧目，为文博会造势。"一节三季"系列演出分类铺满档期，精彩全年不断，据不完全统计，先后上演了《相约敦煌》《梦回敦煌》《冰河大冒险》《赫尔辛基圣诞巡演音乐会》《女子十二乐坊新年音乐会》《天鹅湖》《秘境云南》《冰雪奇缘》等 25 个国内外民族舞剧、儿童剧、音乐会经典剧目，全年演出达 245 场次，吸引观众 15.1 万人次。特别是 2017 年 5 月大型情景舞剧《丝路花雨》进驻敦煌大剧院，实现了常态化演出，使敦煌大剧院"一节三季"的演出氛围更加浓郁，开启了敦煌大剧院的全新发展阶段，敦煌大剧院已成为敦煌文化的"新地标"和"栖息地"，为拓展敦煌旅游演出市场，实现敦煌旅游"夏秋季火爆、冬春季升温、四季均衡发展"目标起到了积极推动作用，促进了敦煌市乃至甘肃省文化旅游市场的大发展。

二　甘肃文化旅游演艺市场存在的问题

作为文化旅游产业，甘肃的旅游演艺还远远没有达到与自己资源禀赋相匹配的发达程度，旅游宣传也远远未达到"天下尽人皆知"的水平，在旅游发展方面仍然负重爬坡，并处在转型升级和提质增效的关键时期。目前，甘肃在旅游演艺市场发展方面还存在一些不容忽视的问题。

（一）甘肃文化旅游演艺市场发展不平衡，演艺品牌化建设有待提升

甘肃省旅游演艺产业的起步并不晚，然而演艺市场经历多年发展，除《丝路花雨》《又见敦煌》《敦煌盛典》等几个具有全国较高知名度的大型旅游演艺剧目外，全省还没有形成系统性的旅游演艺产品品牌，真正形成知名旅游演艺品牌并因此实现较大收益的旅游企业不多。此外，甘肃旅游演艺市场发展不平衡，仍以敦煌市的演艺市场为核心，省内多数核心景区没有实现常态化的实景演出或景区演出，没有形成依托核心旅游景区（点）及城镇固定的演艺场所，没有针对性地开展日常例行的主题表演、自由性的街头表演和丰富性的节庆表演，特别是在旅游旺季，张掖、天水、平凉等热点旅游城市没有做到夜夜有精品剧目展演。相比全国旅游演艺飞速发展的背景，作为旅游资源大省，多数景区还没有形成独立的旅游演艺品牌效应，甘肃文化旅游演艺市场共同发展的格局还没有完全形成，打造全国知名品牌的力量还很欠缺，旅游演艺品牌化建设有待提升。

（二）旅游演艺对本土文化内涵的开发深度不够

目前，娱乐仍是甘肃省旅游产业六大元素中的"软肋"，纵然有先进的技术优势，但也有致命的文化缺憾。就演艺项目开发而言，对本土文化资源

挖掘利用不够，一些制作团队对甘肃地方文化的理解、发掘、展现都存在较大的不足，没有提炼出具有地域特色的文化肌理，与景区文化内涵粘连度不够，缺乏连续性的深度挖掘，展现其独特的文化元素和丰富的艺术形式还不够，演出的表现和创编都存在较大的提升空间。

（三）旅游演艺发展受到资金不足和门票过高的制约

有的单体旅游演艺项目投资过大，运行成本决定其门票单价过高，普通游客大多被拒之门外。根据目前中国的发展阶段和人们的生活水平，旅游演艺仍不能作为多数人精神享受的产品，致使一些大型旅游演艺项目的经营业绩一直"叫好不叫座"，至今仍未形成真正的市场竞争力。此外，财政、基金、社会等多元投入旅游演艺的投融资机制还不成熟，这也是使旅游演艺产品没有深入旅游产业链中，导致旅游演艺市场发展程度不高的一大因素。

（四）没有足够认识到旅游演艺对旅游产业转型升级的重要性

根据市场需求，旅游演艺需要开发多层次产品，节目既要有大手笔大制作，也要有低成本小精品，但一些景区仍不重视旅游演艺，缺乏面向游客的丰富多彩的旅游演艺项目，致使旅游演艺产品结构单一、吸引力不足，很难使游客放慢脚步，演艺项目在景区中一直处于"弃之可惜，食之无味"的尴尬境地。目前，甘肃省以实景旅游演出、剧场表演、旅游舞台表演为主，主题公园目前还没有打造出具有一定影响力的定制型演艺产品，还没有将演艺项目与游乐设备及景区里节庆活动融合，特别是嘉峪关方特欢乐世界和大型演艺项目还没有形成统一和互补，主题公园旅游演艺的客源群体还没形成。今后，通过旅游演艺这一产业平台，丰富旅游产品和产业体系，延长旅游产品链，实现旅游收入由以门票为主向综合收入均衡转型，使旅游演艺成为旅游经济的重要增长点等方面还有上升空间；如何拓宽思路，注重旅游者观赏与参与体验的融合，是未来文化旅游演艺产品开发设计中需要考虑的问题之一。

（五）在主动融入"一带一路"文化旅游经济圈，拓展协同发展空间方面还需要加强

旅游演艺需要以产业联动为出发点，构建立体精准营销体系的发展理念，在全力打造河西五市、陇东南五市和沿黄四市（州）三大板块旅游演艺市场联动化、特色化、差异化发展新格局方面还有待深化；在组织高效化的板块组团发展模式和旅游演艺产业升级方面需要进一步突破；在持久开展甘肃旅游演艺全民宣传行动、争取形成甘肃新的"朋友圈"和新的"气场"等方面还有待拓展。总之，甘肃旅游演艺在主动融入丝路文化旅游经济圈，拓展产业跨界融合、加强产业联动发展等方面还需要进一步提升。

三　发展甘肃文化旅游演艺市场的对策建议

（一）强化旅游演艺市场发展的全域统筹，打造以大景区为支撑的国际知名旅游演艺目的地

2018 年 1 月，甘肃省委、省政府《关于加快建设旅游强省的意见》提出的"交响丝路·如意甘肃"这一总体定位，是对提升旅游业发展核心竞争力、加快旅游强省建设的一项重大部署。2018 年 2 月 8 日召开的甘肃省旅游发展产业大会进一步指出，首先要加快 20 个大景区建设，每年要力争创建 1 个国家 5A 级景区或旅游度假区，率先把张掖丹霞和官鹅沟建成国家 5A 级景区。在打造国际知名旅游目的地的战略目标下，甘肃省可谓推进旅游演艺发展正当其时、潜力巨大，要紧紧围绕 20 个大景区建设做大做强文化旅游演艺产业，把甘肃建设成文化旅游演艺的强省。

首先，依托著名旅游景区景点，打造一批表现地域文化背景、注重体验性和参与性的形式多样的主题商业表演活动。4A 级及以上景区，尤其是 5A 级或正在申报 5A 级的景区，要把发展旅游演艺作为旅游业态开发建设的重中之重，使之成为文化精品和旅游经济新的增长点。这就需要进一步加快推

进文化旅游深度融合发展，培育打造文化旅游演艺特色产品，鼓励用差异化竞争创意策划文化旅游演艺项目，支持创演文化旅游演艺精品，扶持开发文化旅游商品，推动建设一系列文化旅游演艺示范工程。具体来说，就是要发展以历史、民族、民俗等文化体验为主要内容和目的的甘肃特色文化旅游演艺，重点发展以敦煌文化为核心的河西五市精品丝路旅游演艺、以黄河文化为核心的沿黄四市（州）黄河风情游旅游演艺、以始祖文化为核心的陇东南四市华夏祖脉旅游演艺以及红色文化旅游演艺，围绕"一带一路"倡议，制定甘肃文化旅游演艺市场发展的全域统筹方案，实现甘肃旅游演艺市场的大发展。

其次，以发展驻场演出模式为重点，围绕"交响丝路·如意甘肃"这一总体定位，配合打好"六张旅游牌"，即历史文化牌、生态体验牌、民族风情牌、红色旅游牌、乡村旅游牌、工业科技牌，排演一批涉及这六种题材的剧目，通过在特色旅游目的地和重点景区上演各具特色的创意驻场演艺品牌，最终形成以全省旅游演艺品牌为龙头、以区域旅游演艺品牌为支撑、以景区演艺品牌为基础的驻场旅游演艺品牌体系，从而增强旅游演艺品牌的聚合力和集中度，提高旅游演艺品牌的影响力、知名度和美誉度，实现甘肃全域旅游与演艺相融合的发展局面，为全面打响"交响丝路·如意甘肃"这一主题形象品牌服务。

（二）加大对景区演艺项目的开发力度，注重强调对文化"根"和"魂"的挖掘

首先，创作具有地域文化特色的剧目，大力推进戏剧剧本创作，建立剧本储备库，提高旅游演艺产品的供给质量，是引导文化旅游演艺产业品牌化发展的重要举措。文化是旅游的灵魂，是支撑旅游业可持续发展的核心资源，独具特色的演艺主题和风格才是旅游演出市场竞争的有力武器，无论是实景旅游演出、主题公园旅游演出还是剧场表演旅游演出，其旅游演艺产品都要重视对本土文化资源和内涵的开发。旅游景点应尽量挖掘和选取具有地域文化特色的创作题材，重点打好三大"特色牌"，依托世界文

遗产点、全国文物重点保护单位和馆藏文物、国家级非物质文化遗产项目的对外影响力，打响"敦煌""丝路"品牌；发挥中国历史文化名城和甘肃历史文化名城的品牌效应，依托历史文化名镇名村和传统村落，挖掘各地深厚的历史文化底蕴，打好地方特色牌；深入采集各少数民族素材，加强项目策划，通过多种旅游演艺形式，打好民族特色牌，将优秀的民族文化加以传承发展。通过一系列准确的定位和创意性的策划，向全国、全世界展示灿烂的甘肃文化和优秀的当代陇原文明，助推甘肃旅游演艺进入高质量发展的新时代。

其次，让景区与旅游演艺形成统一和互补，积极培育这两大产品的客源群体，为打造丝绸之路重要旅游演艺目的地奠定坚实的基础。以深耕、做大、做细、做强为核心，加大对景区演艺项目的升发力度，自主研发一些符合本土文化特性的旅游演艺产品，增加旅游演艺的人文内涵和吸引力。主题公园演艺应从中型产品入手，突出演艺项目、游乐设备与景区里节庆活动的融合。主要景区所在的城镇要保证每星期不少于两场次的精品剧目展演；敦煌、兰州、张掖、天水、平凉、武威、酒泉等热点旅游城市要做到夜夜有精品剧目展演；核心景区要做到常态化的实景演出或景区演出。通过逐步推出一系列具有本土文化特性的旅游演艺项目或节目，让影响力大、竞争力强、辐射面广的大景区在战略决策、产业布局、项目建设等方面着力构筑融合创新支撑，推进甘肃文化旅游演艺市场快速发展，实现甘肃全域旅游统筹建设。

（三）完善综合服务体系，确保旅游演艺产业良性发展

一是完善政府对培育演出市场的扶持和激励机制。首先，支持文艺院团发展，加快排演场所建设，特别是随着旅游演艺市场客流的增加，要建旅游演艺市场自己的停车场、游客服务中心和贵宾服务中心，这需要政府给予用地上的支持，从而推动旅游演艺设施提质升级，提升剧场运营水平；其次，各级政府应加强引导，把旅游演艺重点项目纳入贷款贴息或补贴范围，鼓励金融机构为旅游演艺项目提供信贷支持，并在贷款利率上给予优惠；最后，

强化资金保障，建立起财政、基金、社会等多元投入的旅游投融资机制，支持社会资本以投资、参股、并购等方式进入旅游演出市场，将旅游演艺项目列为地方对外招商引资的重点推介项目，吸引境内外战略投资集团、大型旅游集团和文化企业投资旅游演艺，使旅游演艺实现高起点规划、高水平建设、高标准管理，形成旅游演艺多元化的投资渠道和机制。

二是加强旅游演艺的人才智力支撑。随着新时代的变化和竞争，了解演出行业、有资源、会管理、懂产业、对政策环境有意识的专业人才是演艺产业良性发展的保障。通过创新办学模式和人才培训机制，为旅游演艺发展打造一支既谙熟文化又精通旅游的复合型、专业型、适用型人才队伍。采取柔性吸引人才策略，尤其是积极吸收引进高级编导、出色舞台设计师、著名演员、高端经营管理人员等高端人才，为优秀人才成就事业创造良好的环境，促进演艺产业健康良性的发展。

三是发挥甘肃省舞台器械装备制造优势，研发增强舞台艺术表现力的声光电综合集成应用技术、基于虚拟现实的舞美设计与舞台布景技术、移动舞台装备制造技术等关键支撑技术，做大做强舞台艺术装备制造业。

（四）加强旅游演艺市场监管，实现传播平台的新提升

首先，政府要采取措施来规范市场，通过引导、激励等机制，让旅游演艺市场竞争有序化。各级政府应加强组织领导，协调解决旅游演艺发展中的各种问题，做到定责问效，严厉打击不正当经营等行为，遏制旅游演艺市场票务混乱的现象，维护良好的旅游演艺市场环境和秩序。

其次，推动演艺和旅游市场的紧密合作，演艺与旅游联动对接，合作推销，利润分成，建立风险共担、利益共享的机制，切实推动旅游演艺的健康有序发展。

最后，强化监督管理，优化旅游演艺环境。旅游演艺舞台是公共文化娱乐场所，文化、旅游等部门要强化对旅游演艺节目内容的审核把关和日常监督管理，杜绝庸俗、低俗和媚俗的东西在舞台上呈现，使旅游演艺舞台成为

弘扬社会主义核心价值观、开展爱国主义教育的重要阵地，成为代表先进文化、弘扬正能量的传播平台，成为积极向上、健康时尚生活方式的传感器。

（五）发挥旅游演艺特色品牌的引领作用，为新时代讲好中国故事的文化战略服务

首先，旅游演艺市场已进入品牌竞争时代，品牌影响力已成为现代旅游业核心竞争力，要充分发挥甘肃演艺骨干企业带动引领作用，带动一些重点景区的旅游演艺市场的发展壮大。驻场版《丝路花雨》作为展示敦煌文化的一个载体，代表中国经典舞剧的创新力，特别是用舞台艺术的形式去呼应"一带一路"构想，去呼唤世界人民所共同追求的和平、发展、友谊、交流的时代主题，将对促进丝路沿线旅游共同发展具有标志性意义和作用。因此，进一步打造、提升驻场版《丝路花雨》的品牌价值，扩大《丝路花雨》的品牌效应和社会影响力，不仅为敦煌旅游演艺发展树立了一个世界品牌，还对进一步拓展甘肃旅游演艺市场、打造更多的精品演艺品牌、促进旅游演艺与相关产业融合发展、取得经济效益和社会效益双丰收具有重要作用。

其次，借助敦煌国际文化旅游名城平台的影响力，将敦煌大剧院打造成丝路新名片，突出其在丝绸之路上的重要地位及其在文化交流合作中的关键作用。敦煌近五年旅游业收入年均增长30%以上，近三年境外游客年均增长40%，日益增多的"一带一路"沿线国家游客给敦煌带来了国际上的影响力、美誉度、信息流。因此，全新发展的敦煌大剧院要与敦煌旅游相融合，与节庆会展相融合，建立演艺与旅游深度融合的项目库，结合文博会的有利机遇和政策支持，以节造势、以势聚客、以客促商，最大限度地与市场接轨、与国际接轨，发挥敦煌大剧院在国际水准、丝路气象、甘肃特色等方面独有的竞争优势，促进丝绸之路沿线国家、地区间旅游演艺的交流合作，进一步拓展国内外演艺市场。

再次，讲好新时代的中国故事，让旅游演艺市场在更深层次上实现文化相通相亲的目标。发展甘肃旅游演艺，讲好中国故事，需要组织一流的实景

舞台创作团队来设计和打造实景舞台演艺，实现主题清晰、创意新颖、制作精良、全球视野的目标。旅游演艺要放大敦煌文化这一优势，彰显敦煌文化中的"美人之美""美美与共"的开放胸襟，"止戈为武""协和万邦"的和平思想，"和为贵""和而不同"的东方智慧，以及"自强不息"的奋斗精神、"舍生取义"的牺牲精神、"革故鼎新"的创新思想。2018年，敦煌市进一步转型升级旅游业，提升了内涵和品质，申报新增了玉门关、悬泉置两处世界文化遗产，"鸣沙山·月牙泉"创建为5A级景区，成功申报创建中国敦煌世界地质公园等项目。甘肃应加紧创排有关玉门关、悬泉置两处世界文化遗产题材的旅游演艺项目，进一步增强敦煌文化自信的永恒魅力和强大张力，把敦煌文化做大做强。

最后，不断创新沉浸式演艺手段，开启未来文旅的引领模式。旅游演艺创意编排的节目需要精雕细琢，可采用"实景艺术呈现 + 多维（4D、5D、7D）影院技术 + 数字成像技术 + 机械互动技术 + 真人演艺"的组合式手段来增强观众与故事的交融和互动，观众既不是简单的行走观看，也不是置身事外的被动观看，而是随着故事的情节设置，边互动边体验边参与的观看，这种模式强化了视觉冲击力和现场感染力，给人耳目一新的感受。目前正加速打造的演艺项目《极乐敦煌》，将呈现敦煌壁画故事中的人性之美、盛世之美、视觉之美、舞蹈之美、妙音之美、宏大之美，让游客感受震撼场面的同时，充分融入情境表演，使之内涵丰富、回味无穷，这种注重互动性与体验性的创新，也是沉浸式演艺的价值所在，已成为未来文旅发展的引领模式。

（六）构建立体精准的营销体系，打造甘肃旅游演艺品牌产业化格局

由于丝绸之路（敦煌）国际文化博览会和敦煌行·丝绸之路国际旅游节的拉动作用，以及众多国际级会议、赛事落户甘肃的因素驱动，甘肃的旅游演艺市场迎来越来越多的发展机遇。打造甘肃旅游演艺品牌产业化格局，注重构建立体精准营销体系，加强产业联动，将演艺产业与旅游业、节庆会

展业在融合发展中达到互促共赢，实现叠加放大效应最大化，进一步拓展旅游演艺发展空间，提升甘肃旅游演艺市场长足发展的核心竞争力。

首先，整合全省旅游演艺资源，加大对外宣传力度，多渠道、多途径推广甘肃旅游演艺精品项目，展示甘肃文化形象。积极与国内外演艺机构多项目、多团队合作，积极引进优秀剧目来甘肃演出，活跃甘肃旅游演艺市场。一是强化整合营销，注重借力借智，提升经济发展综合拉动的效益。充分发挥甘肃省作为丝绸之路旅游推广联盟牵头省份和秘书处的作用，并积极融入中国黄河、长城、世界遗产、青藏铁路、唐蕃古道等旅游演艺市场推广联盟，借助中新南向通道旅游推广联盟、甘肃旅游品牌战略推广联盟、长征沿线红色旅游城市联盟，共同联合相关省份赴国内外主要客源市场开展宣传旅游演艺的推广活动，以此加强与"一带一路"沿线国家和地区、国际及友好省州和城市等的合作，不断拓展国内外演出市场。二是鼓励演艺企业建立对外文化贸易信息平台和营销网络，探索建立甘肃省与海外中国文化中心长效合作机制，扩大甘肃文化国际影响力。利用敦煌文博会、兰州国际民间艺术节、"意会中国"、"海外中国文化中心伙伴团"等节会平台和品牌项目，积极引进国（境）外优秀文化演艺项目来甘肃交流互鉴。三是旅游演艺要坚持把"交响丝路·如意甘肃"的品牌形象作为重中之重，全方位、立体化、高密度推进宣传推广工作，通过一系列大型交响乐和实景演艺推介，全面展示"交响丝路·如意甘肃"的丰富内涵，推动甘肃旅游演艺文化"走出去"，助力旅游演艺强省建设。

其次，加强旅游演艺院线建设，联合省内及周边省份演出剧院，建立西部旅游演艺院线，成立旅游演艺联盟，建立统一的票务网，推进旅游演出场所连锁经营，实现旅游演艺产业规模化、集约化发展。

再次，营销方面着力做好四项，即新闻媒体的嘴、名人的笔、互联网的技术手段、百姓的口碑。通过设置新闻中心，报纸、电视台等重点媒体大幅刊发、播报旅游演艺专题信息；通过国内外传统媒体和网络媒体持续聚焦旅游演艺活动；通过持续在中央电视台、甘肃卫视播出甘肃旅游演艺形象宣传片，在省内重点旅游城市打造系列"交响丝路·如意甘肃"旅游主题演艺活动，不断提升旅游演艺品牌的知名度和美誉度。

最后，重点打造一批甘肃特色的文化节庆会展品牌，以此提升全域旅游演艺发展的支撑能力。首先，强化节庆会展与旅游演艺融合发展，除办好丝绸之路（敦煌）国际文化博览会，打造世界一流的国际文化交流合作平台之外，还要策划培育一批具有国际知名度和影响力的甘肃特色文化节庆会展品牌，力争每个市州都有一个国家级节庆会展项目。针对中国·嘉峪关国际短片电影展、"张芝奖"全国书法大展、敦煌行·丝绸之路国际旅游节、公祭中华人文始祖伏羲大典、中国兰州国际鼓文化艺术周、兰州国际民间艺术节、中国乞巧文化旅游节、中国民族声乐敦煌奖、中国·河西走廊有机葡萄美酒节、中国庆阳农耕文化节、中国书画艺术节、世界李氏文化旅游节、平凉崆峒养生文化旅游节等重点节庆会，打造一批与之文化主题相符的旅游演艺项目，这些演艺项目要用世界眼光，采用多样文化形态，展示本地开放、创新、包容的独特文化魅力。通过节庆会展与旅游演艺深度融合，实现叠加放大效应最大化，提升全域旅游演艺发展的支撑能力。其次，坚持"做足丝路文章、引爆国内外市场"的营销攻略，组织文化企业参加省内外文化产业博览会和产品推介会，进行一流的营销，引导、引领、吸引观众观看旅游演艺。注重以节促游，以游促演，带动全省旅游演艺市场持续升温，率先通过承办节庆会展的辐射效应和品牌效应的叠加带动，促进敦煌、张掖两地旅游演艺市场持续火爆，使敦煌、嘉峪关、张掖成为丝路旅游演艺的"黄金三角"，然后进一步带动甘肃其他地区的旅游演艺市场，最终形成丝绸之路沿线旅游目的地和游客集散地陆续布局甘肃旅游演艺大型剧目的局面，让甘肃的旅游演艺影响力迅速攀升，打造一个丝绸之路上的国际化旅游演艺目的地。

（七）做大甘肃旅游演艺产业，发展全产业链与版图扩展

精彩的旅游演出能吸引旅游者，延长其在旅游地或景区的逗留时间，从而产生住宿、餐饮、交通等多方面的溢出效益，带来高额商业利益。因此，要创新旅游演艺产业的"文化＋""旅游＋""商业＋"等一系列的完整产

业链组合模式，让演出与项目延伸有机结合，拓展经营范围，构建以演艺为核心的跨媒体、跨区域泛娱乐生态圈，同时培育知名旅游演艺企业朝着大集团化的发展方向前进，逐渐向上下游领域延伸，形成涵盖住宿、旅行、旅游演出、旅游购物等业务的纵向产业链，从而提升演出的价值链，丰富演艺项目的盈利模式，引领甘肃全产业发展。

1. 着力构建旅游演艺文化商品研发生产体系，建立健全产品销售网络

在实施旅游演艺商品销售网络建设方面，培育一批旅游演艺商贸企业，打造一批专营店、精品店，规划建设一批旅游演艺商品专业集散市场，重点推进景区（景点）标准化销售区域建设；加快建设特色旅游演艺商品销售平台，推动酒店、商城、机场、车站、演艺场所等销售网点建设，举办旅游演艺商品展销会；开发演出的衍生产品，比如服装、纪念品等，促进文化创意与相关产业融合发展，推动文化文物单位文创产品开发。

在规划建设一批文化旅游演艺综合体项目方面，围绕旅游文化演艺剧目开发、旅游文化商品开发、景区游乐项目建设、户外运动基地建设、餐饮购物街区建设、乡村休闲旅游发展等重点领域，提升全域旅游发展支撑能力，形成全域发展新格局。

在创新开发旅游演艺商品品牌方面，将文化产业、旅游演艺产品及品牌结合起来，实施中国旅游演艺商品品牌建设工程，重视旅游演艺纪念品创意设计，提升文化内涵和附加值，加强知识产权保护，积极培育甘肃地方特色的旅游演艺商品品牌。

2. 实施甘肃旅游演艺产业的聚集与辐射功能的有效途径

演艺项目的体验性决定了其与文化旅游密不可分的关系，也决定了其在强调"体验"和"参与"的文化产业发展中的价值，旅游演艺正是由于其丰富的体验性和参与性、与其他业态的融合能力及外部辐射能力，为众多领域带来新的机遇和可能性。探索旅游演艺领域模式创新，实施甘肃旅游演艺产业的聚集与辐射功能的有效途径有以下几种。例如，甘肃通过各类艺术节的举办和旅游演艺特色小镇的建设来激活旅游演艺的乘数效应，带动相关产业发展，进而形成城市或地区的文化品牌。在这一过程中，旅游演艺起到了

凝聚流量、文化、旅游等资源,培养地方居民文化素养,促进地方资源升级,优化空间布局,集聚产业项目的作用。又如,在以敦煌大剧院为重点工程的敦煌,未来的建设目标是以旅游演艺产业为特色的文旅产业,将敦煌打造成旅游演艺之都,通过优化旅游演艺设施布局,重点支持旅游演艺活力区等演艺集聚区建设,加快形成旅游演艺产业集群效应,使旅游演艺的价值逐渐成为敦煌市发展文化旅游和文化转型升级的重要突破口。再如,目前国内一些知名旅游演出和主题公园开发的丰厚经验正在向全国范围内进行版图扩展,地产集团也以不同形式介入演出,或以此发展文化旅游,或投身特色小镇的建设,这也将成为甘肃省旅游演艺市场积极寻求文化产品价值、实现方式的多元化和价值链扩展的有效途径之一。由此可见,近年来,旅游演艺产业是文化创意产业的重要组成部分,从政府到市场,都愈发重视旅游演艺产业在当代社会政治、文化及经济发展中的作用。随着文化产业的繁荣发展,在发挥巨大的集聚与辐射功能前提下,甘肃省演艺产业必将呈现跨界融合的蓬勃发展之势,引领旅游演艺领域模式创新的新趋势。

此外,值得注意的是,每一个旅游演艺项目都有各自不同的商业模式,要创新旅游演艺产业的聚集与辐射力模式,就要运用创意、整合、配置、包装等手段,以国际视野和大手笔、大场景、大制作打造甘肃文化旅游演艺标志品牌,力争创造最大效益。同时,要清醒地认识到模式创新中的风险承担,特别是对地方政府和外来企业来说,需要理性认识"演艺 + 项目"的价值。在后续的发展中,如何让旅游演艺能形成良性循环、有聚集效应的产业链,如何依靠旅游演艺来实现文化产业中的乘数效应,如何让旅游演艺与资本、地产等外部力量保持健康合作关系,这些都是有待我们探索的。

总之,在旅游演艺产业的集聚与辐射的功能带动下,今后甘肃旅游演艺市场追求的已不仅是演出场次和观众人数,更是借助文化演艺行业的丰富经验和独特的竞争优势,开始延伸文化产业链,布局其他行业和领域,将旅游演艺产业运作模式的创新性、品牌价值的延展性和产业链条的延伸性等方面进一步提升。旅游演艺产品是整个产业链的核心环节,只有充分发挥旅游演艺丰富的体验性和参与性,释放与其他业态的融合能力及外部辐射能力,才能打造出理想的文化旅游演艺目的地，促进甘肃旅游演艺市场的版图扩展，不断增强甘肃文化软实力的影响，真正给甘肃省文化旅游市场融合发展注入强劲的动力。

参考文献

徐爱龙：《甘肃旅游的新名片——"交响丝路·如意甘肃"》，每日甘肃网，2018 年 3 月 27 日，http：//tour. gansudaily. com. cn/system/2018/03/27/016932921. shtml。

多蕾：《"旅游 +"发力成国庆黄金周甘肃旅游新动能》，中国政府网，2018 年 10 月 8 日，http：//www. gov. cn/xinwen/2018 – 10/08/content_ 5328532. htm。

杨成利：《敦煌："十一"黄金周实现旅游收入 3. 3 亿元》，敦煌市人民政府网，2018 年 10 月 9 日，http：//bc. dunhuang. gov. cn/dunhuangxinwen/jicengdongtai/20181009/1617028418d822. htm。

赵建军、张玉学：《敦煌大剧院一周年庆系列演出启幕》，敦煌市人民政府网，2017 年 12 月 20 日，http：//bc. dunhuang. gov. cn/zhuanti/wenhualvyou/20171220/104547881e50e. htm。

李秀清：《甘肃省旅游产业发展大会在兰召开，林铎唐仁健出席并讲话》，中国甘肃网，2018 年 2 月 9 日，http：//gansu. gscn. com. cn/system/2018/02/08/011905678. shtml。

个 案 篇

Reports on Individual Cases

B.12

甘肃乡民文化自信与乡村文艺繁荣研究

——以银达村为个案

买小英[*]

摘　要： 文艺被视为"民族精神的火炬"和"时代前进的号角"。重视文艺"三农",繁荣农村文艺是对农民文艺生活的充实与提升,是推动社会主义文艺全面繁荣的重要组成部分。本文以酒泉市肃州区银达村为研究个案,继而就甘肃省在乡村文化建设过程中如何树立乡民文化自信、如何促进乡村文艺繁荣提出相应的对策建议。一是增强乡村文化认同,提升乡村文化自觉;二是树立乡民文化自信,培育文明家风乡风;三是建立公共服务长效机制,加大扶持保障力度;四是繁荣乡村文艺,推动乡村文化产业进程。

关键词： 甘肃　乡村文化　文化自信　乡村文艺

---

* 买小英,甘肃省社会科学院文化研究所副研究员,主要研究方向为文化研究。

乡村文化是指在乡村社会中，以农民为主体，以乡村社会的知识结构、乡风民俗、价值观念、社会心理、行为方式为主要内容，以农民的群众性文化娱乐活动为主要形式的文化类型。[①] 农村文艺既是一个空间范畴，又是一种特殊实践，它既包括农村群众的文艺创演和欣赏活动，又包括"三农"题材的文艺创演及探索实践。《中共中央国务院关于实施乡村振兴战略的意见》中指出，农村文艺的繁荣是社会主义文艺全面繁荣的重要标志，要繁荣兴盛农村文化，焕发乡风文明新气象。本文以酒泉市肃州区银达村为研究个案，继而就甘肃省在乡村文化建设过程中如何树立乡民文化自信、如何促进乡村文艺繁荣提出相应的对策建议。

一　银达村文艺发展的现状与特征

银达村有深厚的文化底蕴和传统的文化氛围，早在20世纪50年代，当地乡民们就创建了农民艺术团。数十年来，乡民们持续、广泛地开展各类文化（文艺）活动，在"乐人乐己"中"惠人惠己"，不断丰富当地乡民的文化、文艺生活，推动当地乡村文化纵深发展。

首先，银达村乡村文化生活丰富活跃，薪火相传。调查显示，银达村的文化娱乐活动主要由三部分组成：有民间传统的民俗社火、秧歌、舞蹈、戏曲，有现代传媒的影视、广播、电视、网络，有健身益脑的体育、打牌、下棋、读书看报等（见图1）。在这些文化娱乐活动类型中，民间传统活动和健身益脑活动最受乡民们的青睐。其中，银达村的民俗社火多次参加各种展演，好评如潮。已经建成的肃州区红色文化人才实训基地，采取"理论＋实践"的方式，在戏剧化妆、舞蹈编排、舞蹈动作等方面开展对银达镇文艺骨干的集中指导与培训，反响热烈。

其次，银达村乡村文化内涵得到挖掘和传承，正能量足。乡民们主动挖掘

---

① 赵旭东、孙笑非：《中国乡村文化的再生产——基于一种文化转型观念的再思考》，《南京农业大学学报》2017年第1期。

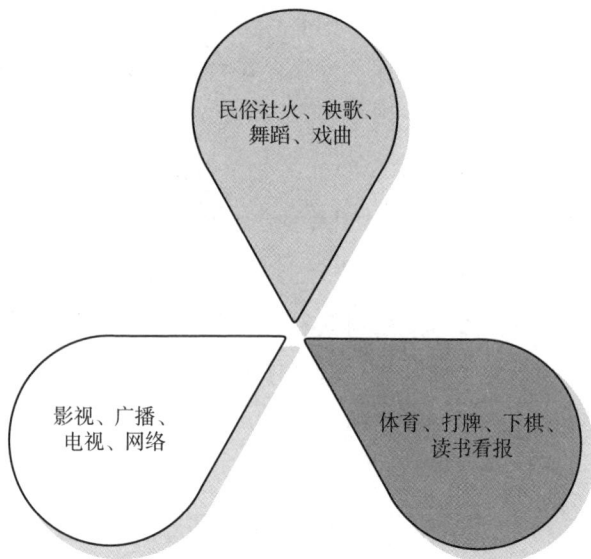

图1　银达村文化娱乐活动组成类型

和保护当地民间民俗文化，继承和推广当地特有文化。数十年来，乡民对传统的民间民俗文化节目不断进行改进和创新，编排出一批群众喜闻乐见的优秀文艺节目，如"赶驴""地蹦子""灯笼社火""二鬼打架"等，这些传统民间社火舞蹈作为民间非物质文化遗产已被列入省级非物质文化遗产名录。该村民间艺人编演的小陇剧《摔罐》、《洞房花烛夜》、《老娘家中宝》等一批文艺节目也先后获得国家、省、市（区）的表彰奖励，其中小陇剧《摔罐》以倡导良好家风、敬老孝老、家庭和睦为主题，深受当地民众的喜爱，在当地流传甚久。

再次，银达村乡村文化活动形式多样，辐射面广。在小型文化活动的基础上，乡村舞台（文化剧场）以其丰富性和专业性深受广大乡民的喜爱，在文艺表演的内容和形式上着力于"演农民、唱农民"，在文艺展演的成员组成上注重"农民演、农民唱"，用乡民喜闻乐见的文艺节目，弘扬社会文明新风，丰富乡民文化生活，广大乡民的素质和文明程度有了明显提高；通过文化"走出去、请进来"，广泛开展镇与镇、村与村之间的文化交流活动，使银达文化的影响力不断得到提升，通过形式多样的文艺活动凝聚人心，弘扬时代主旋律，传播社会正能量，促进文明乡风建设。

最后，银达村乡村文化建设影响扩大，示范性强。银达村成功入选2018年甘肃省民政厅公布的35个全省第二批农村社区建设示范社区名单。农村社区示范点（涵盖毛主席光辉按语碑广场、肃州好人馆、道德讲堂、图书阅览室、孝德文化墙、社会主义核心价值观文化长廊等精神文明建设"八个一"示范工程）的入选将更加有效地促进银达村基层组织建设，提高银达村的社区服务能力和水平，为广大乡民的生活、学习、娱乐提供一个更为广阔的平台。

银达村是甘肃农村社区建设的示范点，也是甘肃乡村文化建设的代表。在其蓬勃发展的同时不可避免地存在一些问题。首先，公共文化服务水平低，基础设施薄弱。受城乡二元结构的制约，银达村的发展明显滞后于酒泉其他市区的发展，相应的，乡民物质生活水平与市民之间也存在明显的差距。在乡村文化建设的基础设施、人员配置、发展速度方面也存在差距。

其次，文化管理体制不协调，年轻人参与程度低。由于管理部门之间缺乏协调和管理规范，出现对乡村文化市场监管不力的情况，一些不健康甚至有害的文化产品在乡村地区传播和蔓延，影响当地乡民尤其是青少年的身心健康。农村青壮年大多外出务工，成为"候鸟"，留守儿童和老年人占农村常住人口的大多数，因此，文化活动中年轻人的参与程度相对较低，很大程度上影响了文化活动的持续性深入开展。

最后，乡村专业文化人才缺乏，传统文化传承受阻。随着乡村青壮年人员的大量进城务工，留守乡村的老一辈乡村文艺工作者和传承人日渐衰老或离世，流传当地的一些民间文艺或也相继出现断代或后继尤人的局面，同时从事戏曲、秧歌、鼓队等民间文艺活动的乡村文化带头人和骨干缺乏，致使民间民俗文化的传承和发展面临停滞或中断的境况。

二 甘肃乡民文化自信与乡村文艺发展的问题分析

乡村文化建设和文艺繁荣有赖于乡村文化载体、文化建设主体、乡

民文化自信、乡村教育水平、农村管理体制及乡村人才队伍建设等多方
因素的影响和制约（见图2）。然而目前，由于区域经济的发展和城镇化
的推进，甘肃农村普遍存在传统村落日渐减少、农民流动性增强、乡村
文化载体消失、农民生活方式改变、异质文化冲击等一系列问题和瓶颈
亟待解决和突破。

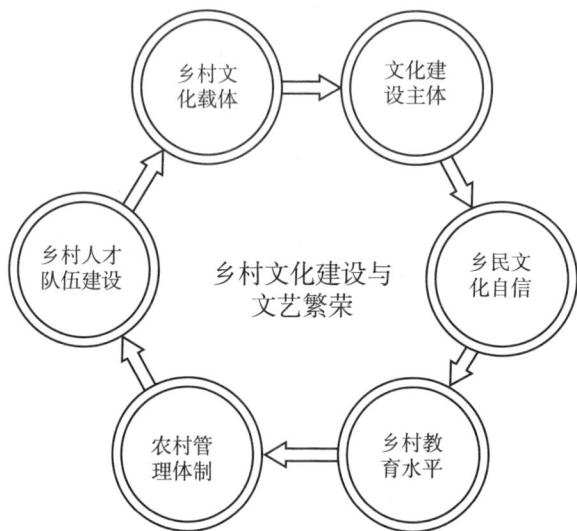

图2　乡村文化建设与文艺繁荣的组成因素

（一）乡村文化载体渐失，文化建设主体弱化

在城镇化进程中，大量乡村土地被政府征用，许多村落进行改造和开
发，农村普遍出现村庄合并、集中建镇、移民建镇的现象，传统村落日渐减
少，乡村传统的社会格局发生改变。大量农民离开乡村、离开土地，不断向
城市流动，甚至一些农村日渐出现房屋闲置、空无一人的现象。广大乡民长
期以来保持和延续的固守一方土地，"日出而作、日入而息"的小农生产方
式发生改变。

农民出于对自身生存条件要求的提高、对城市各类资源的追求、对自我

现状的不满等原因和目的，向城市流动的积极性和主动性不断加强，他们向往城市生活的心理需求日益强烈。在流向城市的过程中，他们接触、了解并感知更多外面的社会、外面的世界，他们的自我意识、自主意识、自觉意识、自信意识、自强意识日益增强。同时，他们的居住条件、生活状况、人际关系、价值观念、行为逻辑、语言表达等也悄然发生变化。即便是留守农民也会在流出农民回流乡村的过程中，潜移默化地接触和感受城市文明与先进的生活方式。这种城镇化所引起的农民流动，使农民以"候鸟"的方式回归乡村，在城市与乡村之间不断进行选择，寻找自己的人生坐标和发展方向。①

乡村人口向城市的流动，在减少农业劳动力的同时减弱了乡村文化发展的动力和活力，导致乡村传统文化的继承和发展面临困境。实际上，这部分群体正是乡村文化建设和发展的主力军，他们的流失意味着乡村文化建设主体出现"缺位"。农民的乡土情结在城镇化的过程中日渐淡化，他们的物质生活和精神生活离以往的乡村越来越远，他们对乡村生活和乡村社会的认同感逐渐下降并缺乏自信，也对乡村文化的价值和意义产生了质疑，这些都使乡村文化在广大乡民心目中的影响力、吸引力、感召力不断下降，都市文化凭借其自身的优势得到了广大乡民的追捧，乡民摆脱、抛弃乡村文化的主观愿望日益增强。

（二）乡村教育水平落后，文化自信受到冲击

1. 乡村文化建设缺少教育基础

乡村建设现代化离不开有文化、农业技术知识丰富、综合素质高的乡村群众，乡村文化建设的成败取决于乡民文化素质的高低，而高素质的乡村民众更是离不开乡村教育的培养和提升。城乡差距使大量乡村优秀教师流向城市，乡村教育资源日益短缺。基层政府教育资金投入有限，在乡村教育的投入上更显不足，致使很多优秀教师因待遇不高、缺乏教学设施等原因而逐渐

---

① 吕宾：《城镇化进程中乡村文化内生性建设》，《学习论坛》2016 年第 5 期。

流向城市，这是当前乡村教育落后的主要原因之一。

受自然环境、地理位置及城乡二元化现状的影响，城市与农村公共教育投入存在不均衡的现象，尤其是甘肃贫困地区农村的办学条件、教学环境、师资力量和教学设施均相对落后。乡村教师资源紧缺，部分乡村学校至今缺少正式教师而不得不聘请临时代课教师。一般文化课专业教师尚且缺乏，而从事艺术类课程的专业教师更是少之又少。此外，基层政府对乡村群众的社会公德教育、弘扬中华民族传统美德及现代文明教育的重视力度不够，导致乡民思想觉悟不高，滋生不良社会风气，对乡村文化建设、文艺繁荣造成不利的影响。

2. 不良文化、外来文化冲击乡民文化自信

乡民受自身认知和素质所限，在不良文化的冲击面前缺乏有效的鉴别和辨析能力，在选择上较为随机，动态性、盲目性和随意性较强，文化上的盲从现象十分明显。家庭伦理道德失范、传统义利观念淡化、"天价彩礼"的因婚致贫、封建迷信思想等现象屡屡出现，使传统价值观、道德观受到重创。

在社会发展过程中，不同地域、不同文化之间的交流和碰撞日益频繁，不良文化、外来文化的冲击力不断加大、影响不断加深，这些现象已经不能再被忽视。在经济全球化和文化市场化的背景下，乡村社会（包括乡村文化等）日益受到不良文化、外来文化的冲击，乡村文化面临和迎接传统文化、流行文化、大众文化之间的相互交织、相互碰撞。乡村文化的多元化发展，使其身处其中的不同利益主体之间形成各自相异的文化价值观念，并由此形成文化冲突。① 在外来文化的席卷和现代文明的冲击下，相对闭塞的乡村文化及乡村固有的传统习俗均不可避免地受到影响，年轻人在城市文化的影响下，对自己的乡村文化产生不自信，不愿扛起文化传承的责任，从而导致乡村文化的传承面临困境。

---

① 周军：《中国现代化进程中乡村文化的变迁及其建构问题研究》，博士学位论文，吉林大学，2010。

（三）管理层责任意识缺乏，体制机制不健全

1. 对乡村文化建设的重要性缺乏理性认识

在乡村经济发展与文化建设的过程中，部分基层政府和民众对乡村文化建设的重要性缺乏理性认识，只注重经济发展，而忽视了文化建设，没有意识到文化发展在乡村社会建设中的重要性和不可替代性，没有意识到文化对经济发展的重要影响和作用，使文化发展处于滞后的状态，文艺的繁荣更无从谈起。此外，在各级官员的业绩考核中，长期以来的考核标准都是过于重视经济指标，因而使部分政府官员容易在思想层面产生发展经济重要、文化建设工作次要的想法。某些基层乡镇干部思想觉悟不高、目光短浅，没有意识到发展乡村文化、提高农民文化水平和文化素质对发展乡村经济的促进和推动作用。甚至部分地区的基层领导干部为完成上级布置的脱贫任务，只重视乡村经济建设，而轻视文化建设，对"文化脱贫"的认识还不够，扶持政策和措施落实不到位，导致乡村文化发展缓慢，甚至处于停滞不前的状况。

2. 体制机制不健全、不灵活

首先，文化人才管理机制不健全。现阶段的管理机制对基层乡镇的文化工作者没有明确的规范，尚不能有效地保障他们的薪资，致使部分乡镇的全职文化工作者待遇水平比较低，且薪资没有保障，因而工作积极性不高，开展文化活动的热情不够。其次，公益性文化和经营性文化缺乏细化的管理规范和准则。目前，公益性文化实施"一刀切"的管理制度，缺乏弹性的管理制度；而市场自主开展的经营性文化，由于缺乏相应的制度保障，民间资本多处于观望状态，未充分地投入其中，使文化发展缺乏相应的资金支持。最后，政府管控下的相关文化单位的文化工作自主性受限。在进行文化活动的过程中照章办事，大多流于形式，使受农民喜爱的文艺展演、知识讲座等活动，由于分属不同的职能部门管辖、相关文化单位缺乏自主性、在沟通与交流时存在困难而在举办时显得"困难重重"。

（四）文艺人才队伍缺乏、待遇偏低

甘肃省乡村地区普遍存在文艺人才缺乏的现象，在偏远落后地区更为严重。乡村文化建设必须建立一支文化素质高、专业知识丰富、掌握相关业务的文化队伍。当前乡村地区从事文化建设的相关从业者文化水平、学历普遍较低，而受过高等教育的年轻人大都不愿回到农村，导致基层文艺发展缺乏高素质的带头人才。当前，从业者的文化才艺由于未接受过专业的指导训练，类似银达村为培养文化人才而建立实训基地的情况在全省尚不普遍，因此从业者的才艺大多停留在自娱自乐的水平，无法满足乡村文化建设更好、更高层次的要求。由于乡村地区经济发展落后，生活条件比较艰苦，很多年轻人宁愿出去打工也不愿待在乡村生活。当前，乡村地区文化活动的主要参与者大都是老年人，随着老一辈民间文艺人才的衰老、去世，流传于乡村的传统民间文艺面临日益衰落甚至消亡的困境。

农村文化人才待遇低亦是乡村文艺人才队伍匮乏的原因之一。乡镇财政困难，对文化部门的支持力度往往很小，基层文化站工作人员的薪资待遇得不到保证，组织相关文化活动也时常经费不足，久而久之，基层文化工作者对本职工作的热情与积极性就会受到影响，导致责任意识缺乏、工作中消极应对。同时，基层乡镇还会由于人手不够，将文化站工作者调去从事其他行政事务，文化站工作者兼顾工作太多、精力分散，根本无暇关注乡村文化建设内容，甚至出现"有站无人"的现象。原本具有群众基础的民间特色文化活动，由于文艺创作人才流失、基层政府不重视等原因，对群众的吸引力日渐减弱，面临退出乡村文化市场的境地。

三 甘肃乡民文化自信与乡村文艺繁荣的对策建议

文化自信是一个国家、一个政党或一个民族对自身文化价值的充分肯定，是对自身文化生命力的坚定信念，是文化图强的奋进意识。只有对自身文化有坚定的信心，才能获得坚持、坚守的从容，鼓起奋斗进取的勇气，焕

发创新创造的活力。

传统文化的保护与传承不仅需要广大乡村民众的努力，更需要有高公信力、服务型的政府的支持，这是确保各项政策法规得以落地的必要条件。挖掘、研究、开发和利用乡村文化，不仅是对传统文化的传承与发扬，也是为城市文化注入新的内容和活力，对发展社会经济、丰富人们的物质生活与精神生活、促进文化产业快速发展等都将起到积极的推动作用。

（一）增强乡村文化认同，提升乡村文化自觉

文化认同是通过人与人之间或个人与群体之间对共同文化的确认而实现的。文化认同的依据是人与人或人与群体之间使用相同的文化符号、遵循共同的文化理念、秉承共有的思维模式和行为规范。而生活在一定文化中的人知晓其文化，明白其文化的来龙去脉、形成过程及该文化所具备的特色和发展的趋向，被视为"文化自觉"。它包含对属于自身文化的自我审视、自我认知、自我觉醒、自我评判、自我更新及自我发展。将这种文化自觉置于乡村文化的背景下，就是乡村文化自觉，即乡民了解和熟悉其乡村文化的发展历程、内涵和实质，明确其自身的发展目标和方向，能够以乡村文化建设主体的身份传承和发展乡村文化。① 乡村文化不仅是乡村民众的文化符号、文化理念和思想行为模式，更是乡村文化建设的基础和前提。乡村文化自觉便是乡村文化发展的内在动力。

广大乡村民众是优秀民间民俗文化保护、传承和发展的主体，政府在推动乡民文化发展的过程中，要激发和鼓励乡村民众都能以主人翁的态度，积极、主动、自觉地参与乡村文化的发展、乡村文艺的繁荣工作，共同实现乡村优秀文化的传递和继承。要继承和发扬自古以来国人淳朴善良、勤劳勇敢、节制守礼、诚实守信、善恶有分、天下为公、自强不息、重义轻利的高尚品质和优良传统，引导和强化乡民对自身文化的正确认知和强烈认同，将传统乡村文化中的价值理念、文化内容及文化形式，以理性、科学的态度加

---

① 吕宾：《城镇化进程中乡村文化内生性建设》，《学习论坛》2016 年第 5 期。

以传承和发扬，继承民间曲艺、传说、歌谣、技艺等优秀的传统乡村文化，认识到优秀传统乡村文化在整个国家文化建设和文艺繁荣中的地位、价值与意义，形成并提升对属于自身乡村文化的归属感、自豪感、历史感和责任感。亲力亲为地参与乡村文化建设，感受乡村文化的特质与魅力，丰富自我精神世界，提升自我幸福指数。

（二）树立乡民文化自信，培育文明家风乡风

1. 树立乡民文化自信

乡民文化自信是乡村文化建设的内在活力。梁漱溟在其《乡村建设理论》中主张，通过儒家思想作为乡村文化建设重构的基础，通过设置乡规民约、道德方面的约束来提高乡村群众的自治能力，改善文化失调带来的乡村社会的混乱状况，从而建立新的文化思想理论。晏阳初主张以乡民教育为核心，通过进行"平民教育"来提高乡村民众的文化素质，提高乡村民众的文化水平，从而促进乡村文化建设的发展。在当前多元文化的背景下，乡村文化要获得应有的尊严、尊重、理解和支持，就需要通过教育提高广大乡村民众的文化自信心，让广大乡民坚定文化自信，在文化建设和发展的过程中以不卑不亢的文化态度，以理性科学的文化思想捍卫自身文化，自觉自愿地维护自身文化权益，主动表达文化需求和愿望，以实际行动保护和继承传统乡村文化的特质和魅力。

2. 培育文明家风乡风

通过教育提高乡民的文化素质和文化水平，增强他们在乡村文化建设中的主体意识。通过教育、宣传等途径引导广大乡民，强化他们对主流意识形态和乡村文化的认知与认同，帮助乡民自觉抵御不良文化、外来文化的影响与冲击。通过挖掘民间优秀传统文化资源，让乡民感受乡村之美，体会乡土情怀，通过利用和开发优秀民间文艺资源，激发乡村文化发展活力，在广大乡民中树立起坚定的文化自信心、文化自豪感和责任感。通过树立良好家风、文明乡风，在广大乡民中普遍形成孝亲孝养、尊老敬老、家庭和睦、友邻和善、团结和谐的美丽乡村环境和氛围。培育新乡贤文化，使新乡贤运用

自身的阅历和知识为乡村文化建设出良策、做贡献，用良好的道德素养和品德修为来影响乡里乡邻，为文明乡风树立榜样，从而推动乡村地区健康、和谐、有序发展。

（三）建立公共服务长效机制，加大扶持保障力度

建立农村公共文化服务的长效机制，健全乡村文化保护、传承、发展的制度保障措施，是促进甘肃乡村文艺发展与繁荣的坚实后盾。

1. 建立公共文化服务的长效机制

基层干部要从思想上转变认识，深刻认识到乡村文化建设的主体是广大乡村民众，要调动乡村民众继承和发展优秀乡村文化的积极性、主动性和创造性，从而增强和促进乡村文化建设与文艺繁荣的活力和动力。优秀乡民文化的传承与发展离不开政府的支持，财力、物力等的支持更是乡村文化建设与文艺繁荣的基础保障，要形成乡村文化服务的长效机制，提升农村公共文化服务的综合能力和水平。尤其对经济贫困的乡村地区应加大资金投入力度，改善和提升经济贫困地区乡村文化的基础设施和条件，保障经济落后地区乡村民众的文化权益。由各级文化行政部门与相关部门共同合力，完善文化服务动态监测和绩效评价机制，不定期对乡村综合性文化服务中心建设的维护和使用情况进行督查，及时协调和解决乡村文化建设工作中出现的各种问题，对基层文化设施的建设、管理和使用中取得成功经验的实例及时进行总结和推广。

2. 加大扶持保障力度

基层文化工作者可以借助乡村文体广场、村（社区）文化活动中心，组织乡民开展文艺比赛和传统的文化活动，联合文化、科技、卫生下乡和普法教育宣传等，开展形式多样、内容丰富的文化惠民活动，激发乡民参与的积极性和主动性，改变乡村文化生活相对贫乏的现状。

基层政府应积极支持和发展群众自办文化，建立村（社区）民间自办文化团体，如读书社、书画社、舞蹈社、戏曲社、棋艺社等，并适当为民间团体提供服装道具、音乐器材等设备支持。应大力扶持民间业余剧团和演出

队，在帮助乡民创收的同时，开发民间传统文化资源，让符合条件的民间文
化团体进入市场化运作，从而促进自身良性发展，活跃乡村文化市场。

坚持有限政府的理念，吸收和引入社会组织及其他文化事业团体共同投
入乡村文化建设，这是创新农村文化服务供给制度外运行机制的积极做法。
在坚持政府主导的前提下，鼓励和动员社会力量参与乡村文化建设，以城带
乡、城乡共建、互惠互利，不断扩大共建城乡文化的参与主体，让更多的城
市机关、企事业单位、学校，尤其是相关文化事业单位加入对口支援乡村文
化建设的队伍，为乡村文化的发展凝神聚力，扶持和引导广大乡民开展文化
活动，共建城乡新文化。

（四）繁荣乡村文艺，推动乡村文化产业化进程

乡村文艺发展繁荣的基础和源泉有赖于当地丰富多彩、意蕴深厚的文化
资源，这些资源不仅推动了乡村文化的建设，也为乡村文化产业的发展奠定
了坚实的文化基础，提供了丰富的文化载体。

1. 繁荣乡村文艺

人是乡村的灵魂，要书写乡村的灵魂，就要展现美丽乡村中的人。乡村
文艺是乡村文化建设的主体，乡村文艺繁荣更是推动乡村文化建设的强心
剂。乡村文化传统基因的保护和传承，乡村文化内涵和底蕴的保留与继承，
是以尊重乡村民众的审美趣味与欣赏习惯为前提的。乡村民间文学、民间戏
曲、民间音乐、民间舞蹈、民间美术、民俗礼仪、传统手工艺等文艺样式，
是农村社会、农业生产和农民生活的审美观照与艺术表现，是乡村文艺创作
表演的主流，也是发展乡村文艺的基础。它们是繁荣乡村文艺的主体，是建
设乡村文化的根本，同时是乡村文化产业得以运作的文化根源。甘肃省多民
族区域化的特征，要求我们在发展乡村文艺的过程中，因势利导、因地制
宜，在避免趋同性的同时，立足不同区域、不同民族的历史文化传统，体现
区域乡土特色，展现民族乡音特质，留住乡民的乡愁寄托。

2. 推动乡村文化产业化

乡村民众是乡村文化发展的主体，同时是乡村文化产业化的主体。我们

要积极发挥乡民的集体力量和聪明才智，开发和利用好可以转化为产业化发展的文化资源，保证乡民在乡村文化产业化中的既得利益，使传统文化资源在转化为乡村文化产业的过程中，乡民有受益、得实惠。在增加乡民经济收入、改善生活条件的过程中，不断增强他们对自身文化的认知和认同，提升文化自信。与此同时，要积极发挥基层政府在乡村文化产业化中的引导、扶持作用。通过顶层设计、合理布局，制定符合当地乡村文化产业发展的长远规划，采取理性、科学、有效的措施，在乡村文化发展的投融资、税收、土地征用、场地使用、信息提供等方面制定相应的优惠政策，吸引广大乡民投身文化产业发展，积极维护自身文化权益。在二者的合力互动下共同推动乡村文化的发展与繁荣。

（五）提高文艺人才素质，加快持续性人才培养

乡村社会的发展需要一批具备高素质、新思想和专业技能的有志青年来带领广大乡村民众开展丰富多彩的文化活动。提高专业素质，加快人才培养，需要凝聚多方力量，齐头并进。

选派文化、文艺人才深入基层、深入农村，调研乡村文化建设与文艺发展的状况，帮助当地开展乡村文化建设的规划工作；同时指导农村业余演出队、文化爱好者等结合当地人文特色创作、编导各类文艺作品，不断挖掘和利用本地特色和文化资源。在帮扶乡民的同时，通过短期培训班或专题讲座的形式，对民间文艺团体中的文化能人、文艺骨干、民间艺人等开展培训，提升乡村本土文艺人才的专业水平和专业素养，从而提高乡村文化建设者的综合素质。

依靠国家政策，选拔优秀大学毕业生赴乡镇文化站工作或锻炼，在实践中培养起一支思想信念正、责任意识强、专业素养好、组织领导能力强的文化从业队伍。相关机构应当为基层文化工作者和乡村优秀文化人才提供到高等院校、科研院所、文艺团体等相关单位开展专业文化知识和文艺技能等方面的学习、进修和培训的机会，提升乡村文化从业人员的业务技能和专业素质。切实落实好乡村文化人员的待遇及编制问题，使广大基层文化工作者无

后顾之忧；同时在职称评定上，实行工作业绩代替资历的评定方法，为年轻有为的人才提供多种晋升渠道，以此激励人才队伍持续性发展和壮大。

参考文献

梁漱溟：《乡村建设理论》，上海人民出版社，2006。

宋恩荣：《晏阳初全集》（第 1 卷），湖南教育出版社，1989。

李娜：《甘肃省乡村文化建设研究》，硕士学位论文，西北民族大学，2017。

吕宾：《城镇化进程中乡村文化内生性建设》，《学习论坛》2016 年第 5 期。

周军：《中国现代化进程中乡村文化的变迁及其建构问题研究》，博士学位论文，吉林大学，2010。

B.13
甘肃智库在精准扶贫工作中的精神扶贫研究

——以甘肃省社会科学院为个案

李志鹏*

摘　要： 精神扶贫是当前精准扶贫工作的重点。结合甘肃农村实际来看，职业劳动技能缺乏、理想道德缺失、思想文化素质偏低及其地方客观因素，严重影响了贫困县区的经济增长与社会和谐发展。有鉴于此，甘肃省社会科学院结合扶贫工作的突出问题，积极发挥智库优势，大力推广精神扶贫。第一，发挥舆情调研基地职能，及时发现突出社会问题；第二，发挥人才智力优势，有效解决客观现实问题；第三，发挥智库优势，提升农民的政策水平和法规意识；第四，完善智库职能针对性，科技便民、信息为民、市场富民；第五，创新智库职能建设，开展"全民素质教育工程"。发挥甘肃省社会科学院高端智库、特色智库、数字智库的多元优势，补齐精神扶贫的短板和不足，为甘肃贫困县区脱贫攻坚和全面建成小康社会保驾护航，做出应有的社会贡献。

关键词： 精准扶贫　精神扶贫　甘肃智库　甘肃省社会科学院

---

* 李志鹏，甘肃省社会科学院丝绸之路研究所助理研究员，主要从事区域经济史、丝绸之路历史文化研究。

甘肃省社会科学院作为甘肃省内唯一以哲学、经济学、社会学、法学、历史学、文学等哲学社会科学综合研究为体系的高端智库，是甘肃省委、省政府的思想库和智囊团，也是全省重要的理论研究基地，培养了一支能刻苦钻研、具有一定学术研究水平的专业人才队伍。在一系列重大问题上紧密结合甘肃省情实际提出了很多好的决策参考和建议，为甘肃经济建设和社会发展做出应有贡献。当前，脱贫攻坚是全省的头号政治工程。为了到2020年能同全国一起全面建成小康社会，甘肃省各级政府和企事业单位高度重视，同心协力，全面贯彻落实国家和甘肃省的脱贫攻坚工作部署。精神扶贫作为精准扶贫的关键环节，关系脱贫攻坚的总体效果和长远发展。甘肃省社会科学院作为陇原高端智库，在精准扶贫、精准脱贫工作中具有多元的优势。借助这些优势，开展精神扶贫，具有积极的社会影响。精神扶贫作为精准扶贫的关键环节，是一项系统的文化工程，具体包括文化知识普及、政策法规宣讲、科技信息宣传、文明道德弘扬等诸多方面，需要因地制宜、因材施教。甘肃省社会科学院结合当前全省扶贫工作的实际需要，积极开展精神扶贫。首先，及时发现突出社会问题，结合实际情况提出对策建议。其次，发挥智库的职能和多元优势，努力提升农民的政策水平和法规意识。最后，完善智库职能的针对性和创新性，科技便民、信息为民、市场富民，开展"全民素质教育工程"，培养新型职业农民。通过精神扶贫，提升农民内生动力和脱贫致富的信心，为脱贫攻坚和全面小康社会建设增砖添瓦，发挥甘肃省社会科学院"陇原智库"的社会价值和影响力。

一 甘肃省社会科学院开展精神扶贫的多元优势

甘肃省社会科学院在精准扶贫工作方面具有多元的优势。近年来，甘肃省社会科学院结合省内精准扶贫、精准脱贫工作开展了一系列调研、咨询、评估、应用与对策建议等工作。尤其是甘肃省社会科学院根据全省经济社会转型跨越发展需要，向甘肃省委、省政府呈送的"系列要报"和"要论与对策"研究专业、对策精准，多次受到甘肃省领导的批示和采纳。此外，甘肃省社会科学院立足甘肃经济社会发展需要推出的"甘肃蓝皮书"系列成果包括《甘肃经济发展分析与预测》《甘肃社会发展分析与预测》《甘肃县域和农村发展报告》《甘肃文化发展分析与预测》《甘肃住房和城乡建设发展分析与预测》《甘肃民族地区发展分析与预测》《甘肃酒泉经济社会发展报告》《甘肃商贸流通发展报告》等十部，对甘肃省经济、社会、文化、县域、民族地区发展等领域进行全面的专题研究和信息反馈。此外，甘肃省社会科学院还拥有国家级核心期刊《甘肃社会科学》和省级专业期刊《开发研究》等期刊平台。因此，甘肃省社会科学院在精准扶贫工作中具有多元优势。充分发挥智库在精准扶贫、精准脱贫工作中的优势，可以为推进扶贫工作尤其是精神扶贫增砖添瓦，发挥积极的作用。

1. 人才智库优势

甘肃省社会科学院现有专业技术人员106人。其中高级职称60人，国务院特贴专家9人，省优专家3人，甘肃省"333""555"人才7人，甘肃省领军人才8人（其中第一层次4人，第二层次4人），甘肃省直宣教系统"四个一批"人才4人。甘肃省社会科学院开展哲学社会科学研究工作，积极发挥人才智库优势，精心打造人文社科科研活动中心、社科研究人员培训中心、社会科学数据信息咨询中心。结合全省精准扶贫工作来看，通过制定项目规划、人员培训、社会调研等工作为脱贫攻坚工作提供人才智力保障，积极发挥社科研究人员的智力优势。

2. 咨询、评估的优势

咨询、评估是甘肃省社会科学院智库建设很重要的一个方面。甘肃省社会科学院现有马克思主义研究所、区域经济研究所、资源环境与城乡规划研究所、农村发展研究所、文化研究所、丝绸之路研究所、社会学研究所、公共政策研究所、决策咨询研究所、敦煌哲学学会、甘肃省智库发展研究会、甘肃省情研究中心、中国特色社会主义理论研究中心、甘肃经济发展研究中心、甘肃省社会建设与管理研究中心、甘肃省民主法制建设研究中心、甘肃省特色文化大省建设研究中心、甘肃省社会科学研究信息交流中心、党风廉政建设研究中心、西部发展战略研究中心9个科研机构、2个省级学会、9

个研究中心。甘肃省社会科学院科研人员积极参与甘肃省委、省政府专题调研并提交研究报告，更为当前的脱贫攻坚工作提供必要的科研支撑。2017年初，甘肃省社会科学院和兰州大学等单位联合开展的"2016年度全省贫困县精准扶贫情况第三方评估"，被甘肃省委写进《关于2016年市县扶贫开发工作成效考核情况的通报》。因此，甘肃省社会科学院可以为精准扶贫、精准脱贫提供政策咨询、法律咨询、经济发展咨询、项目建设规划咨询及第三方评估等咨询、评估方面的工作。

3. 舆论导向和监督优势

舆论不只是新闻媒体的职责，监督也不只是纪委监察部门的权力。甘肃省社会科学院作为高端智库和陇原特色智库，立足甘肃经济社会发展需要，紧随全国改革发展趋势，锐意进取，积极宣传国家和党的发展方向，很好地发挥了舆论导向作用。同时，甘肃省社会科学院部分专家通过担任各级人大代表、政协委员、政府咨询专家等社会职务，积极发挥了参政议政、建言献策作用。通过调查研究、积极宣传，针砭时弊，在解决甘肃经济社会发展中存在的突出问题和潜在社会矛盾方面发挥了舆论导向和监督作用。

4. 调查研究和对策建议优势

调查研究和应用对策是甘肃省社会科学院的基础工作和智库建设的核心智能。针对甘肃经济社会发展中存在的突出问题，组织专业技术人员进行客观的调查研究、分析论证，发现问题存在的根源和弊端，并根据实际需要提出应用对策和解决问题的建议。当前甘肃精准扶贫正处于攻坚克难的关键阶段，面临各种问题，影响了脱贫攻坚的整体进度，通过发挥甘肃省社会科学院智库人才队伍的调查研究和对策建议优势，可以为解决精准扶贫中存在的问题提供对策建议和参考意见。

如上所述，甘肃省社会科学院作为陇原智库和甘肃省委、省政府的智囊团、思想库，在全省的脱贫攻坚工作中应积极发挥人才智库优势，咨询、评估优势，舆论导向和监督优势，以及调查研究和应用对策建议的优势，为全省的脱贫攻坚助力加油、增砖添瓦，肩负起社科研究机构的社会担当和工作职责。

二　甘肃省社会科学院在精神扶贫中所做的工作

精神扶贫作为精准扶贫的关键环节，是一项系统的文化工程，具体包括文化知识普及、政策法规宣讲、科技信息宣传、文明道德弘扬等诸多方面，需要因地制宜、因材施教。甘肃省社会科学院结合当前全省扶贫工作的实际需要，积极开展精神扶贫工作。深入调研、客观反映农民精神文化现状，促进营造和谐人文环境；根据发展需要，完善职业技能培训机制，提升群众脱贫致富能力；竭诚助力精神文明建设，树立群众脱贫致富志向；积极宣传典型人物事迹，弘扬乡村社会正能量；提供"三农"发展对策建议，保障农村经济社会健康有序发展。从长远来看，只有做好精神文化工程的构建工作，才能为农村发展注入崭新的动力，才能加快小康社会建设的整体步伐。

（一）深入调研、客观反映农民精神文化现状，促进营造和谐人文环境

2017年甘肃省社会科学院课题"精准扶贫背景下加强农民教育的措施和建议"和"精神扶贫为精准扶贫注入新动力"在天水市清水县松树镇杏林村、时家村等地集中开展调研，科研人员走村入户，同老百姓深入交流，了解农民朋友的所想、所思、所忧、所愁，集中反映了当地农民在物质生活和精神文化层面的需求，为地方政府开展扶贫工作提供参考。

2018年甘肃省社会科学院社会学所许振明副研究员所撰写的调研报告《甘肃农村婚姻的特点及现状调查简析》，发表在甘肃省社会科学院主办的《要报》2018年第7期，就甘肃农村存在的"高价彩礼"问题进行了客观的调研和分析，对高价彩礼所隐含的农村社会危机问题进行了客观的反映。

通过深入的调研可知，长期以来农村地区由于经济发展水平所限，农民的精神文化素质相对偏低，并呈现落后、保守、迷茫的特点。改革开放40年来，随着市场经济发展的冲击和城乡一体化进程的加快，农村人的整体精

神文化素质有所提高，但是局部落后地区、偏远农牧区依然处于止步不前的状态。结合甘肃农村现状，甘肃省社会科学院课题组通过个体采访和实地调研相结合的形式，积极获取第一手资料，并进行科学、客观、公正的评价。最后以调研报告的形式反映甘肃农村群众精神文化素质现状，便于政府部门了解具体情况，并采取必要的帮扶措施，逐步提高农村群众的精神文化素质，进而促进营造和谐的人文环境。

（二）根据发展需要，完善职业技能培训机制，提升群众脱贫致富能力

2016 年甘肃省社会科学院农村发展研究所助理研究员胡苗、徐吉宏共同撰写《甘肃省农村劳动力结构与潜力分析》一文，发表在甘肃省社会科学院主办的《专供信息》2016 年第 2 期。该文研究了甘肃省农村劳动力结构问题，并就农村劳动力的发展潜力进行了客观分析。

2018 年甘肃省社会科学院课题成果《当前脱贫攻坚帮扶工作存在的问题及对策建议——以清水县为例》，发表在甘肃省社会科学院主办的《要报》2018 年第 11 期。该课题以甘肃省天水市清水县为个案，通过实地调研和深入走访，反映当前精准扶贫中实际存在的各方面问题。譬如，精准扶贫中部分群众虽然参加了家政、电焊、挖掘机等各类技能培训，但实际上部分群众也未能依靠这些技能实现就业务工，农村劳动力技能培训针对性和实用性不强。

当前，农村群众致贫的关键因素在于缺乏必要的职业劳动技能，绝大多数农村群众仍以简单的、传统的农牧业种植、养殖方式为生。受此因素的影响，农村地区脱贫致富的步伐长期止步不前。甘肃省社会科学院通过积极的关注和倡议，引导贫困群众告别陈旧的生产劳动方式。在提供资金帮扶的同时，加强教育指导和技术支持，增强贫困群众的就业能力，让他们自己动手、丰衣足食。此外，坚持扶贫与扶智相结合，把加强贫困户的职业劳动培训，补齐能力短板作为精准扶贫的基础性工程来抓。只有注重技能的提升，才能让广大贫困群众在精神上站起来。扶贫的长久之计，应当是造血为先，

输血为辅。因此，甘肃省社会科学院根据发展需要，完善职业技能培训机制，提升群众脱贫致富能力尤为重要。

（三）竭诚助力精神文明建设，树立群众脱贫致富志向

2018 年甘肃省社会科学院承接中宣部委托调研课题"扶贫与扶志、扶智相脱节问题研究"就甘肃省在精准扶贫实践中的探索，扶贫与扶志、扶智相脱节的表现，坚持扶贫与扶志、扶智相结合是激发脱贫攻坚内生动力的治本之策及对新时代促进扶贫与扶志、扶智深度融合的现实路径等问题进行积极地探索和研究。

2018 年甘肃省社会科学院承接甘肃省委宣传部精神扶贫项目"精神扶贫的实践探索与扶贫脱贫动力机制创新研究"，该课题以平凉市静宁县以精神扶贫助推脱贫攻坚的实践探索为个案，分析精神扶贫方面存在的短板、弱项与不足，提出新时代创新和培育扶贫脱贫动力机制的对策建议，并开展相关分析和研究。

2018 年 8 月 20 日，按照甘肃省委讲师团"新时代、新气象、新作为，将改革进行到底暨精神扶贫宣讲会"的统一安排，甘肃省委讲师团成员、甘肃省社会科学院农村发展研究所所长王建兵研究员在张掖市做了《如何理解精准扶贫是全面建设小康社会的一场攻坚战》的专题宣讲，张掖市六县区干部 300 余人到场参加宣讲会。

长期以来，农村群众理想道德观念迷失，精神文明建设不受重视，严重制约和影响了农村社会的长远、健康发展。甘肃省社会科学院开展精神扶贫，首要任务是注重扶"志"，通过积极的宣传、动员、鼓励，引领贫困群体树立起主流价值观，引导他们崇尚科学、破除陋习，形成艰苦创业、文明健康、勤俭节约、遵纪守法的良好社会风气。这样广大农村的贫困群体思想才能解放、眼界才会开阔，才能积极转变思想自立创业，才能树立起战胜贫困的勇气和信心。因此，甘肃省社会科学院竭诚助力精神文明建设，树立群众脱贫致富志向尤为重要。

（四）积极宣传典型人物事迹，弘扬乡村社会正能量

2018年甘肃省社会科学院乡贤文化课题组深入庆阳市庆城县、张掖市甘州区等地，开展座谈、交流，并发放问卷300份，通过调研和信息统计可知，当地农民对发挥新乡贤的模范作用持积极的拥护态度。该课题开展得到了当地政府部门的积极配合和重视。

2009年以来，甘肃省社会科学院在对口帮扶的天水市清水县王河镇、松树镇、山门镇定期开展向农村老党员、老干部、老教师学习活动，慰问先进模范人物，鼓励他（她）们发挥模范带头作用，并积极开展孝亲敬老活动和文化进村活动，宣传农村先进人物的光荣事迹。

在广大农村地区，不乏品德高尚、思想先进的模范人物。他（她）们生于农村、长于农村、扎根于农村，他（她）们的先进事迹更有模范影响作用。甘肃省社会科学院通过开展精神扶贫活动，积极宣传乡村典型人物事迹，弘扬乡村社会正能量。同时，加强农村精神文明建设，以健康的思想观念抵抗不健康思想的蔓延和影响。此外，切实把握广大群众在思想文化方面的需求，加强农村基层文化设施建设。积极协调各方面资源，以文化惠民工程来充实农村文化生活。广泛开展农村讲习所活动，充分发挥思想文化的教化作用、感化功能，使文化教育与脱贫致富同步发展。因此，甘肃省社会科学院结合实际，积极宣传典型人物事迹，弘扬乡村社会正能量。对加强乡村精神文明建设，助推精神扶贫具有积极的影响。

（五）提供"三农"发展对策建议，保障农村经济社会健康发展

2014年，甘肃省社会科学院课题调研组调研报告《甘肃省为民办实事涉农项目实施情况调研与建议》发表于甘肃信息《决策参考》2015年第11期，得到甘肃省委副书记欧阳坚的批示。

甘肃省社会科学院决策与信息研究所王晓芳研究员、张晋平副研究员承接的甘肃省科技厅2014年度软科学课题"甘肃农业信息服务模式的演进与重构"分析了甘肃省农业信息化发展现状，对存在的问题进行剖析，提出

今后发展的对策建议。

2017年甘肃省社会科学院决策与信息研究所魏学宏副研究员撰写的《民众对精准扶贫——"甘肃一号工程"的认识与评价》，发表在《甘肃省社会科学院要报》2017年第1期，被中共甘肃省委宣传部舆情信息中心采用并上报中宣部舆情信息局。

精神扶贫不仅包括思想文化、理想道德，还涉及"三农"问题的方方面面。譬如，职业技能、就业信息、卫生医疗服务、农村养老、农村残疾人关爱、留守儿童教育等诸多方面，都影响着农村地区的发展和社会稳定。因此，甘肃省社会科学院开展精神扶贫，充分发挥智库智能和科研优势，倾力关注农村地区的经济社会发展。通过实地调研，向各级政府部门提供调研报告，集中反馈农村发展存在的突出问题和实际需要，并提供"三农"发展对策建议，以此保障精准扶贫工作稳步推进和农村经济社会健康有序发展。

三 甘肃省社会科学院在精神扶贫中亟待解决的突出问题

结合甘肃农村地区脱贫攻坚的整体情况来看，甘肃省社会科学院发挥陇原智库优势开展精神扶贫，亟待解决的突出问题主要有：职业技能培训和务工就业相脱节，制约农民经济收入提高；文化素质偏低同社会发展相脱节，制约农村社会进步；物质条件改善同理想道德迷失相脱节，危及农村社会和谐稳定；地方客观因素同脱贫计划制订相脱节，制约脱贫目标的实现。具体情况如下。

（一）职业技能培训和务工就业相脱节，制约农民经济收入提高

通过笔者问卷调查和精准扶贫"一户一策"个体访谈分析得知，当前甘肃农村地区劳动力结构普遍以留守老人、留守妇女为主的现象。留守老人年龄结构大致在60岁左右，留守妇女以50岁左右中老年妇女为主。而农村

青壮年劳动力绝大部分在外务工，务工方向主要集中在建筑工地、餐饮服务、保安、保姆等第一产业和服务行业。外出务工收入是广大农民的主要经济收入来源，尤其是在地方经济发展较为落后和没有支柱产业的地区尤为突出。然而总体来看，农民外出务工的收入也是不能完全保证的，受地方经济环境和农民个体劳动力技能水平的高低的影响，农民外出务工收入表现出阶段性和不稳定性的差异。因此，地方经济发展环境和劳动职业技能的水平高低，直接影响农民经济收入提高。近年来，随着甘肃精准扶贫工作的积极推进，各地州市加强农村劳动力技能培训工作取得了一定的成效。然而从实际情况来看，却存在职业技能培训和农民工务工就业需要相脱节的困局。广大农村剩余劳动力仅掌握了一技之长却无工可务，只能在当地劳务市场打临工，难以形成长期性、稳定性的经济收入，影响农民经济收入的提高。

（二）文化素质偏低同社会发展相脱节，制约农村社会和谐进步

贫困是物质生活和精神文化生活匮乏的综合性问题，集中表现为条件型贫困、素质型贫困、机制型贫困。近年来，在国家精准扶贫政策的大力帮扶下，各地基础设施建设和公共服务体系逐步得到改善。贫困地区的条件型贫困、机制型贫困情况减少，而文化素质型贫困依然长期存在。相比而言，精神的缺失是"能力剥夺的贫困"，是比收入贫困更深层的贫困。当前就甘肃农村的具体情况来看，广大农村人口文化素质偏低。尤其是陇东南偏远山区、甘南牧区及广大少数民族地区文盲、半文盲比例很高。知识文化普及甚至靠口口相传。因此，文化素质偏低作为致贫的主观因素，制约着农民的经济收入和长远发展，也影响当地农村经济的快速发展和各项社会事业的进步。

（三）物质条件改善同理想道德迷失相脱节，危及农村社会和谐稳定

近几十年来，甘肃农村经济社会有所发展，广大农民朋友物质生活得到极大的改善，然而理想道德却存在缺失，暴露了一系列社会问题。

譬如，宗族黑恶势力抬头、高价彩礼、邻里攀比心理、农村老人赡养问题、留守妇女问题、农村高利贷盛行、农村赌博活动盛行、封建迷信活动、农村青少年理想道德迷失等。尤其是近年来发生的山村恶性凶杀案件，造成了极为恶劣的社会影响，不时考问着我们的各级地方政府，基层社会管理机构。农民作为农村社会的主体，物质条件改善同理想道德迷失相脱节是诱发一系列农村社会和谐问题的关键，应该得到各级地方政府的高度重视。

（四）地方客观因素同脱贫计划制定相脱节，制约脱贫目标的实现

甘肃省现有 14 个地州市，其中六盘山集中片区和秦巴山贫困片区更是国家集中连片脱贫攻坚任务的重点区域。截至 2017 年，甘肃省全年减贫 67 万人，贫困发生率下降至 9.6%，6 个片区县、13 个插花县申请"摘帽"。然而从总体脱贫目标来看，目前全省还有 189 万贫困人口尚未脱贫，仍有 52 个片区县、4 个插花县需要"摘帽"。[①] 地方基础条件脆弱、生态环境恶化，加之各种地质灾害、自然灾害影响所造成的地区贫困化，影响整体脱贫目标的实现。近年来，甘肃省自然和地质灾害频发，地震、泥石流、洪灾、旱灾、冰冻、雪灾等不时威胁当地老百姓的正常生产、生活，特别是农牧业受自然生态环境的制约最大，因而造就了庞大的贫困群体。譬如，2018 年的春寒使甘肃全省粮食产业、林果蔬菜业大面积减产受损。2018 年夏秋季节的暴雨洪灾给天水、临夏、陇南、甘南等局部地区造成了严重的危害。以上自然灾害和地质灾害严重制约和影响了甘肃贫困县区的脱贫攻坚目标的实现。因此，要想从根本上改变贫困地区的面貌，实现长远稳定脱贫，在加强基础建设的同时，必需要重点加强自然灾害、地质灾害的积极宣传，有效预警和防范，建立灾害预警机制。通过灾前预防、灾中救济、灾后帮扶等途径和方式有效保护当地贫困群众的生产和生活基础。

---

① 参见《甘肃 2017 年减贫 67 万　仍有 189 万贫困人口》，《中国青年报》2018 年 1 月 25 日。

四 甘肃省社会科学院开展精神扶贫的措施和建议

甘肃省社会科学院作为陇原智库和特色智库,在全省精准扶贫工作中积极作为、勇于担当,在充分发挥智库精神扶贫多元优势的基础上,及时发现扶贫环节中暴露的突出问题和社会矛盾,针对问题提出合理的措施建议和解决方案。此外,充分发挥人才智力优势,有效解决客观现实问题;发挥智库优势,提升农民的政策水平和法规意识;完善智库职能针对性,科技便民、信息为民、市场富民;创新智库职能建设,助力新型职业农民培养,为甘肃农村精准扶贫保驾护航,发挥智库的价值和社会影响。

第一,发挥舆情调研基地职能,及时发现突出社会问题。

甘肃省社会科学院现有酒泉分院、白银分院、天水分院、平凉分院、河西分院、永昌基地、金塔基地、兰州市党建研究基地,初步形成"5个分院+3个基地"的发展格局。我院各分院和研究基地是为了顺应甘肃经济社会发展需要,积极开展舆情调研工作而建立的。甘肃省社会科学院智库建设更是立足服务地方经济社会发展,近年来在区域经济发展、法制建设、社会管理服务、国家政策落实、民族宗教问题、政府体制改革、社情民意反馈等诸多方面都有所关注和研究。在当前开展脱贫攻坚的关键期,甘肃省社会科学院作为陇原智库通过积极发挥舆情调研基地职能,及时发现突出社会问题。譬如,通过实地调研和田野采访如实反映老百姓的基本诉求和心声。此外,通过相关课题的开展和实施,及时发现精准扶贫中存在的突出问题和弊端,以调研报告的形式将最新的情况、最突出的矛盾和问题及时反馈给各级地方政府,做好政府的思想库、智囊团。

第二,发挥人才智力优势,有效解决客观现实问题。

当今社会,人才是社会发展的重要动力。甘肃省社会科学院拥有一支业务能力强、政治觉悟高,能熟练开展各种社会调查、研究的专业技术人才队伍,研究领域涉及社会发展、政策导向、农村经济、历史文化等诸多方面,并拥有丰富的工作经验和对策建议能力。在当前开展精准扶贫,尤其是精神扶贫工作中将会遇到到各种棘手问题。因此，充分发挥专家人才队伍的智力优势、开拓能力、创新能力，从理论观点、对策建议出发，为解决各种客观现实问题出谋划策，提供更加客观、科学、合理、有效的应对措施和建议。尤其是为地方各级政府解决当前精准扶贫中暴露的突出矛盾和问题提供借鉴和参考，从而保障国家精准扶贫政策落地和地方经济社会发展的有效呼应，为脱贫攻坚和全面建成小康社会保驾护航。

第三，发挥智库优势，提升农民的政策水平和法规意识。

甘肃省社会科学院作为哲学社会科学研究基地，近年来紧跟国家重大政策导向，积极宣传党和国家的先进理论思想。尤其是在当前的精准扶贫中，甘肃省社会科学院可以充分发挥优势，提升农民的政策水平和法规意识。保证党和国家政策在农村的贯彻实施，尤其是与农民密切相关的"三农"政策，及时、准确、不折不扣地传达给农民，让广大农民完整地认识党和国家的政策方针，准确地把握当前农村的发展方向，提高贯彻执行党和国家政策的自觉性。同时要对农民进行法律法规教育，增强广大农民的法制观念，让广大农民知法、守法、懂法，自觉维护合法权益，自觉维护正常的社会秩序，保持农村社会的和谐稳定。

第四，提高智库职能针对性，科技便民、信息为民、市场富民。

甘肃省社会科学院围绕服务甘肃经济社会发展，积极打造陇原最具国内影响力的"特色智库、高端智库、数字智库"。提高智库职能针对性，科技便民、信息为民、市场富民。首先，提高农民的市场意识和驾驭市场经济的能力，使广大农民充分认识到市场经济是竞争经济，农户也是市场的主体，要不断强化市场主体意识。其次，加强农民的市场风险意识，农业经济要适应市场经济的要求，实行经济结构调整，走产业化之路。只有使广大农民明白和把握市场经济的运行规则，才能顺应市场经济的要求，增强驾驭市场经济的能力，才能实现农业增产、农民增收、农民致富的目标。最后，加强农民的科学技术教育。使广大农民掌握农业科学技术，依靠科技致富。总之，利用各种途径、各种平台、各种方式，向农民提供农业科技信息，努力提高农民的科技生产能力。努力普及市场经济知识，全面提升农民的综合能力。

做到科技便民、信息为民、市场富民。

第五，创新智库职能建设，开展"全民素质教育工程"。

甘肃省社会科学院致力于服务甘肃经济社会发展。在积极开展精神扶贫的同时，应配合地方政府、地方农校、地方电大、地方职业中学、农民讲习所等开展"全民素质教育工程"，培养新型职业农民。新形势下的农民教育包括思想政治教育、知识文化教育和职业技能教育。思想政治教育的目的是配合农村形势发展的需要，向农民进行时事政策教育，宣传国家的路线、方针、政策，提高农民的思想政治觉悟；知识文化教育的目的是提高农民的科学文化水平，为农村物质文明和精神文明建设服务；技能教育的目的是向农民普及新技术、新技能，更好地服务于农业现代化和农村经济社会发展。甘肃省社会科学院创新智库职能，开展"全民素质教育工程"，助力新型农民培养，努力探索建设"智库＋学校＋农民"、"智库＋基层政府＋农民讲习所"或"智库＋企业＋合作社＋农户"等模式，通过智力提高、能力提升的方式推进脱贫攻坚。努力培养有文化、懂技术、会经营的新型职业农民。因此，创新智库职能建设，助力各地农民教育，完善农民职业文化素质、道德文化素质、科学文化素质等综合素质的教育，是解决"三农问题"的关键，关系农村改革发展的成功，更是消除贫困、改善民生，实现共同富裕，全面建成小康社会的核心基础。

参考文献

甘肃省党员教育中心编《甘肃扶贫攻坚战略》，甘肃教育出版社，2015。

甘肃省扶贫办编《全省驻村帮扶干部暨师资骨干培训班资料汇编》，2017年10月。

欧阳雪梅：《强化文化扶贫助推全面小康》，《毛泽东邓小平理论研究》2017年第8期。

褚海：《扶贫、观念、教育》，《致富之友》2003年第11期。

程肇基：《精神扶贫：一个亟待关注的精准扶贫新领域》，《江西社会科学》2016年第11期。

张志胜：《精准扶贫领域贫困农民主体性的缺失与重塑——基于精神扶扶贫》，《西北农林科技大学学报》2018 年第 3 期。

王学俭：《推进精神扶贫的路径选择》，《社科纵横》2017 年第 9 期。

张琦、刘欣：《加强"精神扶贫"助推脱贫攻坚质量提升》，《国家治理》2018 年第 5 期。

陈秋霖：《陈秋霖：精准扶贫要扶智，也要扶心》，中国扶贫在线网站，2017 年 8 月 25 日，http：//f. china. com. cn/2017 - 08/25/content_ 50009232. htm。

钟超：《精准扶贫莫忘扶智》，中国扶贫在线网站，2017 年 4 月 10 日，http：//f. china. com. cn/2017 - 04/10/content_ 40590048. htm。

何军民：《以精神扶贫助推民族地区脱贫攻坚》，中国扶贫在线网站，2017 年 2 月 27 日，http：//f. china. com. cn/2017 - 02/27/content_ 40365469. htm。

胡光辉：《扶贫先扶志　扶贫必扶智——谈谈如何深入推进脱贫攻坚工作》，《人民日报》2017 年 1 月 23 日。

附 录

Appendix

B.14
2017~2018年甘肃文化发展大事记

陈小丽*

摘　要：　本文对2017~2018年甘肃文化领域建设的大事，按华夏文明
　　　　传承创新区建设、文化政策与法规、重要文化活动、文化产
　　　　品创作创新与获奖四个板块进行了分类梳理，旨在全面反映
　　　　甘肃一年来在文化领域建设方面的工作概况，为甘肃文化建
　　　　设留下较翔实的历史记录，以供政府部门及相关各界参考，
　　　　为推动华夏文明传承创新区建设提供新的有效思路。

关键词：　甘肃　文化发展　大事记

---

* 陈小丽，甘肃省社会科学院丝绸之路研究所副研究员，主要研究方向为比较文化。

党的十九大提出了新时代文化建设的目标、着力点和基本要求，明确了文化建设在中国特色社会主义建设总体布局中的定位。在"一带一路"时代背景下，甘肃省不断推进华夏文明传承创新区建设，打造丝绸之路经济带"黄金段"的文化带，已成功举办三届丝绸之路（敦煌）国际文化博览会，文化事业发展加快，文化产业迈向支柱产业。接续编纂2017～2018年甘肃文化发展大事记，全面反映甘肃在文化领域的工作状况，帮助社会各界了解甘肃文化建设的基本情况和历史脉络，对持续推进甘肃文化大省建设十分必要。

一　华夏文明传承创新区建设

2017年8月25日　"2017中国全域旅游魅力指数排行榜"TOP 20榜单结果揭晓，敦煌市位列"2017中国全域旅游魅力指数排行榜"区县级TOP20第五。

2017年8月28日　第二届丝绸之路（敦煌）国际文化博览会品牌合作新闻发布会暨签约仪式在兰州举行。

2017年9月6日　第五届中国—加拿大文化对话开幕式在敦煌举行，甘肃省政协副主席栗震亚，加拿大前副总理、加拿大国际文化基金会顾问希拉·科普斯出席开幕式并致辞。

2017年9月13日　第二届敦煌文博会宣传报道誓师动员大会在兰州举行，为第二届敦煌文博会吹响了新闻宣传报道的"集结号"。

2017年9月18日　第二届丝绸之路（敦煌）国际文化博览会新闻发布会在敦煌召开。

2017年9月19日　2017年"一带一路"媒体合作论坛在敦煌市召开。

2017年9月20日　"数字敦煌"资源库英文版全球上线。这是敦煌研究院继2016年发布"数字敦煌资源库平台"之后，进一步开创性地推进数字资源全球共享模式。

2017年9月20日　第二届丝绸之路（敦煌）国际文化博览会在敦煌国

际会展中心开幕。丝绸之路（敦煌）国际文博会，是我国"一带一路"建设中唯一以文化交流合作为主题的国际性盛会。大会深入贯彻习近平主席在"一带一路"国际合作高峰论坛讲话精神，以"推动文化交流、共谋合作发展"为宗旨，坚持共商、共建、共享的原则，精心设计了"文化论坛、文化年展、文化演出、文化贸易、文化创意、文化旅游"六大主题活动。来自51个国家、3个国际组织的135位外宾，以及中央国家部委、沿线省份和港澳台地区的百余名嘉宾应邀出席，共襄盛举。与2016年相比，本届敦煌文博会增加了文化经贸、文化创意等方面的内容，参会总人数也超过首届敦煌文博会。

2017年9月20日 第二届丝绸之路（敦煌）国际文化博览会"精品丝路·如意甘肃"旅游推介签约会在敦煌举行。

2017年9月20日 作为第二届丝绸之路（敦煌）国际文化博览会的分论坛之一，以数字时代文化产业发展为主题的"创意融合·数字未来"文化创意论坛在敦煌举办。

2017年9月20日 甘肃"一带一路"高校联盟2017大学校长论坛在敦煌举行。兰州大学与澳大利亚迪肯大学、埃及亚历山大大学签署了校际合作协议。兰州大学与日本东北大学联合共建的环境净化与能源转化材料联合研究中心也于当天揭牌。

2017年9月23日 甘肃敦煌文博会文化年展正式对公众开放。

2017年9月28日 被视为中国人文社科领域最高奖项的第七届吴玉章人文社会科学奖在北京揭晓，敦煌研究院名誉院长樊锦诗获优秀奖。

2017年10月10日 "甘肃省文化资源云平台上线暨甘肃省文化资源名录出版发行仪式"在甘肃省社科院举行。首批30卷（共50卷）《甘肃省文化资源名录》的出版发行，标志着在2013年启动的甘肃省文化资源普查工作和甘肃省社会科学院2015年12月以来《甘肃省文化资源名录》编撰工作的圆满完成。历时两年，完成普查和数据录入工作，汇总40万条数据。

2017年10月18日 甘肃省政府公布了第四批甘肃省非物质文化遗产代表性项目名录（共计140项）。涉及民间文学、传统音乐、传统舞蹈、传统戏剧、曲艺、传统体育、游艺与杂技、传统美术、传统技艺、传统医药及民俗共 10 个方面。其中包括敦煌壁画故事、兰州兴隆山传说故事、白银景泰打铁花、环县皮影雕刻技艺、天水呱呱制作技艺等民众熟悉的传统项目或技艺。

2017 年 11 月 8 日 甘肃省政府办公厅公布甘肃省第八批省级文物保护单位（共 96 处）保护范围。

2017 年 11 月 17 日 在深圳举办的 2017 年亚太智慧城市评选颁奖典礼上，敦煌市荣获"亚太区领军智慧城市"和"中国领军智慧城市"两项大奖。这是继 2016 年获得"全球智慧城市提名奖"之后，敦煌市又一次斩获国际大奖。

2017 年 11 月 28 日至 2018 年 3 月 5 日 由国家文物局与香港康乐及文化事务署共同主办的"绵亘万里——世界遗产丝绸之路"文物展在香港历史博物馆开幕。甘肃省共有 19 组 44 件文物参展。

2017 年 12 月 20 日 甘肃省科技厅披露，"十二五"国家科技支撑计划"干旱环境下古代壁画和土遗址保护成套技术集成与应用示范"项目在北京通过科技部组织的项目验收。兰州大学、敦煌研究院文物保护技术服务中心参与了该项目。

2017 年 12 月 22 日 国家林业局公布 2017 年试点国家湿地公园验收结果，兰州秦王川国家湿地公园名列其中，升格为"国家级"公园。

2017 年 12 月 25 日 科技部公布了 2017 年国家备案众创空间名单，甘肃省有 16 家众创空间入围，在西部 10 省（区、市）中位居第二。

2018 年 1 月 8 日 "甘肃蓝皮书""西北蓝皮书"系列成果发布会在兰州举行。甘肃省社科院院长王福生介绍了编研情况。共发布了《甘肃经济发展分析与预测（2018）》《甘肃社会发展分析与预测（2018）》《甘肃舆情发展分析与预测（2018）》《甘肃县域和农村发展报告（2018）》《甘肃文化发展分析与预测（2018）》《甘肃住房和城乡建设发展分析与预测（2018）》《甘肃民族地区发展分析与预测（2018）》《甘肃酒泉经济社会发展报告（2018）》《甘肃商贸流通发展报告（2018）》《西北蓝皮书（2018）》十本蓝皮书的主要研究成果。

2018年1月18日 甘肃"华源·纽约东方创客"平台入选为2017～2018年国家文化出口重点项目。目前,东方创客已经与美国纽约创业学院、纽约艺术基金、北京中关村、苏州创博园等数十家中美创客空间和孵化器建立了战略协作关系。

2018年3月27日 由文化部、财政部配送的第二批30辆多功能流动文化车,从兰州驶往甘肃省30个贫困县区和插花型贫困县。至此,甘肃省已实现了58个国家级贫困县流动文化车配送全覆盖。

2018年5月16日 文化和旅游部公布了第五批国家级非遗代表性项目代表性传承人名单,甘肃省27人入选。传承人涉及民间文学、传统音乐、传统舞蹈、传统戏剧、曲艺、传统美术、传统技艺、传统医药和民俗九个类别。

2018年6月12日 丝绸之路国际知识产权港建设工作第一次领导小组会议在兰州召开。甘肃省委副书记、省长唐仁健主持会议。他强调,要充分认识建设国际知识产权港的重大意义,运用创新思维,完善政策支持,集合各方智慧,找准切入点和突破口,扎实有序推进丝绸之路国际知识产权港建设。

2018年6月19日至7月20日 由文化和旅游部与甘肃省人民政府共同主办的第八届敦煌行·丝绸之路国际旅游节成功举办。

2018年7月11日 文化和旅游部办公厅、国务院扶贫办综合司发布《关于支持设立非遗扶贫就业工坊的通知》,选定第一批"非遗+扶贫"重点支持地区,设立非遗扶贫就业工坊。以临夏县、积石山县为重点,临夏州入列第一批"非遗+扶贫"重点支持地区。

二 文化政策与法规

2017年8月2日 甘肃省委办公厅、省政府办公厅印发《关于促进移动互联网健康有序快速发展的实施意见》。

2017年9月22日 甘肃省委办公厅、省政府办公厅印发《甘肃省实施中华优秀传统文化传承发展工程方案》。该方案提出三大类22条具体发展措施，构建优秀传统文化研究阐发、普及教育、实践养成、保护传承、传播交流五大体系。

2017年9月27日 甘肃省政府办公厅印发《关于支持建设甘肃开放大学的意见》。

2017年10月10日 甘肃省文化厅印发《"十三五"时期文化扶贫工作实施方案》。

2017年12月27日 甘肃省政府办公厅印发《甘肃省湿地保护修复制度实施方案》。

2018年1月4日 甘肃省委办公厅、省政府办公厅印发《关于深化文化市场综合执法改革的实施意见》，明确提出总体目标为通过深化文化市场综合执法改革，形成权责明确、监督有效、保障有力的文化市场综合执法管理体制；建设一支政治坚定、行为规范、业务精通、作风过硬的文化市场综合执法队伍；整合文化市场领域执法权，加快实现文化领域跨部门、跨行业综合执法；提升文化市场规范化、现代化、科学化管理水平，推进文化市场管理地方立法进程。

2018年1月10日 甘肃省政府办公厅印发《甘肃旅游智库成立工作方案》。

2018年1月16日 甘肃省政府办公厅出台《甘肃省文物安全管理办法》，对文物安全事故和案件责任，实行终身追究制。

2018年2月6日 甘肃省政府办公厅印发《关于加快乡村旅游发展的意见》。

2018年2月6日 甘肃省政府办公厅印发《关于加快全省智慧旅游建设的意见》。

2018年2月14日 甘肃省政府办公厅印发《甘肃省推进绿色生态产业发展规划》。

2018年3月22日 甘肃省政府办公厅印发《关于成立丝绸之路国际知识产权港建设工作领导小组的通知》，甘肃省委副书记、省长唐仁健任组长。

2018 年 5 月 23 日　甘肃省政府办公厅印发《甘肃省"十三五"高等学校设置规划》。

2018 年 6 月 3 日　甘肃省政府办公厅印发《甘肃省文化旅游产业发展专项行动计划》。

2018 年 7 月 31 日　甘肃省政府办公厅印发《关于深化产教融合的实施意见》，明确甘肃省将以兰州（含兰州新区）为中心，打造职业教育核心发展区。

2018 年 7 月 31 日　甘肃省政府办公厅印发《关于加快发展健身休闲产业的实施意见》。

三　重要文化活动

（一）国际文化交流

2017 年 8 月 16 日　哈萨克斯坦阿斯塔纳世博会中国馆迎来甘肃活动日，来自甘肃省的演员在开幕式上表演了敦煌舞蹈、陇剧演唱和戏曲绝活等精彩节目。这是甘肃省首次组团赴海外参加世博会活动。

2017 年 8 月 22 日　兰州"马子禄"牛肉面落户日本东京。随着"一带一路"倡议的推进，享有"中华第一面"美誉的牛肉面日益走出国门，成为兰州历史、文化、经济的传播大使。

2017 年 8 月 30 日至 9 月 9 日　第 74 届威尼斯电影节在法国戛纳举行，在"聚焦中国"活动中，甘肃张掖被授予"中国最美外景地"。"聚焦中国"中播放了《山水齐聚·醉美武山》，这是武山旅游在世界文化交流活动中的首次亮相。

2017 年 9 月 1 日至 5 日　甘肃省委副书记、省长唐仁健率甘肃省政府代表团对白俄罗斯进行友好访问，促进双方在更宽领域、更高层次上开展务实交流合作。2017 年也是甘肃与格罗德诺州建立友好省州关系 10 周年。

2017 年法国当地时间 9 月 1 日　由敦煌研究院、法国巴黎国家自然史博物馆共同主办的"敦煌岩彩艺术展"在法国南部洛代沃宫殿艺术中心开展。

2017年9月6日 甘肃敦煌研究院与吉尔吉斯斯坦文化信息旅游部历史文化遗迹保护调查局签署了合作备忘录。

2017年9月12日 由阿富汗信息文化部、阿富汗国家博物馆、敦煌研究院、中国人民对外友好协会、（株式会社）黄山美术社联合主办的"丝路秘宝——阿富汗国家博物馆珍品"展，在敦煌研究院敦煌石窟文物保护研究陈列中心正式开展。

2017年9月15日 由巴基斯坦、尼泊尔、孟加拉国等六国主流媒体组成的人民日报社2017年"一带一路"媒体合作论坛前期跨境联合采访团抵达兰州，对兰州市近年来经济社会发展、城市建设、文化繁荣等方面进行了为期两天的采访。

2017年9月19日 "中日丝绸之路书法篆刻展"在甘肃省博物馆开幕。

2017年12月9日 西北师范大学第九届"汉语架桥梁五洲共欢歌"国际文化交流节展演在该校举行，来自苏丹、加纳、哈萨克斯坦、吉尔吉斯坦、巴基斯坦、俄罗斯、中国等26个国家的600余名学生放歌五洲。

2017年12月16日 《唐代胡人俑——丝路考古新发现展》在日本大阪市立东洋陶瓷美术馆展出100天，该批胡人俑在甘肃出土。

2017年12月19日 兰州市在白俄罗斯举办文化旅游推介会。

2018年1月25日至2月18日 受文化部委派，甘肃省文化厅精选省歌剧院、省陇剧院、省杂技团、张掖肃南裕固族歌舞团94名演职人员，组建三个艺术团，赴日本、蒙古国、毛里塔尼亚、突尼斯、卢旺达、坦桑尼亚、毛里求斯等亚非七国，成功组织开展了2018年"欢乐春节"演出展览等文化交流活动。

2018年3月19日至28日 "中国甘肃民间艺术家俄罗斯专题交流展"在圣彼得堡俄中商务园中国文化中心和莫斯科国立师范大学美术学院成功举办。

2018年3月25日 "敦煌壁画展览暨丝绸之路文化之夜"活动在中国

驻阿富汗大使馆举行。

2018 年 5 月 28 日至 31 日 甘肃省文化交流代表团一行 28 人，在荷兰多地举办"感知中国——西部风情"甘肃少数民族文艺演出活动，开展了内容丰富的文化交流和合作洽谈。

2018 年 6 月 1 日 "2018 中国西部（兰州）体育产业博览会"在甘肃国际会展中心开幕。首次邀请了巴基斯坦伊斯兰共和国及刚果共和国参赞代表，促进了中国西部和丝绸之路沿线国家和地区体育产业融合发展。

2018 年 6 月 2 日 "新丝路上的蓝色集装箱：一带一路建设国际文化经济交流项目"在德国杜伊斯堡市开幕，甘肃省"丝路风情——中国甘肃"演出、"敦煌壁画艺术精品展"等分别举办。

2018 年 6 月 4 日 由中国敦煌研究院、特拉维夫中国文化中心和特拉维夫大学孔子学院共同举办的"敦煌与丝绸之路上的文化交流"图片展在特拉维夫中国文化中心开幕。

2018 年 6 月 10 日 兰州国际马拉松赛在兰州黄河畔激情开赛，来自 28 个国家和地区的 42200 名选手参与其中。

2018 年 6 月 21 日 中国"甘肃文化周"在蒙古国首都乌兰巴托开幕，中国驻蒙古国大使馆文化参赞兼乌兰巴托中国文化中心主任李薇参加开幕式并致辞。

2018 年 6 月 24 日至 28 日 兰州市委宣传部牵头赴意大利罗马、德国汉堡举办"兰州牛肉拉面牵手意大利面城际文化对接会暨兰州文化旅游推介会"和"感知兰州·中德城际文化交流对接会"，全方位多角度展示兰州魅力与活力。

2018 年 6 月 26 日 "汽车展览·美国车文化"在甘肃省博物馆举办。

2018 年 7 月 4 日 2018 年中国（甘肃）·韩国友好周开幕式暨中韩联袂文艺演出在兰州音乐厅举行。

2018 年 7 月 5 日至 9 日 第二十四届中国兰州投资贸易洽谈会举行，来自 42 个国家和国际组织、22 个省区市及港澳台地区的数万名嘉宾参会。

2018 年 7 月 10 日 "第六届兰州国际鼓文化艺术周暨第七届兰州国际

民间艺术周"闭幕式颁奖仪式暨闭幕交响音乐会在兰州举行。7月6～9日，该届鼓文化艺术周邀请来自韩国、津巴布韦、尼泊尔、乌克兰、埃及、巴基斯坦等国外艺术团体及兰州本地优秀文艺团队为当地百姓带来丰富多彩的中外文艺演出，获如潮好评。

2018年7月31日 由法国国家自然博物馆、敦煌研究院、敦煌市博物馆三家博物馆联合举办的"书写的温度——从古代文献到书籍艺术"展览在敦煌莫高窟陈列中心启幕。

（二）省级部门组织的文化活动

2017年8月2日 甘肃东方丝路文化股权投资基金正式设立。

2017年8月23日 在重庆结束的第九届全国残疾人艺术会演（西部片区）传来喜讯，甘肃省选送的七个参赛节目全部获奖。

2017年8月25日 "贯彻党代会精神各族群众话发展——2017年全国网络媒体甘肃行"第二阶段采访活动圆满落幕。

2017年8月29日 "中国文字"陇上巡展在西北师范大学开幕。

2017年9月5日 甘肃省学术年会在张掖市召开。

2017年9月6日 第11届甘青宁馆配图书展览交流会兰州开幕。

2017年9月14日 甘肃省博物馆推出的《唐蕃古道——八省区市精品文物展》完成布展。

2017年10月10日 统一战线历史文化展馆在甘肃社会主义学院开馆。

2017年10月10日 "百花芬芳——甘肃省文艺界迎接党的十九大五年文艺成果展"在甘肃艺术馆开展。

2017年10月20日 2017年"善行100"甘肃温暖行动中千余名志愿者正式上岗。

2017年11月7日 甘肃省委宣传部创建省级文明单位动员大会在兰州召开。

2017年11月11日 甘肃省文化产权交易中心影视中心成立并启动，这是一个"互联网＋影视产品＋知识产权保护"的综合性服务平台。

2017 年 11 月 11 日　甘肃省旅游产业领导小组全体会议在兰州举行。

2017 年 11 月 20 日　甘肃省政协智库成立暨智库专家聘任仪式在兰州举行，68 名首批专家被聘任。

2017 年 11 月 30 日　甘肃省人大常委会成立调研组，以"湿地生态环境保护"为主题，邀请部分全国人大代表和甘肃省人大代表参加，赴酒泉市阿克塞县大苏干湖、小苏干湖湿地、敦煌西湖国家级自然保护区进行了调研。

2017 年 12 月 10 日　甘肃省文化厅 2017 年贫困地区村级综合性文化服务中心设备发放仪式在岷县举行。为全县 36 个贫困村综合性文化服务中心发放了价值近 58 万元的文化器材。

2017 年 12 月 15 日　2017～2018 年中国甘肃网"新年新衣"温暖行动和"书香陇原·启智书屋"公益行动正式启动。

2017 年 12 月 21 日　甘肃省文物局官员张顺接受中新社记者专访表示，甘肃省陆续实施的 22 项重要长城保护工程已全部完工，投入文物保护专项资金 4.6 亿元人民币，显著改善了全省长城保护状况。

2017 年 12 月 26 日　"翰墨扶贫·志愿有我"大型公益活动启动仪式在甘肃艺术馆举行。

2017 年 12 月 28 日　甘肃科技馆开馆。

2017 年 12 月 29 日　甘肃文化产权交易中心民萃中心正式上线。

2018 年 1 月 12 日　"我们的中国梦——文化进万家"活动甘肃省启动仪式暨陇原"红色文艺轻骑兵"惠民演出活动在兰州市榆中县举行。

2018 年 1 月 15 日　甘肃省文化产业工作座谈会在兰州召开。

2018 年 1 月 16 日　甘肃省文化和新闻出版广播影视工作会议在兰州召开。

2018 年 1 月 25 日　甘肃省委、省政府在兰州召开科学技术（专利）奖励大会，隆重表彰 2017 年在甘肃省科学技术和知识产权活动中做出突出贡献的单位和个人。

2018 年 3 月 5 日　甘肃省"学雷锋志愿服务活动月"在兰州市五十三中启动。

2018 年 5 月 12 日　甘肃省民盟陇文化研究会主办的丝绸之路古文化艺术精品展在甘肃省文化产权交易中心开幕。

2018 年 6 月 7 日　甘肃省高校"中国非物质文化遗产传承人群研培计划"培训成果展在省博物馆揭幕。

2018 年 6 月 9 日　陕西、甘肃、青海、宁夏、新疆五省（区）文物局共同成立丝绸之路文化遗产保护工匠联盟，立足中国、服务丝路、面向世界。

2018 年 7 月 1 日　甘肃省研学旅行与营地教育资源交流会在张掖市举行，展示了甘肃省 14 个市州的特色研学资源。

2018 年 7 月 6 日　2018 年中国西部创客节开幕式暨院士高峰论坛和高端对话在兰州举行，号召"数字经济引领新时代，创新创业助推网络扶贫"。

2018 年 7 月 10 日　甘肃省治理高价彩礼推动移风易俗视频会议在兰州召开，旨在切实转变群众婚嫁观念，形成文明风尚。

2018 年 7 月 11 日　甘肃省生态环境保护大会暨省委理论中心组学习会在兰州召开。

2018 年 7 月 17 日　以"强化诚信责任杜绝虚假信息"为主题的甘肃省第四届网络诚信宣传活动在兰州举办。

2018 年 7 月 27 日　由香港大公文汇传媒集团发起，甘肃省委宣传部、省政府新闻办支持的"2017 范长江行动——香港传媒学子甘肃行"采访活动在兰州启动。

（三）市州文化活动

1. 兰州市文化活动

2017 年 8 月 10 日　第九届中国（兰州）艺术品收藏博览会暨 2017 年中国（兰州）赏石文化节在兰州开幕。

2017 年 8 月 16 日　随着杨丽萍作品《孔雀之冬》在甘肃大剧院唯美登台，甘肃大剧院 2017 年金秋演出季开幕。

2017 年 8 月 20 日 第七届兰州黄河文化旅游节于兰州开幕。

2017 年 8 月 21 日 甘肃老茶文化交流中心于兰州揭牌。

2017 年 8 月 22 日 西部首家微电影展播中心暨中国野生动物纪录片拍摄基地启动仪式在兰州举行。

2017 年 8 月 23 日 西影艺考与上海精锐教育兰州分校战略合作协议正式签署，共同打造兰州首个艺考培训与文化课补习相结合的高端教学平台。

2017 年 8 月 31 日 兰州市召开《兰州通史》编纂工作启动会议暨项目签约仪式。

2017 年 9 月 1 日 兰州市重点景区（点）义务讲解员上岗暨文明旅游进景区宣传活动在兰州启动。今后，兰州市重点景区（点）将配备义务讲解员。

2017 年 9 月 2 日 甘肃省科技期刊影响力提升与建设研讨班在兰州结束。来自甘肃省内 60 余家科技期刊负责人联名签署了"提升甘肃省科技期刊影响力"倡议书，将形成甘肃科技期刊品牌、人才、资源的聚合效应。

2017 年 9 月 10 日 "百名摄影家拍兰州"大型采风系列活动在兰州启动。

2017 年 9 月 12 日 首届"兰州戏曲电影展映及高层论坛"在兰州举行。

2017 年 9 月 17 日 第二届兰州科技成果博览会开幕式暨兰白科技创新改革试验区建设发展高端论坛在甘肃国际会展中心举行。

2017 年 9 月 17 日 《读者原创版·兰大人》发刊仪式在兰州大学举行。

2017 年 9 月 17 日至 19 日 第二届兰州科技成果博览会在甘肃国际会展中心开幕。

2017 年 9 月 18 日 "中国梦·海峡两岸书画精品展"在兰州市开幕。

2017 年 9 月 23 日至 24 日 第五届东干语言文化国际学术研讨会在兰州举行。

2017 年 9 月 29 日 甘肃"卧龙岗·功德园"开园仪式暨 2017 年兰州

市社会各界公祭英烈活动，在甘肃卧龙岗园林公墓功德园隆重举行。

2017 年 10 月 16 日至 22 日　京东为兰州客户打造的百城行兰州站活动举行。

2017 年 10 月 23 日　"聚焦甘肃"为十九大献礼大型图片展在兰州东方红广场拉开序幕。

2017 年 10 月 24 日　"壮美黄河·诗意兰州"全国百名书法家兰州交流笔会在兰州举行。

2017 年 10 月 26 日　兰州文化旅游重阳节主题活动在榆中县国家 AAA 级旅游景区举办，同时举办千叟宴。

2017 年 10 月 30 日　路易·艾黎纪念馆在兰州开馆。

2017 年 11 月 3 日　总部位于兰州的未来四方集团文化传媒股份有限公司挂牌上市敲钟仪式在全国中小企业股份转让系统（"新三板"）举行，成为全国首家以群众文化活动为主营业务的公众公司。

2017 年 11 月 8 日　甘肃省首届绝当品展销会在兰州开幕。

2017 年 11 月 9 日　"十九大精神网络陇原大讲堂"第一讲在兰州大学开讲。

2017 年 11 月 24 日　中国兰州首届清真美食大赛暨清真美食博览会在甘肃国际会展中心开幕。

2017 年 11 月 30 日　甘肃省朗诵专业委员会在兰州成立。

2017 年 12 月 9 日　由兰州凡人善举慈善协会主办的"学习十九大，唱响中国梦"为主题的首届慈善晚会在兰州人民剧院举行。

2017 年 12 月 9 日　黄河母亲文化研讨会在兰州举行。

2017 年 12 月 26 日　甘肃省名中医传承研究会在兰州成立。

2018 年 1 月 3 日　兰州市公安局出入境管理处举行中华人民共和国外国人永久居留身份证颁发仪式，并为美籍华人贺缠生颁发中华人民共和国永久居留身份证。

2018 年 1 月 4 日　第二届甘肃省兰州文化惠民活动拉开序幕。在为期三个月的时间里，有文化惠民消费季展演、建立"文惠兰州"文化消费信息平台等五大板块 20 多类的 500 余场次活动遍撒金城。

2018 年 1 月 18 日 兰州召开地理标志保护工作推进会。

2018 年 1 月 25 日 甘肃兰州牛肉拉面"一盟一院"——兰州牛肉拉面国际联盟暨兰州牛肉拉面国际商学院在甘肃兰州正式成立。首批国际联盟已有 68 家企业加入。

2018 年 1 月 27 日 《极乐敦煌》大型沉浸式演艺文旅项目推介会在兰举行。

2018 年 1 月 30 日 "'工行杯'感动甘肃·2017 十大陇人骄子颁奖典礼"在兰州举行。

2018 年 2 月 9 日 甘肃省质量大会在兰州召开，144 户企业获"2017 年甘肃名牌产品"称号。

2018 年 4 月 15 日 第三十五届兰州桃花旅游节在仁寿山开幕。

2018 年 4 月 15 日 《兰州市文明行为促进办法》施行暨集中宣传活动启动仪式在市民广场隆重举行。这是兰州市首部文明行为地方政府规章。

2018 年 4 月 22 日 "领读中国·爱阅无界"第二季兰州站在兰州创意文化产业园正式启动。

2018 年 5 月 17 日 第三届邓园（双创）文化周在兰州拉开序幕。

2018 年 5 月 26 日至 7 月 26 日 第十四届兰州读书节在兰州举行。

2018 年 7 月 10 日 甘肃省中华文化学院（甘肃社会主义学院）和台湾高雄市两岸和平发展促进协会组织的"台湾南部高校专家学者参访团"在兰州举行开团仪式。

2018 年 7 月 24 日 甘肃兰州高中生独立音乐节在 A9 创意文化产业园举行。这是兰州第二次主办高中生乐队专场的音乐节。

2018 年 7 月 24 日至 25 日 "2018 兰州自主创新高峰论坛"主论坛和"双一流"建设与创新人才培养分论坛、环境与健康分论坛及五场专场对接会在兰州举行。

2018 年 7 月 30 日 来自香港、澳门、台湾和内地（大陆）18 所高校的 80 名青年代表齐聚兰州大学，开启"2018 文化遗产友好使者丝绸之路研习营"活动。

2018 年 7 月 31 日 2018 首届孝心文化节在兰州举办。

2. 酒泉市文化活动

2017 年 8 月 4 日至 5 日 第五届酒泉·华夏文化艺术节"小康酒泉"本土群星演唱会在酒泉举行。

2017 年 8 月 22 日 敦煌学大师段文杰先生诞辰百年纪念展在敦煌举行。

2017 年 8 月 24 日 "敦煌服饰文化研究暨创新设计中心"合作备忘录签约仪式，在敦煌莫高窟举行。

2017 年 8 月 27 日至 29 日 "玉门、玉门关与丝绸之路"历史文化学术研讨会在酒泉市举行。

2017 年 9 月 10 日 甘肃肃北首届"丝绸之路那达慕"文化旅游节在酒泉开幕。

2017 年 9 月 15 日 中国·瓜州第三届张芝文化艺术节张芝圣迹图首展仪式暨全国名家丝绸狂草书法展在酒泉市举行。

2017 年 9 月 18 日 《又见敦煌》举行周年庆典演出。

2017 年 9 月 28 日 中国·酒泉航天金塔第八届胡杨文化旅游节暨经贸洽谈会在金塔县沙漠胡杨林景区启幕。

2017 年 10 月 20 日 红星奖敦煌之旅巡展在敦煌国际会展中心开展。

2017 年 10 月 23 日 酒泉市政府办公室印发《酒泉市免费开放博物馆绩效考评工作整改落实方案》。

2017 年 10 月 25 日 酒泉市政府办公室印发《酒泉市发挥品牌引领作用推动供需结构升级实施方案》。

2017 年 10 月 29 日 第三届酒泉国际戈壁超级马拉松在肃州区开跑。来自 10 个国家、11 个省份的近 200 名 50 公里挑战赛选手及 1500 多名户外爱好者展开了较量。

2017 年 12 月 22 日 第二届敦煌文博冰雪节在敦煌启幕。

2017 年 12 月 23 日 "草原新春"丝绸之路冬季那达慕在肃北举行。

2018 年 3 月 20 日　酒泉市瓜州县举行"春季瓜州行暨 2018'醉美瓜州'旅游摄影大赛"启动仪式。

2018 年 3 月 27 日　酒泉市政府印发《酒泉市湿地保护修复制度实施方案》。

2018 年 5 月 10 日　酒泉市政府发布公告，确定金佛寺镇魁星楼等四处建筑为酒泉市区第二批历史建筑。

2018 年 7 月 17 日　酒泉市政府印发《金融支持发展全域旅游推动旅游强市建设的指导意见》。

2018 年 7 月 17 日　酒泉市政府办公室印发《酒泉市关于强化实施创新驱动发展战略进一步推进大众创业万众创新深入发展的实施方案》。

2018 年 7 月 17 日　《敦煌国乐——中国国乐名家音乐会》在敦煌市敦煌大剧院演出。

2018 年 7 月 30 日　酒泉市政府办公室印发《酒泉市户外运动管理办法（试行）》。

3. 嘉峪关市文化活动

2017 年 9 月 22 日至 25 日　第六届中国（嘉峪关）国际短片电影展在嘉峪关市举办。

2017 年 9 月 28 日　第二届丝绸之路（嘉峪关）国际房车博览会在嘉峪关市开幕。期间，巴黎—北京—伊斯坦布尔法国房车丝绸之路百日行车队来到嘉峪关。

2017 年 9 月 28 日　首届丝绸之路（嘉峪关）国际音乐节在嘉峪关举行。

2017 年 11 月 17 日　嘉峪关市政府公布《嘉峪关市第六批非物质文化遗产保护名录》。

2018 年 1 月 3 日　嘉峪关市政府办公室印发《嘉峪关市文化事业"十三五"发展规划》。

2018 年 1 月 3 日　嘉峪关市政府办公室印发《嘉峪关市文化产业发展"十三五"发展规划》。

2018 年 6 月 19 日至 24 日 "第二届丝路美食嘉年华暨首届丝路天使总决赛"在嘉峪关市举行。

2018 年 6 月 20 日 第八届敦煌行·丝绸之路国际旅游节重点活动丝绸之路国际旅行商大会在嘉峪关市举行。

2018 年 6 月 20 日 第三届丝绸之路(嘉峪关)国际房车博览会在嘉峪关草湖国家湿地公园开幕。

2018 年 7 月 16 日 嘉峪关市政府印发《嘉峪关草湖国家湿地公园管理办法(试行)》。

4. 张掖市文化活动

2017 年 8 月 18 日 张掖至张掖七彩丹霞旅游景区旅游专线开通。

2017 年 8 月 20 日 逐梦祁连——张掖书画名家作品晋京展(兰州展)在甘肃省美术馆举行。近 60 位张掖籍书画家创作的 150 幅作品参加本次展览。

2017 年 8 月 21 日 张掖市政府印发《张掖市引导城乡居民扩大文化消费试点工作实施方案的通知》。

2017 年 8 月 25 日 首届陇药博览会在张掖市举办。

2017 年 9 月 9 日 首届"中国·滨河九粮香型白酒文化节"在张掖举行。

2018 年 1 月 21 日 2018 年世界雪日暨国际儿童滑雪节在张掖举行。

2018 年 2 月 8 日 总投资 6300 万元的甘肃省第一家县级科技馆——高台县科技馆开馆。

2018 年 3 月 23 日 张掖市政府发布《关于公布历史建筑的通知》。

2018 年 4 月 3 日 张掖市政府办公室印发《张掖市湿地保护修复制度实施方案》。

2018 年 4 月 13 日 张掖市政府发布《关于表彰奖励 2017 年度张掖文化旅游全民宣传行动获奖作品和单位的决定》。

2018 年 6 月 10 日 民乐县 2018 年"文化和自然遗产日"宣传活动乡村旅游推介会 青龙寺第 届文化旅游艺术节系列宣传活动在祁连山开幕。

2018 年 6 月 14 至 18 日 "甘肃·高台第十三届大湖湾红色旅游文化

艺术节"在张掖高台举行。

2018 年 6 月 15 日 张掖市政府办公室印发《全市旅游市场秩序和旅游安全规范整治行动工作方案》。

2018 年 7 月 7 日 国家一级美术师、张掖市文化艺术带头人张明亮书法艺术汇报展在省博物馆开展，展期为十天。

2018 年 7 月 7 日至 8 日 "传统文化与丝路文明"学术研讨会暨甘肃中国传统文化研究会 2018 年会在张掖召开。

2018 年 7 月 16 日 2018 全国群众登山健身大会（民乐站）暨扁都口油菜花节在扁都口生态休闲旅游区举行。

2018 年 7 月 29 日 张掖市肃南县裕固族开展非遗项目集中展演活动。

5. 金昌市文化活动

2017 年 8 月 8 日 中国·甘肃金昌第五届骊靬文化旅游节在金昌市开幕。

2017 年 8 月 12 日 中国·金昌第五届骊靬文化旅游节"甘肃银行杯"古长城徒步挑战赛，在金昌举行。

2017 年 8 月 21 日 第三届薰衣草之约集体婚礼在金昌举办。

2017 年 12 月 27 日 金昌市政府出台《金昌市古树名木保护管理办法》。

2018 年 7 月 12 日 第四届薰衣草集体婚礼之纯中式婚礼在金昌市紫金苑景区举行。

6. 武威市文化活动

2017 年 9 月 《武威地区志》由中国方志出版社出版发行。

2017 年 9 月 6 日 凉州文化论坛暨中国河西走廊第七届有机葡萄美酒节新闻发布会在兰州召开。

2017 年 9 月 12 日 武威市政府发布《关于聘请余秋雨先生为武威市政府文化顾问的通知》。

2017 年 9 月 14 日 武威市政府办公室印发《武威市进一步扩大旅游文化体育健康养老教育培训等领域消费的实施方案》。

2017年9月16日 凉州文化论坛在武威市举行。

2017年11月11日 天祝县2017年杰之行温暖甘肃大型公益活动启动。

2018年3月8日 武威市政府发布《关于聘请卜宪群先生为武威市政府文化顾问的通知》。

2018年6月27日 武威市文广局印发《关于开展文化市场黑名单管理工作的实施方案》。

7. 白银市文化活动

2017年8月11日 "白银·水川荷花美食文化节"在白银开幕。

2017年8月17日 白银国际青少年美术博览馆开馆。

2017年8月17日 "一带一路"第十七届PHE国际青少年儿童书画大会在白银市开幕。

2017年8月23日至24日 第四届中国西部（白银·平川）陶瓷峰会暨平川陶瓷文化节于白银市举行。

2017年8月28日 白银黄河风情文化旅游节暨景泰鱼虾美食节、白银水川康养节新闻发布会在兰州召开。

2017年9月10日 在庆祝第33个教师节之际，《金色典藏——会宁教育发展历程》出版。

2018年1月16日 会宁县居民邢永强筹建的甘肃省首个个人红色纪念馆——"会宁县永强红色纪念馆"正式开馆。

2018年5月16日 第二届甘肃·会宁油菜花文化旅游节在会宁县开幕。

2018年5月20日 甘肃首届黄河石林国际百公里越野赛在白银市开赛。

2018年6月30日 白银市乡村旅游节暨第二届"岷漳情·花儿会"在靖远县开幕。

8. 定西市文化活动

2017年8月16日至22日 第七届敦煌行·丝绸之路国际旅游节通渭书画艺术节在定西举行。

2017 年 8 月 19 日至 20 日　2017 年"天华杯"中国国际露营大会（渭源站）在定西市举行，来自巴基斯坦、孟加拉国、韩国、加纳等七个国家的 1100 多名户外爱好者和 4000 多名游客相聚在渭源县鸟鼠山下。

2017 年 8 月 26 日　"亿联杯"2017 年甘肃·定西山地自行车通渭邀请赛在定西举办。

2017 年 9 月 27 日　首届马家窑文化节开幕式在定西市举行。

2018 年 7 月 17 日　首届甘肃定西渭水文化旅游节在国家 4A 级景区渭河源景区开幕。

2018 年 7 月 24 日　定西市政府办公室印发《定西市加快乡村旅游发展实施方案》。

9. 平凉市文化活动

2017 年 8 月 24 日　平凉市建成非物质文化遗产展览馆并向公众开放。

2017 年 9 月 7 日　第七届海峡两岸西王母文化论坛在平凉举行。

2017 年 9 月 7 日　第五届华夏母亲节暨陇台文化旅游（泾川）推介会在平凉市举行。

2017 年 12 月 18 日　平凉市崆峒区第二届冰雪旅游文化节在平凉开幕。

2018 年 1 月 12 日　平凉市召开首届平凉微电影节暨全市第三届优秀微影视作品展映表彰会议。

2018 年 7 月 24 日　平凉市政府办公室印发《关于加快乡村旅游发展的实施意见》。

2018 年 7 月 27 日　平凉市政府印发《关于加快全市智慧旅游建设的实施意见》。

10. 庆阳市文化活动

2017 年 9 月 16 日　以"创新驱动发展科学破除愚昧"为主题的 2017 年"全国科普日"甘肃主会场活动启动仪式在庆阳举行。

2017 年 9 月 23 日　2017 年秦直道中国（庆阳·合水）乡村马拉松赛在庆阳市鸣枪开跑，同时开展一系列体育体验旅游活动。

2017 年 9 月 24 日　作为一项融徒步越野、军事训练等内容于一体的新颖体育赛事，2017中国红色之路·长征赛在庆阳市华池县南梁红色景区举行。

2017年9月27日 中国甘肃（庆阳）农耕文化节在庆阳市举行。

2017年10月13日 庆阳市政府办公室印发《庆阳市进一步扩大旅游文化体育健康养老教育培训等领域消费实施方案》。

2017年11月17日 庆阳市政府办公室印发《庆阳市旅游突发公共事件应急预案》。

2017年11月21日 庆阳市政府印发《关于深入推进商标品牌战略的实施意见》。

2018年1月22日 庆阳市政府印发《庆阳市建设国家特色型知识产权强市试点市实施方案》。

2018年6月7日 庆阳市政府印发《庆阳市强化实施创新驱动发展战略进一步推进大众创业万众创新深入发展实施方案》。

11. 天水市文化活动

2017年8月15日至16日 "麦积山雕塑论坛·2017"在天水举行。

2017年9月4日 天水市政府印发《关于2017年度天水市科学技术奖励的决定》。

2017年9月4日 天水市政府办公室转发市科技局《加快建立天水市科技报告制度的实施意见》。

2017年9月12日至15日 中国·天水秦州第三届"李广杯"国际传统射箭锦标赛在天水师范学院举行。

2017年9月30日至11月5日 全国无人机旅游摄影大赛在天水举行。

2017年10月10日 "文心·绘事——《读者》插图艺术展"在天水举办，这既是"读者·中国阅读行动"的系列活动，也是第二届"中国天水·李杜诗歌节"子项目之一。

2017年12月24日 天水市政府办公室印发《加快推进全市广播电视村村通向户户通升级工作的实施意见》。

2018年3月3日 "泽被华夏——戊戌（2018）年天水伏羲庙春祭伏

羲活动"祭祀太昊伏羲典礼在伏羲庙举行。天水市社会各界近十万人参加了这一祭祀典礼。

2018 年 5 月 18 日 甘谷县大像山文化旅游节开幕。

2018 年 5 月 28 日 第三届"中国天水·李杜诗歌节"在天水开幕。

2018 年 5 月 29 日 2018 年大地湾文化与科技国际学术研讨会在天水市秦安县开幕。

2018 年 5 月 29 日 "秦腔大舞台"惠民专场演出在天水市文化馆上演。

2018 年 6 月 1 日 甘肃省首部反邪教话剧《魂归何处》在天水市上演。

2018 年 6 月 8 日 天水市政府办公室印发《关于加快全市乡村旅游发展实施意见》。

2018 年 6 月 8 日 天水市政府办公室印发《关于加快全市旅游饭店业发展的意见（试行）》。

2018 年 6 月 8 日 天水市政府办公室印发《关于鼓励旅行社引客游天水奖励的实施意见（试行）》。

2018 年 6 月 8 日 天水市政府办公室印发《关于加快全市智慧旅游建设的实施意见》。

2018 年 6 月 21 日 2018（戊戌）年祭祀中华人文始祖女娲典礼在陇城镇举行。

2018 年 6 月 22 日 2018（戊戌）年甘肃省公祭人文始祖伏羲大典在天水举行。2018 年是天水恢复公祭伏羲典礼 30 周年，当天，公祭伏羲大典暨伏羲文化旅游节官方网站——中华公祭伏羲网也正式开通。来自美国、英国、德国、保加利亚、新加坡等国的专家、学者、企业家受邀齐聚天水，携手推动天水文化旅游走向世界。在甘肃天水举行中华人文始祖伏羲公祭大典的同时，2018（戊戌）年海峡两岸共祭伏羲典礼也同步在台北圆山大饭店举行。这是海峡两岸连续第五次举办共祭伏羲活动。

2018 年 6 月 23 日 2018 中国·武山水帘洞拉梢寺世界第一摩崖大佛祈福文化旅游节在武山水帘洞景区开幕。

2018 年 6 月 30 日 2018 年清水县轩辕文化旅游节非物质文化遗产展演在天水市清水县开幕。

2018 年 7 月 5 日 中国孔子研究院天水研究基地在天水开放大学揭牌。

2018 年 7 月 10 日 第三届"中国创翼"创业创新大赛甘肃省东片区选拔赛在天水举办。

2018 年 7 月 19 日 天水市召开全市文化旅游产业发展大会。

2018 年 7 月 26 日 天水市首届文化创意产品设计大赛获奖作品揭晓。共有三大类，60 件作品分别获奖。

12. 陇南市文化活动

2017 年 8 月 14 日 宕昌县特色农产品劳务协作暨旅游宣传推介会在青岛举行。

2017 年 8 月 21 日至 22 日 第九届陇南乞巧女儿节开幕式在西和县开幕。在此期间，陇南市旅游推介暨招商引资项目签约仪式举行。

2017 年 8 月 29 日 "2017·甘肃陇南成县核桃节暨县域经济发展论坛"在成县召开。

2017 年 9 月 25 日 陇南市政府办公室印发《陇南市"十三五"现代公共文化服务体系建设规划》。

2017 年 10 月 10 日 "陇南乡村大数据"全市推广工作现场会在康县召开。

2017 年 10 月 22 日 第 26 届中国西部商品交易会在陇南市开幕。

2017 年 10 月 22 日 青岛陇南东西部扶贫协作论坛在武都召开。

2018 年 1 月 19 日 宕昌首届冰雪旅游节开幕。

2018 年 4 月 20 日 陇南市旅游产业发展大会召开。

2018 年 6 月 14 日 第三届陇南文县白马人民俗文化旅游节开幕。

13. 临夏州文化活动

2017 年 8 月 15 日 第四届甘肃省业余足球冠军争霸赛在临夏市拉开战幕。

2017 年 8 月 17 日 全国砖雕文化传承与创新峰会暨全国砖雕传统手工

艺大赛在临夏州开幕。

2017 年 8 月 26 日 "蓝色黄河·魅力永靖"全国知名作家黄河三峡行采风活动在临夏州永靖县举办。

2017 年 9 月 27 日 临夏国际美食民族用品博览会暨第五届"清河源"杯全国名优风味小吃大奖赛在临夏开幕。

2018 年 4 月 28 日 2018 年河州牡丹文化月暨"甘肃建投"杯艺术大奖赛启动。在活动月期间，先后举办了河州文化论坛、群星演唱会、刘诗昆专场公益音乐会、上海大学生文化志愿者文化交流巡演、牡丹系列商品展、旅游商品展、特色厨艺大赛暨美食展、临夏市脱贫攻坚主题展、河州风情游、八坊十三巷民俗体验游、牛文化体验游、千人广场舞、专场文艺演出等 46 项丰富多彩的主题活动，累计接待游客 234.14 万人（次）。

2018 年 6 月 2 日 2018 陇原"红色文艺轻骑兵"下基层慰问演出在临夏大剧院开幕。

2018 年 6 月 22 日 "交响新丝路大美古河州"国内媒体临夏行活动媒体见面会在临夏举行。

2018 年 7 月 13 日至 15 日 黄河三峡首届百合花香艺术节在永靖县举行。

14. 甘南州文化活动

2017 年 8 月 2 日 中国天空跑系列赛（甘南站）比赛在卓尼大峪沟景区落幕。这是该项赛事首次在甘肃省举行分站赛。

2017 年 8 月 8 日 "第八届中国生态文明腊子口论坛"在甘南州召开。

2017 年 8 月 13 日 九色甘南香巴拉·玛曲第十一届格萨尔赛马节在甘南玛曲开幕。

2017 年 8 月 22 日 来自各个国家和地区的 20 余家海内外华文媒体代表到达甘肃省甘南藏族自治州夏河县，开启为期四天的"海内外华文媒体藏区行"。

2017 年 11 月 10 日 甘南州首届民间艺人绝活展示大赛暨"南木特"藏戏调演颁奖晚会举行，对 14 名传统演艺类艺人、19 名传统技艺类艺人进行了表彰奖励。

2017 年 12 月 22 日　机动车驾驶人理论考试藏语语音系统正式上线启用。这是甘肃省首次使用民族语言开展机动车驾驶人理论考试。

2018 年 1 月 10 日　129 名学员完成了甘肃省政法系统藏汉双语强化培训，顺利毕业。五年来，甘肃藏汉双语法律人才培养数量已从个位数增至百位数。

2018 年 7 月 2 日　甘南州首届体育运动会在甘南州开幕。

2018 年 7 月 30 日　第十九届九色甘南香巴拉旅游艺术节在合作当周草原开幕。

四　文化产品创作、创新与奖项

（一）文化产品创作、创新

2017 年 7 月　甘肃"儿童文学八骏"之一张琳新作《第 99 颗露珠》出版，该作品荣获第四届大白鲸原创幻想儿童文学奖，并列入"十三五"国家重点出版物出版规划项目。

2017 年 8 月 10 日　甘肃省著名历史文化学者张克复主编的《兰州史话丛书》在兰州举行首发式。

2017 年 8 月 20 日　以敦煌藏经洞文物流失为题材的长篇小说《敦煌道士》由读者集团敦煌文艺出版社出版。

2017 年 8 月 22 日　甘肃省著名作家与步升的散文集《故乡的反方向是故乡》出版发行。

2017 年 8 月　甘肃省作家弋舟创作的《夏蜂》入选"现代性五面孔"丛书第二辑，由花城出版社出版。

2017 年 8 月　甘肃省知名史志专家邓明的五本新著《街巷旧事》《杏坛遗泽》《良风美俗》《太平鼓韵》《兰州中话》出版发行。

2017 年 9 月 25 日　由甘肃西狭颂文化促进会倡议并组织力量，历时两年编纂的《西狭颂文化丛书》在兰州首发。

2017 年 11 月 20 日 《人民日报》大地副刊头题发表甘肃榆中籍著名作家许锋的散文《回乡记》。文章一经发表，人民网、中国青年网、光明网等在第一时间转载。

2017 年 11 月 30 日 甘肃省首部反邪教原创话剧《魂归何处》在甘肃大剧院上演。这是甘肃省将反邪教宣传与舞台艺术相融合的一次大胆尝试。

2018 年 5 月 5 日 甘肃小说"八骏"之一作家李学辉携其最新长篇小说《国家坐骑》在家乡武威举行签售。

（二）国家和省级荣誉、奖项

2017 年 8 月 4 日至 6 日 在北京中关村举行的"2017 Robotchallenge 机器人挑战赛国际赛""高级相扑"决赛中，兰州小学生卜钰衡获世界冠军。

2017 年 8 月 15 日 第六届甘肃黄河文学奖揭晓，共计 112 人的 109 部（篇）作品获奖。

2017 年 8 月 16 日 第 33 届全国青少年科技创新大赛在重庆开幕，甘肃学生李国良和李东方斩获中学组和小学组一等奖。

2017 年 8 月 22 日 兰州战役纪念馆通过了中宣部的测评，获得"全国爱国主义教育示范基地"的荣誉。

2017 年 8 月 28 日 甘肃省第八届敦煌文艺奖入选名单公示后正式颁布，共产生 10 个艺术门类的优秀作品 141 项，文艺突出贡献奖 11 名，文艺终身成就奖 10 人。叶舟获文艺突出贡献奖。

2017 年 10 月 20 日至 22 日 在昆明举行的 2017 年中国国际旅游交易会上，甘肃展团荣获"最佳展台奖"和"最佳组织奖"，这两个奖项是组委会最高奖项。

2017 年 10 月 30 日 第十七届"百花文学奖"揭晓，甘肃省著名作家弋舟凭借短篇小说《出警》荣膺这项重要的文学奖项。这是弋舟继获得第十六届"百花文学奖"后再获此奖。

2017 年 11 月 7 日 第五届亚洲微电影艺术节在云南省临沧市举办了颁

奖晚会，由兰州市城关区司法局、兰州浩发影视公司出品的《永不放弃》获本届亚洲微电影最高奖项——金海棠奖。

2017 年 11 月 13 日 第十九届中国专利奖评审结果出炉，甘肃省共有五项发明专利获优秀奖。

2017 年 11 月 17 日 在江苏盐城举行的中国全媒体新生态高端论坛发布党的十九大主流媒体传播力榜单，中国甘肃网等九家新闻网站获得十九大报道地方网媒"最具传播力媒体"称号。

2017 年 11 月 26 日 甘肃省作家范文同名小说改编的本土电影《雪葬》在人民大会堂首映，这是甘肃省首部亮相人民大会堂的本土电影，并成功入围 2018 年蒙特利尔国际电影节。

2017 年 12 月 8 日 第十届亚洲气枪射击锦标赛在日本东京开幕。甘肃省小将李雪和队友摘得女子少年组气手枪团体赛金牌，她还在同组别个人赛中射落一枚铜牌。这是甘肃省射击选手自 2011 年以来在洲际比赛中取得的最好成绩。

2017 年 12 月 17 日 由水利部水情教育中心（中国水利报社）、阿里巴巴天天正能量、新浪微公益联合主办，于 2016 年 9 月正式开启的首届"寻找最美家乡河"大型主题活动结果揭晓，甘肃省疏勒河荣膺 2017 年"最美家乡河"。

权威报告·一手数据·特色资源

皮书数据库
ANNUAL REPORT(YEARBOOK)
DATABASE

当代中国经济与社会发展高端智库平台

所获荣誉

- 2016年，入选"'十三五'国家重点电子出版物出版规划骨干工程"
- 2015年，荣获"搜索中国正能量 点赞2015""创新中国科技创新奖"
- 2013年，荣获"中国出版政府奖·网络出版物奖"提名奖
- 连续多年荣获中国数字出版博览会"数字出版·优秀品牌"奖

成为会员

　　通过网址www.pishu.com.cn访问皮书数据库网站或下载皮书数据库APP，进行手机号码验证或邮箱验证即可成为皮书数据库会员。

会员福利

- 已注册用户购书后可免费获赠100元皮书数据库充值卡。刮开充值卡涂层获取充值密码，登录并进入"会员中心"—"在线充值"—"充值卡充值"，充值成功即可购买和查看数据库内容。
- 会员福利最终解释权归社会科学文献出版社所有。

社会科学文献出版社 皮书系列
SOCIAL SCIENCES ACADEMIC PRESS (CHINA)

卡号：619897658917
密码：

数据库服务热线：400-008-6695
数据库服务QQ：2475522410
数据库服务邮箱：database@ssap.cn
图书销售热线：010-59367070/7028
图书服务QQ：1265056568
图书服务邮箱：duzhe@ssap.cn

S 基本子库
SUB DATABASE

中国社会发展数据库（下设 12 个子库）

全面整合国内外中国社会发展研究成果，汇聚独家统计数据、深度分析报告，涉及社会、人口、政治、教育、法律等 12 个领域，为了解中国社会发展动态、跟踪社会核心热点、分析社会发展趋势提供一站式资源搜索和数据分析与挖掘服务。

中国经济发展数据库（下设 12 个子库）

基于"皮书系列"中涉及中国经济发展的研究资料构建，内容涵盖宏观经济、农业经济、工业经济、产业经济等 12 个重点经济领域，为实时掌控经济运行态势、把握经济发展规律、洞察经济形势、进行经济决策提供参考和依据。

中国行业发展数据库（下设 17 个子库）

以中国国民经济行业分类为依据，覆盖金融业、旅游、医疗卫生、交通运输、能源矿产等 100 多个行业，跟踪分析国民经济相关行业市场运行状况和政策导向，汇集行业发展前沿资讯，为投资、从业及各种经济决策提供理论基础和实践指导。

中国区域发展数据库（下设 6 个子库）

对中国特定区域内的经济、社会、文化等领域现状与发展情况进行深度分析和预测，研究层级至县及县以下行政区，涉及地区、区域经济体、城市、农村等不同维度。为地方经济社会宏观态势研究、发展经验研究、案例分析提供数据服务。

中国文化传媒数据库（下设 18 个子库）

汇聚文化传媒领域专家观点、热点资讯，梳理国内外中国文化发展相关学术研究成果、一手统计数据，涵盖文化产业、新闻传播、电影娱乐、文学艺术、群众文化等 18 个重点研究领域。为文化传媒研究提供相关数据、研究报告和综合分析服务。

世界经济与国际关系数据库（下设 6 个子库）

立足"皮书系列"世界经济、国际关系相关学术资源，整合世界经济、国际政治、世界文化与科技、全球性问题、国际组织与国际法、区域研究 6 大领域研究成果，为世界经济与国际关系研究提供全方位数据分析，为决策和形势研判提供参考。

法律声明

"皮书系列"(含蓝皮书、绿皮书、黄皮书)之品牌由社会科学文献出版社最早使用并持续至今,现已被中国图书市场所熟知。"皮书系列"的相关商标已在中华人民共和国国家工商行政管理总局商标局注册,如LOGO( )、皮书、Pishu、经济蓝皮书、社会蓝皮书等。"皮书系列"图书的注册商标专用权及封面设计、版式设计的著作权均为社会科学文献出版社所有。未经社会科学文献出版社书面授权许可,任何使用与"皮书系列"图书注册商标、封面设计、版式设计相同或者近似的文字、图形或其组合的行为均系侵权行为。

经作者授权,本书的专有出版权及信息网络传播权等为社会科学文献出版社享有。未经社会科学文献出版社书面授权许可,任何就本书内容的复制、发行或以数字形式进行网络传播的行为均系侵权行为。

社会科学文献出版社将通过法律途径追究上述侵权行为的法律责任,维护自身合法权益。

欢迎社会各界人士对侵犯社会科学文献出版社上述权利的侵权行为进行举报。电话:010-59367121,电子邮箱:fawubu@ssap.cn。

社会科学文献出版社